KB026510

당신은 신(神)을 만나 보았는가?

전쟁의 서막

신과의 만남 ⑪

당신은 신(神)을 만나 보았는가?

전쟁의 서막

신과의 만남 (中)

진상현 지음

지식공감

─────── 상편 ───────

———— 중편 ————

중편
목차

제25장

신(神)과의 만남과 신(神)의 말씀

　드디어 신과의 만남을 위한 의식을 거행하는 날이 돌아왔고, 형은 밤 11시에 의식을 시작할 예정이며, 소요 시간은 10분 이내라고 말해 주면서, 내가 선택한 소원을 절대 잊지 말고 기억하고 있으라고 알려 주었다. 또한, 이 의식으로 인하여 다른 영능력자들이 알 수 있는 나의 일반적인 사주팔자라는 운명은 모두 사라지게 될 것이며, 나 자신도 알 수 없는 신들이 숨겨 놓았던, 특정한 목적을 이루기 위한 사주팔자인 숙명의 삶이 지금부터 나에게 시작될 것이라고 말해주었다.

　그리고 신의 기운과 도움으로 정신적인 사상의 무기를 만들어서, 친척 형들과 같은 영능력자, 종교가, 무속인 및 도가(道家)들과 물리적인 전쟁이 아닌, 그보다 더 근본적이고 무서운 신들의 전쟁인 사상 전쟁을 일으키게 될 것이며, 처음에는 내가 불리한 듯 전개되겠지만, 최후의 승자는 나와 나를 따르는 사상의 무리들이 될 것이라고 말해 주었다.

　그리고 내가 영능력자들의 도움으로 사상 체계를 정립하게 되지만, 정립된 사상 체계의 날카로운 칼을 자신을 도와준 영능력자들에게 거누게 될 것이며, 현세계뿐만 아니라 영계에서도 영능력자인 영들의 목을 사정없이 내리칠 것이며, 영계나 현세계에 존재하는 어떤 영들도 나와 나를 따르는 무리들이 내리치는 예리한 사상의 칼날을 피할 수는 없을 것이라고 말하면서, 그것이 세상 모든 사람들이 가야 할 숙명이라고 말했다.

나와 신의 기운의 일시적인 만남은 향후 나에게 현세계에 태어나게 된 특정한 목적을 알 수 있게 할 뿐만 아니라, 사상체계를 갖추기 위한 영적 경험을 할 수 있는 토대를 마련하여 줄 것이라고 말해주었다.

영능력자인 친척 형이 내가 신의 기운을 받을 수 있는 벽조목과 신과의 만남을 위한 의식을 준비하여 주고, 필요한 영적 체험을 도와주는 단 하나의 이유는 현세계와 영계의 의식을 정화하려는 진짜 신들과 화해하고 싶기 때문이라는 것이다.

그러나 불행하게도 내가 친척 형 등, 영능력자들의 호의를 완벽하게 배신할 것이며, 친척 형이 선물한 벽조목을 버리고, 종국에는 반대편 정신적 수장이 되어, 신의 깃발을 들고 사상 전쟁의 서막을 연다는 사실을 자신들도 아주 잘 알고 있다고 말했다.

그러함에도 불구하고 영능력자인 자신들이 나를 도울 수밖에 없는 이유는 진짜 신들이 자신들의 편이 아닌 나의 편이며, 영능력자인 자신들이 이러한 모든 상황을 인내하여야만 하는 숙명이기 때문이라는 것이다.

나는 친척 형에게 나의 천성은 매우 착하다고 대답하면서, 친척 형과 친척 형이 믿고 따르는 신을 결코 배신하지 않을 것이라고 거듭 말하였지만, 친척 형은 나에게 나의 천성은 피도 눈물도 심지어는 감정까지도 없는 잔인한 존재라고 말하면서, 죽음을 맞이한 후 영계에서 우리들이 다시 만날 때, 오늘 내가 한 말을 절대 잊지 말고 기억해주길 바란다고 부탁하였다.

밤 10시 30분쯤, 드디어 신과의 만남을 위한 의식을 준비하기 직전에 친척 형은 약간 큰 세숫대야에 물을 가득 담은 후, 세숫대야 한가운데 연꽃을 놓아두고, 벽조목을 꺼내 물 위에 놓아두자 벽조목은 물 위에 둥둥 떠 있었다.

친척 형은 나에게 벽조목을 손가락으로 눌러 가라앉도록 해 보라고 이야기했고, 나는 벽조목을 손가락으로 꾹 눌러 보았지만, 벽조목은 가라앉지 않고 다시 물 위로 떴다.

친척 형은 나에게 이 벽조목은 신의 기운이 들어올 수 있는 진짜 전설의 벽조목이라고 말해 주면서 벼락 맞은 대추나무가 품고 있던 무거운 기를 모두 뽑아내기 위하여 자신이 엄청 많은 기도와 노력을 했다고 말했다. 물 위에 떠 있던 벽조목을 다시 집어 들어 물속에 던지자 벽조목은 가라앉지 않고 바로 물 위로 떴다.

대추나무가 벼락을 맞아 벽조목이 되면, 하늘에서 내려온 신의 기운과 주변에 있던 영적 기운인 귀신의 기운이 혼재된 상태가 되며, 본래 밀도가 높던 대추나무가 벼락을 맞아 숯과 유사한 강화된 성질로 변해 더 단단한 물질이 되기 때문에, 일반적인 사람들이 알고 있는 벽조목은 물에 가라앉게 된다고 말했다.

　귀신에게 빙의된 사람에게서 빙의한 귀신을 퇴마하여도, 일정 기간 동안 빙의된 자리에 구멍이 생기게 되어, 다른 귀신들에게 또다시 빙의될 수 있는 것처럼, 벽조목에서 신과 귀신의 기운을 모두 뽑아내게 되면 새로운 영적 기운을 담을 수 있는 구멍이 생기게 된다고 말했다. 그 구멍에 하늘에서 내려오는 신의 기운을 담는 과정이 바로 신과의 만남이라는 의식이라고 것이다. 신과의 만남 의식에 필요한 필수적인 재료는 진짜 벽조목과 신의 기운을 담을 수 있는 영능력자 그리고 신의 선택이라고 말했다.

　진짜 벽조목은 의식을 행하지 않아도 몸에 지니고 잠을 자면, 신과 귀신의 영적 기운의 영향 때문에 불의 기운과 관련된 꿈도 자주 꾸고, 신비로운 각종 체험을 하게 되어 자연스럽게 진위 여부를 알게 된다고 하였다.

　자신만의 수련으로는 벽조목에 신의 기운을 담을 수 있는 영능력자는 세상에 존재하지 않으며, 단지 신의 선택에 의해 주어진 역할을 부여받은 영능력자들이 신과 약속한 시간이 도래했을 때 비로소 자신이 맡은 바 역할을 충실히 수행할 뿐이라고 말했다.

　드디어 밤 11시가 되자 물을 가득 채운 세숫대야 한가운데에 연꽃을 놓고 벽조목을 물에 띄운 후, 친척 형은 나에게 내가 선택했던 소원만 머릿속에 생각하면서 물에 떠 있는 벽조목을 바라만 보고 있으라고 말하였다. 친척 형이 합장하고 두 눈을 감은 순간, 세숫대야 물 위에 떠 있던 벽조목이 갑자기 시계 반대 방향으로 끊임없이 천천히 뱅글뱅글 돌기 시작하였다.

친척 형은 나에게 어떤 생각도 하지 말고 뱅글뱅글 돌고 있는 벽조목만 바라보면서, 내가 선택한 한 가지 소망만을 머릿속에 생각하고 있다가, 친척 형이 소원을 말하라고 하면 큰 소리로 세숫대야 한가운데 떠 있는 벽조목을 향해 큰 소리로 단 한 번 내가 바라던 소망을 외치라고 하였다.

친척 형은 두 눈을 감은 채 합장하고 있었고, 세숫대야 물 위 가운데에 둔 연꽃을 중심으로 시계 반대 방향으로 천천히 뱅글뱅글 돌고 있는 벽조목을 온 정신을 집중하여 바라보고 있던 나에게 10분이라는 시간의 흐름은 정신이 하나도 없는 몹시 힘든 상황이었다.

10분쯤 지났을 때, 친척 형은 감았던 두 눈을 뜨고 소망하는 소원을 큰 소리로 한 번 외치라고 말하였고, 나는 내가 선택한 소망을 큰 소리로 외쳤다.

"000을 능가하는 실세 장관이 되면, 신인합의(神人合意) 무한탐구(無限探究)의 정신으로 세상 모든 사람들이 신들을 공경하고, 세상 모든 사람들이 신들의 말씀을 지키며, 세상 모든 사람들이 반듯한 삶을 살아갈 수 있도록 안내하여 줄 수 있는 신들의 제단을 건설하겠습니다."

그 순간 세숫대야 물 위에서 뱅글뱅글 돌고 있던 벽조목이 스스로 물속으로 가라앉았고, 내 정수리에는 갑자기 찌릿한 전기적인 힘이 감지됨과 동시에 내 두 눈에는 하염없는 눈물이 흘러나왔다. 친척 형은 즉시 자세로 바로 고치고, 나를 향해 삼배의 예를 올렸고, 나 또한 친척 형에게 삼배의 예로 동시에 답하였다.

마음속에서 일어나는 감동의 순간이 30분 정도 지속되었고, 그 시간 동안에는 나는 어떤 생각과 행동을 할 수 없었으며, 나와 관련된 시간과 공간, 그리고 의식이 완전하게 멈춘 순간이었다.

내가 다시 정신을 차리고 세숫대야에 있었던 벽조목을 다시 바라보았을 때에는, 이미 벽조목은 물속에 가라앉은 상태였으며, 친척 형은 나에게 가라앉아 있던 벽조목을 내 손으로 꺼내 물기를 닦아내고 다시 물 위에 띄워보라고 말했다. 나는 물속에 가라앉은 벽조목을 꺼내 물기를 잘 닦아낸 후 다시 물 위에 놓자 벽조목은 즉시 물속으로 가라앉았으며, 그날 이후로 다시는 물 위에 뜨지 않았다.

친척 형은 신의 기운이 벽조목에 들어갔기 때문에 가라앉게 되었다고 나에게 말해주면서, 내가 선택한 소망의 내용과 신이 나를 선택한 사유 그리고 내가 종교가가 아닌 영적 지도자인 장관이라는 사상가를 선택하는 삶을 사는 이유 등 친척 형이 예측한 결과와 모두 일치했다고 말해주면서, 나중에 영계로 되돌아갔을 때 자신들을 잘 부탁한다고 말했다.

나는 친척 형에게 신과의 만남 의식을 행하였지만, 벽조목이 물에 가라앉은 사실과 내가 의식을 멈추고, 하염없는 감동의 눈물을 흘린

일 이외에는 어떤 일도 일어나지 않았다고 주장하면서, 신의 기운이 정말 벽조목에게 내려왔냐고 되물어 보았다.

귀신은 사람의 몸에 '빙의'되어도 사람이 죽지 않지만, 신의 기운이 사람의 몸에 직접 내리면, 사람이 바로 사망하기 때문에, 신의 기운을 담을 수 있는 그릇인 벽조목이 필요한 것이며, 벽조목에서 발산되는 기운을 받으면서 아주 천천히 몸과 의식에 영적 변화를 경험하게 될 것이라고 말해 주었다. 또한 지금으로부터 신의 명령에 의하여 영계나 사후세계를 지배하고 있는 영적 존재들이 제공하는 담금질이라는 고통의 과정을 내가 일시적으로 체험할 것이며, 10년 뒤에는 그 체험을 바탕으로 영적 존재들에 대항하는 사상의 무기를 만들어 낼 것이라고 말해 주었다. 영계나 사후세계를 지배하는 영적 존재도, 신계에 존재하는 신들의 강력한 지배를 받고 있어 그 영향력을 벗어날 수 없기 때문에, 나를 도와주어 신계에 존재하는 신들과 타협의 여지를 남겨 놓고 싶다고 말했다.

과거 신계에 존재하는 신들이 권력의 태양 시대였던 제사장 시대의 종말을 고하고, 지금의 종교령들이 지배하고 있는 행복의 달 시대를 열 때에도, 영계나 사후세계를 지배하던 영들이나 영혼들 모두를 사상적으로 정화하고 처벌하지는 않았다고 말했다.

이제 신계에 존재하는 신들이 지금 현재 종교령들이 지배하고 있는 행복의 달 시대의 종말을 고하고, 비약적인 과학의 발전을 가져오는 인문철학자가 지배하는 권위의 별 시대를 열 때도, 영계나 사후세계를 지배하던 종교령들 모두를 사상적으로 정화하고 처벌하지는 않을 것이기에 타협의 소지가 충분히 있다고 말해주었다. 그리고 내가 선택한 소망하는 소원의 내용을 외침으로 듣게 된 순간, 신계에 거주하는 신들이 행복의 달 시대를 맞이하여 종교령들에게 부여한 막강한 권력을 곧 회수할 예정이며, 행복의 달 시대에 활짝 열렸던 종교 사상의 종말을 알림과 동시에 인문철학자들의 사상이 지배하는 권위의 별 시대를 세상에 공표하였음을 알게 되었다고 말했다.

신의 도움으로 만들게 되는 나의 사상은 세상 모든 사람들에게 믿음을 강요하면서, 믿지 않으면 지옥에 보내 버리겠다고 협박하는 공포스러운 신의 존재가 아닌, 사랑으로 서로 잘 되기를 바라는 모든 사람들의 진정한 부모인 신들의 실체를 자연스럽게 알게 만들어, 세상 모든 사람들이 신을 원망하지 않고 공경하게 만들 것이라고 말했다.

부모인 신을 공경하는데 정신과 육체적 힘을 쏟기보다는, 많은 지식과 경험을 바탕으로 습득한 정보를 영 안의 생기에 축적하여, 스스로의 능력으로 질적·양적인 영적 성숙을 이루라는 신의 진정한 말씀을 이해하고 따르게 만들도록 도울 것이라고 말했다.

세상 모든 사람들이 잘못된 망상에 사로잡혀 서로 자기가 옳다고 주장하며, 자기만을 위한 삶을 살아가지 않도록, 진정으로 함께 살아야 하는 이유를 알려주어 모든 사람들이 함께 반듯한 삶을 살아갈 수 있도록 만들 것이라고 말했다.

나는 향후 신의 도움으로 종교가들과 사상으로 정면으로 맞서 싸우는 권위의 별 시대를 여는 사상의 선봉장이 될 것이며, 나의 사상을 따르는 많은 무리 중에는 세상에 존재하는 모든 종교를 점차 붕괴시키고, 신의 중심이 아닌 사람 중심으로 온 세상의 사상을 통합할 사상의 지도자들이 끊임없이 탄생하게 될 것이라고 말했다.

가짜 부모는 자녀에게 자신을 섬기라고 주장할 수 있어도, 진정한 부모는 자녀에게 자신을 섬기라고 주장하지 않는다. 이렇듯 우리가 겪고 있는 윤회를 과거에 모두 거치고, 영을 깨뜨리고 의식체로서 신이 된 사람들의 진짜 부모인 신이라는 존재는, 자신을 섬기라고 가르치기보다는 바르게 성장하기를 간절하게 바라고 있다는 사실을, 나의 사상과 나의 사상을 따르는 사람들이 끊임없이 발전시켜 놓은 훌륭한 정도령(正道令)의 발간 서적들로 세상 모든 사람들이 자세하게 알게 될 것이라고 말해 주었다.

나는 친척 형에게 벽조목 안에 기운을 보내준 신의 실체를 알려달라고 말하자, 신의 실체는 비기(秘記)라면서, 힌트는 관성제군(關聖帝君)이며, 서열 7번째를 기억하라고 말해 주면서, 10년 뒤에는 내가 스스로 친척 형이 말한 비기(秘記)를 자연스럽게 풀게 될 것이라고 말해 주었다.

나는 신과의 만남 의식을 행한 그날 밤, 생생하고 찬란한 꿈을 꾸게 되었는데, 처음과 끝을 알 수 없는 셀 수 없는 많은 병사들이 칼과 창을 들고 황금색의 갑옷을 입고 있었으며, 맨 앞에는 말을 타고 있는 장수들이 칼을 소지한 채 정렬된 군대의 형식으로 반듯하게 도열하여 멈춰 서 있었다.

나는 백마를 타고 한 손에 일곱 개의 별인 칠성과 해와 달 그리고 물 등 10가지가 그려진 칼인 칠성검을 하늘 위로 높이 쳐든 후 "지심 (至心)～ 귀명례(歸命禮)～ 정례(正禮)", "지심(至心)～ 귀명례(歸命禮)～ 정례 (正禮)"를 끊임없이 외치면서, 맨 앞에서 말을 타고 있던 장군들의 앞을 쉴 새 없이 내달리고 있었고, 도열하고 있던 장군들과 병사들은 모두가 빠르게 달리고 있는 내가 탄 백마를 주시하면서 말없이 바라보고 있었다.

:: 지심귀명례 정례(至心歸命禮 正禮)

지심(至心)이란 하늘이 감동하여 저절로 응하는 지극하고 거짓 없는 성실한 마음을 뜻한다. 귀(歸)란 왜곡되지 않은 원래의 순수한 정신으로 되돌아가자는 뜻이다. 명(命)이란 천명 즉 윤회의 이유인 하늘의 이치를 뜻한다. 예(禮)란 하늘이 만들어 놓은 규칙, 즉 바른 질서를 뜻한다. 정례(正禮)란 왜곡된 질서나 규칙들을 바른 질서나 규칙으로 다시 고쳐 나가자는 뜻이다.

즉, 지심귀명례 정례(至心歸命禮 正禮)란 거짓 없는 성실한 마음을 가지고, 사람들이 윤회하고 있는 진짜 목적인 하늘의 이치를 정확하게 이해하여, 본래의 순수한 의식으로 되돌아가자는 뜻이며, 하늘의 이치를 정확하게 아는 것과 본래의 순수한 의식으로 되돌아가려는 노력만이 본래의 뜻을 왜곡하고 있는 현재의 사상을 다시 올바르게 세울 수 있는 바른 규칙이란 뜻이다.

1. 칠성검 – 양날을 가지고 있으며 강철로 만들어진 법검으로, 양날에는 생명을 좌지우지하는 힘을 가진 북두칠성이 새겨져 있다. 주로 악령을 베어 죽이거나 신의 형벌을 시행할 때 사용한다.

2. 백마 – 최고 신을 수호하는 근위대장이 타는 말로 낡은 것을 가차 없이 파괴하여 새롭게 기초를 다지는 금(金)의 역할을 수행한다.

꿈의 마지막에는 신이 주신 두 가지 말씀이 힘차게 들렸는데, 첫 번째 말씀은 '산 것도 죽은 것도 아니다'이고, 두 번째 말씀은 '아~ 인간도 별수 없구나'였다. 내가 잠에서 깨어난 현실에서도 나의 가슴속에는 잠깐 동안 와~~ 하는 병사들이 외치는 승리의 함성 소리가 1분간 생생하게 울리고 있었다.

에피소드 : 신의 말씀에 대한 나의 해석

• 1. '산 것도 죽은 것도 아니다'

생기의 불멸성을 뜻하는 말로, 한 번 태어나서 영원히 죽는 직선적 삶이 아닌 끊임없이 윤회하는 삶을 알려주라는 말씀이다.

범아신의 일부인 생기가 극히 미세한 단위로 분리되면서, 최초의 현세계로 진입하였을 때, 생기를 보호하기 위해 두꺼운 영이 덮어지고, 덮어진 영은 현세계와 사후세계 그리고 영계를 끊임없이 반복하는 삶을 살아가는 윤회를 거듭하게 된다. 또한 영 안의 생기는 범아신의 일부이므로 초월적인 힘을 가지고 있는 신조차

23

도 새로 만들거나 소멸시킬 수 없는 존재다.

생명의 몸체인 영체를 벗은 영혼 또는 영이 사후세계나 영계에서의 삶을 살아가다가 다시 생명의 몸체인 영체를 받아 현세계로 태어나 살아가는 삶을 무한 반복하고 있기 때문에, 산 것도 죽은 것도 아닌 영이라는 존재의 삶에 대하여 알려 준 것이다.

• 2. '아~ 인간도 별수 없구나'

신들은 과거 시리우스 별에서 최고로 영적 성장을 이룬 영들을 장착시킬 영체가 더 이상 존재하지 않게 되자, 지구에서 진화라는 형태를 활용하여, 기존에 살고 있던 공룡들을 멸종시키고, 원숭이와 비슷한 영장류인 사람을 탄생시켜, 시리우스 별에서 온 최고로 성장한 영들에게 장착시켰다.

신들이 시리우스 별에서 성장한 영을 이전시킬 수밖에 없었던 사유는, 시리우스 별에서는 생기가 영을 깨뜨리고 신이 될 수 있을 수준의 영적 성장을 이룰 수 있는 영체(靈體)가 소멸되어 더이상 존재하지 않았기 때문이었다.

불행하게도 지구의 생명체 중 현재까지 가장 발달한 생명체는 사람이지만, 사람에게 장착한 영이 아무리 많은 윤회 과정을 거쳐 필요한 정보를 습득하였더라도, 스스로의 힘으로는 영을 깨트리고 신이 될 수 있는 영적 성장을 이룰 수 있는 영체로는 아직 성장하지 못했다.

지구에서 사람의 생명체인 영체로 완벽한 영적 성장을 끝마친 영도, 초월적 힘을 소유한 신이 되기까지는, 사람의 멸종 이후에 존재하는 더 성장할 수 있는 영체에 추가로 장착되거나 아니면 다른 별의 영체로 다시 이관되어 새로운 삶을 반복해서 살게 되는 윤회 과정을 추가로 거쳐야 한다.

　사람이라는 영체를 가지고 삶을 무한 반복하는 윤회로는 스스로의 힘으로 영을 깨뜨리고 신이 될 수 있는 영적 성장을 이룰 수 없다. 이 말의 또 다른 의미는 과거부터 현재까지 사람으로 생애를 끝마치고 바로 신이 된 존재는 아직까지 한 명도 없다는 사실을 말해준다.

제26장

신(神)을 만난 표적들

처음 신과의 만남 이후에도 나의 의식과 몸에는 아무런 변화가 생기지 않아 의구심이 많이 생겼으며, 친척 형에게도 아무런 변화가 없음을 알려주었다. 그러나 내 말을 들은 친척 형은 자신에게는 나에게 이미 변화가 일어나고 있는 기운이 느껴지고 있다고 답변하면서, 신의 기운은 무속인들이 사후세계에 존재하는 영혼들에 의해 '빙의'되는 것처럼 몸으로 직접 받는 것이 아니라, 감싸주는 기운으로 반응의 속도가 상당히 늦지만, 한 달 내에는 뚜렷한 의식과 신체에 커다란 변화가 생길 것이라고 말해 주었다.

친척 형은 신의 기운을 받은 벽조목을 귀금속을 파는 00당에 맡겨 목걸이로 만들어서, 일주일이 지난 후에 내 목에 걸어 주었다. 처음에 나는 가끔씩 스스로 발열하는 벽조목으로 인하여, 내 몸에 약한 화상을 입는 신체적 현상만 겪었었지만, 2주일이 지난 후부터는 몸과 의식에서 몇 가지 예전과는 뚜렷이 구분되는 변화가 생기기 시작하였다.

첫 번째는 여름이나 겨울 등 외부 환경적 온도와는 전혀 상관없이 내 머릿속은 보이지 않는 에어컨이 작동되어 시원한 상태가 되었으며, 내가 감당할 수 없는 영적 에너지도 흘러나오고 있었다.

① 『서유기』에서 삼장법사가 손오공의 행동을 조절하기 위하여 머리에 씌어 놓은 관 형태의 머리띠처럼, 내 머리의 둘레에도 눈에 보이지 않지만, 황금색의 영적 관이 씌었고, 그 관에서 강한 영적 에너지와 파장이 발생하기 시작하였다.

:: 『서유기』와 금고아

1. 『서유기』
『삼국지연의』, 『수호지』, 『금병매』와 더불어 중국의 사대기서(四大奇書) 중 하나다. 629년 30세의 젊은 승려 현장이 혼자서 천축(인도)으로 불경을 구하러 갔다 온 17년 동안의 일을 그의 제자들에게 구술로 전해주었는데, 그 이야기가 『대당서역기』라는 이름으로 엮어졌고, 명나라 중엽에 이르러 오승은이 이것을 가공하여 정리한 새로운 신화 소설인 『서유기』를 만들었다.

2. 금고아
삼장법사가 손오공의 행동을 조절하기 위하여, 손오공의 머리에 씌어놓은 관 형태의 머리띠로, '긴고아주'란 주문을 외우면 손오공의 머리띠가 점점 작아져 머리띠를 쓴 손오공을 고통스럽게 만들었으며, '송고아주'란 주문을 외우면 긴고아주의 주문이 풀렸다. 손오공이 깨달음을 얻었을 때 저절로 사라졌다고 한다.

② 눈썹 사이 약간 위에 위치한 제3의 눈이라고 하는 영역인 아즈나 차크라(미간 차크라)가 열리기 시작하였다.

1. 아즈나 차크라(미간 차크라 또는 제3의 눈인 영안)
양쪽 미간 사이에 위치하며 아즈나 차크라가 열리면, 마음의 집중이 잘
되고 정화된 지성을 얻으며, 개인이 추구하는 집착성은 사라지고 모든
일에 초월한 관찰자가 된다고 한다.

다른 사람이나 영들의 에너지를 탐지하거나, 미래를 보는 예지 능력이
생겨나며, 특히 사람들의 삶의 결과에 영향을 준 원인을 파악할 수 있
어, 삶을 맞이하는 태도와 삶에 대한 이해력이 넓어진다.

2. '3×3 EYES'
다카다 유조의 만화로 '삼지안 운가라'라고 불리는 3개의 눈을 가진 요괴
를 중심으로 이야기가 진행되며, 미간 사이에 제3의 눈을 가지고 있다.

③ 머리 중앙 백회 영역에 위치한 사하스라라 차크라(두정 차크라)가
열리기 시작하였다.

:: 사하스라라 차크라

사하스라라 차크라(두정 차크라)는 머리의 중앙 백회에 위치하며, 내재
된 에너지가 백회를 뚫고 나가 우주의 진리와 하나가 되어 절대적 부동의
행복한 상태가 된다.

오로라를 지속적으로 발하며, 우주와 자신이 합일된 체험 속에서 스크
린을 통해 영화를 보듯이 확연하게 우주의 질서를 깨닫게 된다고 한다.

더 깨달을 것도 배우거나 가르칠 것도 없는 상태가 되는 것이며, 요가를
행하는 사람들이 이르고자 하는 최고의 자리이다.

④ 강한 에너지의 발산으로 영능력자들이 볼 수 있는 후광[1]이 나타나기 시작했다.

⑤ 신을 찬양하는 기도를 하면 온몸에 찬 기운이 머리를 통해 내려오며, 피부는 공포를 느낄 수 없는 행복한 희열의 느낌과 함께 온몸에 소름이 돋아났다.

⑥ 두 눈을 감으면 영의 진짜 모습인 뚜렷하고 강력한 빛이 보였다.

두 번째는 개인적인 성취의 욕망과 주변을 도와주면서 살아야 한다는 의무적 집착은 완전히 사라지고, 내가 태어난 목적을 정확하게 알고 싶다는 의식의 변화가 새로 생겼다.

나는 친척 형에게 몇 가지 몸과 의식의 변화에 대하여 이야기해주자, 친척 형은 나에게 당연히 생겨야 하는 변화라고 대답하면서, 한 달 내에 제3의 눈인 영안으로 사후세계의 영들인 귀신들과 신령뿐만 아니라 불가시 존재들도 보게 될 것이며, 이것과 더불어 미래를 알 수 있는 예지 능력도 자연스럽게 가지게 될 것이라고 말해주었다.

나는 친척 형에게 사후세계의 영들을 보는 것과 예지 능력이 필요 없다고 대답하면서, 이것들을 평생 보지 않으려면 어떻게 하면 되는지를 물어보았다.

친척 형은 모든 의식을 집중한 채, 신에게 영들을 보는 것과 예지

---

1) 불보살이나 성인(聖人)의 머리 둘레에서 광채 나는 원이나 원반을 말하며, 성화(聖畵)에는 영적 특성을 나타내려는 목적으로 그려졌다.

능력을 없애달라고 요청하면 된다고 말하면서, 친척 형이 손가락을 펴서 내 미간 사이 제3의 눈 위치에 있는 이마에 대고 꾹 눌러주었고, 나는 신에게 영적 세계에 대해 보는 것을 원치 않는다는 사실을 기도하는 행위로 알려주었다.

그때부터 나는 꿈속을 제외하고는 현실에서 영들을 보거나 미래를 예지할 수 있는 능력은 사라졌지만, 영적 에너지가 머리 둘레와 미간 사이, 그리고 머리 중앙에 계속 몰려 있다는 사실만은 느낄 수 있었다.

에피소드 1 : 차크라를 열려고 하는 사람들에 대한 경고

기도와 명상 수련을 통하여 신계나 영계에 존재하는 에너지와 소통하여 우주의 원리 및 진리와 행복을 깨닫고 신성(神性)과 연결하고 싶어 하는 사람들이 존재한다. 또한, 기도와 명상 수련을 하는 사람들은 그들만의 수련을 통하여 형언할 수 없는 희열 속에 우주 의식과 합일(合一)을 이루기 위해 반강제적으로 차크라를 열고자 노력하지만, 차크라를 열기도 어렵거니와 차크라를 연다고 해도 탄생을 준비하지 않은 병아리가 섣불리 세상에 나오려다가 사망하는 '줄탁동시'의 예처럼 매우 불행한 상황에 직면할 수 있다.

조그만 빈 컵을 가지고 물을 계속해서 채우면, 컵에 가득 차기 전까지 채우고 있는 물들은 컵 속에 머물러 있지만, 곧 조그만 컵에 넘친 물들이 주변을 지저분하게 적시게 되어 주변 환경을 악화시키는 것처럼, 우주와 합일(合一)되어야 하는 사유인 의식의 준비 없이 차크라를 여는 방법에만 몰두한다면, 제일 먼저 만나게 되는 사후세계의 기운에 의하여 정신병을 앓게 될 수도 있다.

사후세계의 기운을 뚫고 영계의 정화되지 않은 기운을 만나게 되면, 영계에 널리 퍼져있는 정신적 희열은 느끼겠지만, 자신의 영적 성장에는 전혀 도움이 되지도 않을뿐더러, 세상 사람들에게 알려줄 우주의 운행 원리 및 진리의 말을 이해할 수 없어 전해줄 것도 없다.

익지 않은 감은 떨어지지 않고 나뭇가지에 매달려 있듯이, 우주의 기운과 합일(合一)된 상태가 되지 못한 의식은 차크라를 자연스럽게 열 수 없다.

나뭇가지에 매달려 있는 익지 않은 감을 강제로 분리시켜 사람들이 먹게 되면 떫은맛으로 인하여 먹지 못하고 버리게 되듯이, 우주의 기운이 아닌 내 스스로 차크라를 열어서 얻게 되는 지식은 세상에 필요하지 않은 쓸모없는 지식이거나, 사악한 사후세계에 존재하는 귀신이나 영혼들 또는 정화되지 않은 영계에 존재하는 영이나 종교령들이 왜곡하여 알려주는 잘못된 지식들뿐이다.

잘 익은 감은 나뭇가지에 매달려 있지 못하고 땅 아래로 떨어지듯이, 우리의 의식이 우주의 기운과 합일(合一)한 상태가 되어 있으면, 어떠한 기도나 수련 행위가 없어도, 신계의 신(神)들의 기운이 영계와 사후세계의 기운을 뚫고 현세계에 내려와 자연스럽게 차크라를 열어준다.

우리들의 의식은 물을 담을 수 있는 컵이지 물이 결코 아니다.

작은 컵에서 많은 물을 받으려는 욕심을 버리고, 많은 물을 받을 수 있는 큰 컵이 될 수 있도록 개인적인 욕망을 버리고, 모두의 행복을 바라는 우리들의 의식을 성장시키는 것이, 기도나 명상 수련으로 차크라를 여는 것보다 훨씬 중요하다고 말해주고 싶다.

에피소드 2 : 내가 경험한 신의 표적에 대한 설명

• 1. 영적 면류관

신의 기운을 받게 되면 『서유기』에서 삼장법사가 손오공의 머리에 두른 관 형태의 머리띠인 금고아의 위치와 똑같이 영적 면류관이 씌어 영적 에너지를 흡수하거나 방출하게 된다.

고대 올림픽 경기에서 승리자가 받았던 월계수로 된 화관을 쓴 위치와 같은 곳에 영적 면류관이 장착되지만, 형태는 〈반지의 제왕〉에서 나오는 사우론의 반지처럼 보석도 장식도 없는 단순한 황금색을 띠고 있으며, 사람의 머리에 딱 맞는 큰 형태이다.

그러나 영적 면류관은 사우론의 반지처럼 소유하는 있는 사람들을 탐욕으로 이끄는 것이 아니라, 개인적인 욕심과 남에게 인정받고자 하는 집착을 사라지게 만드는 의식의 변화를 유도한다. 또한, 천사들의 그림에서 볼 수 있는 영적 에너지인 흰 테두리가 머리 위에 위치하는 것이 아니라, 손오공의 띠를 착용하는 것처럼 이마를 둘러싼 위치에 존재하고 있다.

손오공 머리 위에 쓴 금고아는 삼장법사의 긴고아 주문으로 머리띠가 조여와 고통을 받게 하는 역기능을 가진 도구였다면, 영적 면류관은 외부 세계와 영적 에너지의 발산과 흡수를 돕는 도구이면서 정신을 맑고 시원하게 만드는 순기능의 역할만 수행하고 있다. 또한 사후세계에 존재하는 영들이 영적 면류관을 만지려고 하면 황금색의 영적 면류관은 스스로 '웅~' 하는 소리와 함께 용암처럼 붉은빛과 강한 에너지를 발산하고 만져지지 않아, 영들이 영적 면류관을 벗기려는 것을 포기하게 만든다.

• 2. 아즈나 차크라(미간 차크라, 영안)

아즈나 차크라가 열리면 미간과 이마 사이인 제3의 눈 영역에 강한 에너지가 모이는 것을 느끼게 된다. 아즈나 차크라가 열린 영안은 보통의 무속인들이나 영능력자들이 말하는 영안과는 확연하게 구별되는 특징을 가지고 있다.

무속인들이나 영능력자들이 흔히 말하는 영안은 있는 그대로의 귀신이나 영의 상태를 보지만, 아즈나 차크라가 열린 영안은 눈으로는 볼 수 없었던 더 근본적인 영의 상태를 보게 된다.

예로 개에서 사람으로 환생한 지 얼마 되지 않은 인면수심의 마음을 가지고 태어난 사람이나, 죽음을 맞이한 후 사후세계에 거주하고 있는 영혼을 보게 된다면, 일반적으로 무속인들이나 영능력자들은 과거 현세계에 살았던 사람의 모습으로 보게 된다. 그러나 아즈나 차크라가 열린 영안은 길거리에 지나가는 사람들을 보게 되면, 사람의 모습이 아닌 사나운 개나 늑대로 보이거나 죽음을 맞이하여 사후세계에 거주하는 영혼조차도 영적 성장도에 맞는 모습으로 보게 되어, 현재 시점의 영적 성장도와 함께 인면

수심의 마음을 가지고 있었던 원인조차도 어렴풋이 알게 된다.

나는 현세계에서 모든 사람들을 편견 없이 만나 보기를 원했기 때문에 나에게 열려 있던 아즈나 차크라를 막아 버렸다.

• 3. 사하스라라 차크라(두정 차크라)

나는 인터넷이나 많은 책에서 기도와 명상 수련을 통하여 내면의 에너지가 머리 중앙 백회를 뚫고 발산되어 우주의 기운과 합일(合一)되는 사하스라라 차크라(두정 차크라)를 열었다고 주장하는 내용을 개인적으로 절대 믿지 않는다.

사하스라라 차크라(두정 차크라)는 기도와 명상 수련으로 내면의 에너지가 머리 중앙 백회를 뚫고 발산되어 우주의 기운과 합일(合一)되는 것이 아니라 우주의 기운이 사하스라라 차크라(두정 차크라)를 통하여 내면 에너지와 만나는 현상이다.

사하스라라 차크라(두정 차크라)가 열리면서 시원한 느낌을 가진 기운이 백회를 뚫고 '훅훅' 바람 소리와 함께 들어오면서 나는 상상할 수 없는 기쁨을 느끼게 되었고, 나의 의식은 영계로 빠른 속도로 진입하면서 신들의 신전을 방문하게 되었다.

방문한 신전에서는 내가 알고 싶어하는 것에 대한 생각과 동시에 답을 얻고, 영감의 형태로 필요한 지식을 순식간에 습득하였으며, 영화의 스크린처럼 필요한 장면도 기억하게 되었고, 다시 현세계에 돌아왔을 때는 온몸이 두꺼비의 표피처럼 소름이 돋아 있었지만, 마음속에서 일어나는 형언할 수 없는 기쁨은 당분간 지속되었다.

생기를 둘러싼 영을 깨뜨리지 못해 신이 되지 못한 우리의 내면 에너지가 아무런 장치 없이 영을 깨트린 신의 기운과 직접 만날 수는 절대로 없다.

영이 차원이 전혀 다른 신의 기운을 직접 만나기 위해서는 차원이 다른 기운을 완화시키는 영적 면류관이라는 특별한 장치가 먼저 필요하며, 영적 면류관이라는 장치로 정화된 신의 기운이 사람의 영에게 전달되어야 한다.

나의 경우에도 내가 직접 끊임없이 하늘로 솟구쳐 신들이 사는 신전을 보았다는 느낌을 가지고 있었지만, 나의 영이 우주의 끝에 직접 올라간 것이 아니라, 신의 기운이 나의 의식에서 펼쳐 보여주는 환영일 뿐이었다.

기도와 명상 수련으로 신과의 기운을 만나기 위해 사하스라라 차크라(두정 차크라)를 열었다고 해도, 내면 에너지를 우주로 발산할 수 있는 힘인 에너지와 능력은 영에게는 존재하지 않는다. 내면 에너지를 우주로 발산할 수준의 에너지를 보유하고 있는 생기라면 벌써 영을 깨뜨리고 신이 되었을 것이기 때문이다.

사하스라라 차크라(두정 차크라)를 열면, 우주에 있는 기운이 사람의 내면에 흡수하는 형태로 사람의 영과 신의 기운이 교류하게 된다. 다시 말하면 사하스라라 차크라(두정 차크라)는 신의 선택으로 이루어지는 것이지 사람들의 노력으로는 이루어지지 않는다는 말이다.

• 4. 후광과 소름

후광은 영적 면류관을 가지고 있어야, 외면에 나타날 수 있는 것이다. 영적 면류관은 주변에 많은 양의 에너지를 방출하거나 흡수 또는 저장하는 역할을 하는 장치이며, 이 장치에서 방출되는 대량의 영적 에너지로 인하여 영능력자들은 후광을 인식하는 것이다.

소름은 우리의 몸과 맞지 않는 강력한 에너지와 만났을 때, 영이 놀라 몸에 반응하는 것으로, 공포스러울 때도 소름이 돋지만 기쁘거나 쾌락을 느낄 때도 강력한 에너지의 충격으로 영이 놀라 몸에 소름이 돋는 반응을 한다.

• 5. 영의 진짜 모습
우리의 본질인 생기는 무한한 에너지를 만들어 낼 수 있으며, 두꺼운 영으로 감싸져 있다. 생기에서 뿜어지는 에너지는 둘러싼 영과의 부딪침으로 빛과 파장, 그리고 에너지가 외부로 방출되게 된다.

이때 방출되는 빛과 파장, 에너지의 힘이 영의 힘과 비례하며, 빛과 파장, 에너지의 힘은 영계나 사후세계, 그리고 현세계를 운영하고 있는 근본적인 작용을 담당한다. 빛이 강한 영일수록 자신의 모습을 자유자재로 변형할 수 있으며, 타인의 운명에도 영향을 미칠 수 있는 힘인 에너지가 강하다고 생각하면 된다.

영 안에 감싸진 생기에서 나오는 에너지의 힘이 더 세지게 되면, 생기를 감싸고 있던 영이 생기에서 나오는 에너지를 더 이상 견디지 못하고 깨지게 된다. 영을 깨트린 생기는 의식을 소유한 초인적인 힘을 지닌 신으로 새롭게 탄생하며, 신계로 진입하여 보유하던 의식을 가지고 신계, 영계, 사후세계와 현세계를 지배하게 된다.

제27장

영(靈)적 성장을 이루는 과정(갈등과 선택)

　　나는 친척 형에게 형도 영적 에너지를 흡수하고 방출할 수 있는 영적 면류관을 소유하고 있는지를 물어보자, 친척 형은 소유하고 있지 않다고 대답했다. 영적 면류관은 신가(神家)에 속한 사람들에게만 있는 것이며, 자신은 도가(道家)이면서 무가(巫家)에 속한 사람이기 때문에, 영적 면류관이 없다고 말했다. 그러나 영계와 사후세계에 명호(冥護)를 걸고 신령을 모시고 귀신을 부리면서 영적 능력을 사용하고 있다고 주장하였다.

:: 명호(冥護)

> 명호(冥護)란 신명(神明)이 직접 관리하고 보호한다는 뜻으로, 일부 무속인들은 하늘에서 직책을 부여받은 신들이 무속인들에게 내려와서 자신이 부여받은 직책에 맞는 명호(明弧)를 준다고 주장한다. 신에게서 명호(冥護)를 부여받은 무속인은 명호(冥護)에 맞는 영능력을 행사할 수 있다고 말한다.

영계와 사후세계를 다녀온 나는 명호(冥護)의 뜻과 무속인의 주장이 모두 틀리다고 생각한다. 명호(冥護)란 사후세계나 영계를 지배하고자 하는 욕심이 많은 신령이나 영들의 집단 무리가 자신들 스스로 규정을 만들어서 정하고, 만든 규정에 맡은 직책을 서로에게 배분하여 피지배 영들을 다스리는데 그 직책의 임명장이 명호(冥護)다.

이들 집단 무리들에 속한 신령이나 영들은 영계나 사후세계, 그리고 현세계에서 자신들과 뜻을 같이하는 무리들과 튼튼한 혈맹 관계를 맺고 있으며, 자신들에게 필요하다고 판단되면 언제든지 다른 영들에게 집단 테러를 가하면서, 자신들의 테러 행위를 신벌이라고 미화하고 있다. 또한 명호(冥護)는 신들이 현세계에 살고 있는 사람들에게 말로써 내려주는 행위가 아니라, 이들 집단에 충성을 맹세한 현세계에 살고 있는 사람들의 영이 직접 영계나 사후세계를 방문하여, 자신이 죽음을 맞이한 후에 지배할 영역을 표시하고 직책을 부여받는 행위이며, 피지배 영들이 알 수 있도록 영계나 사후세계에 존재하는 특정한 장소에 직접 명호(冥護)를 새겨서 걸어놓는다.

영계나 사후세계에 직접 명호(冥護)를 새겨 놓은 진짜 영능력자들은 정확한 명호(冥護)의 명칭과 역할 및 영계나 사후세계에 자신이 걸어 놓은 위치를 알고 있다. 그러나 영계나 사후세계에 지배자로 있지 못하고 떠돌아다니다가, 무속인에게 내려온 신령이라고 주장하는 존재들은 자신들이 영계나 사후세계에서 일하고 있었던 장소와 자신이 수행하던 직책과 자신이 무슨 일을 정확하게 하고 있었는지 전혀 밝히지도 못하고, 심지어는 자신의 명호(冥護)도 정확한 업무상 직책의 표현이 아닌 용왕대신, 작두장군 등의 이름으로 대충 말한다.

사람들이 윤회할 때 특정한 목적을 정하여 태어나거나, 일반적인 목적을 정하여 태어나는 선택을 할 수 있는데, 특정한 목적을 정하여 태어난 신가(神家)에 속한 사람들은 신들에게 사명을 받아 삶의 과정을 바꿀 수 없는 숙명의 길을 가게 된다고 말했다.

그러나 일반적인 목적을 정하여 태어난 사람들은 자유의지로 언제든지 자신의 삶을 바꿀 수 있는 운명의 길을 선택하여 가게 되기도 하고, 자신이 선택한 운명과는 큰 차이가 있는 도가(道家)나 무가(巫家) 등 완전하게 다른 삶을 선택하여 살아갈 수도 있다고 말했다. 그러나 신가(神家), 도가(道家), 무가(巫家), 종교인은 모두 영계에서 자신이 선택하였던 선택의 결과일 뿐, 영적 성장의 결과물이 결코 아니라고 주장하면서 나에게 자만하지 말라고 당부하였다.

나는 친척 형에게 어떻게 영능력자가 되었는지 이야기해 달라고 말하였고, 친척 형은 영능력자가 된 과정을 다음과 같이 말해 주었다.

» 친척 형의 이야기

나는 중소 도시에서 장사를 하고 살았는데, 하루하루 계속 쌓여가는 적자로 인하여 삶이 매우 고단했다. 하지만 부양해야 하는 가족들로 인하여 장사를 접을 수가 없었기 때문에, 부득이하게 사채를 빌려 쓰게 되었고 사채 원금을 갚기보다는 사채 이자만 계속 불어나고 있었다.

사채 이자 납부에 대한 독촉과 앞으로의 삶에 대한 많은 걱정으로 나날이 절망 속에 빠져 살고 있던 어느 날 밤, 홀로 호숫가 벤치에 앉아 술을 먹고 있었는데, 내가 앉았던 벤치 옆에는 검은색 고급 승용차를 몰고 온 젊은 여성도 혼자서 찬 바람을 맞으며 벤치에 앉아 있었다. 나는 순간적으로 저 여자를 기절시킨 후 돈을 챙겨 사채 이자를 갚아야겠다는 나쁜 생각을 가지고, 내 차 트렁크로 가서 야구 방망이를 들고 젊은 여자에게 다가가는 순간, 머리에 찌릿한 무엇인가를 맞고 잠시 기절하게 되었다. 내가 다시 정신을 차렸을 때는 어느새 여자는 검은색 고급 승용차를 타고 사라진 상태였으며, 나는 절망감과 함께 심한 죄책감을 느끼고 자살을 결심하게 되었다.

다음 날 예전에 방문했던 경험이 있는, 경치가 수려한 산을 소유한 00시로 자살할 장소를 선정한 후, 긴 시간을 운전하여 도착했지만 자살할 용기가 도저히 나지 않았다. 밤새도록 산에 혼자 있다가 배가 너무 고파서 산중을 헤매던 중에, 0000 사찰을 찾아 방문하게 되었는데 사찰 주지라는 분이 나를 반갑게 맞아주면서 밥과 잠자리를 마련하여 주었다.

그곳 사찰 주지라는 분은 나에게서 기구한 삶의 운명을 듣고서, 나의 사주팔자를 자세하게 풀고 나에게 설명하여 주었는데, 한 달 뒤 내가 다시 이 사찰을 찾아와 주지 스님의 제자가 된다고 예언을 하였다.

나는 주지 스님의 말에 크게 격분하여 자리를 박차고 나와서 곧바로 나의 고향으로 되돌아갔다. 그로부터 한 달 뒤인 어느 저녁 날, 사채업자 사무실에서 근무하고 있는 깡패들과 내가 빌려 쓴 사채 잔액에 대하여 논쟁을 벌이던 중 격분한 나는 깡패 두 명을 심하게 두들겨 팼고, 그 소식을 듣고 나를 찾으려는 깡패들을 피해 혼자서 야반도주를 하게 되었다.

당장 갈 곳이 전혀 생각나지 않았던 나는 0000 사찰 주지의 말을 다시 떠올리고, 00시 0000 사찰로 차를 몰고 밤 11시에 도착했는데, 처음에 방문할 때와는 전혀 다르게 사찰 내 건물과 사찰 길을 안내하는 전

등 모두가 환하게 불을 밝히고 있었다.

나는 신비한 일이라고 생각하면서, 0000 사찰 내 집무실로 들어간 순간, 가부좌를 틀고 앉아 있던 주지 스님이 웃으면서 내 말대로 0000 사찰을 스스로 다시 찾아오지 않았느냐고 말했다. 그리고 나에게 자신이 준비한 옷을 전달하여 주면서, 필요한 기간 동안 0000 사찰에서 부담 없이 생활하라고 말했다.

0000 사찰 주지 스님은 상당한 실력을 소유한 영능력자인 도가(道家)였으며, 나에게 사주팔자라는 운명을 보는 방법과 신령과 귀신을 다루고 부리는 방법, 기도하는 방법 그리고 영에 관한 기초지식 등을 가르쳐 주었다.

나는 특히 영능력 분야에 탁월한 재능을 발휘하여 6개월 만에 사찰 주지 스님이 배출한 어떤 제자들보다 뛰어난 영능력자가 되었으며, 영계에 살고 있는 신령님과 혈맹을 맺고 영계에 명호(冥護)를 새기게 되어 도가(道家)와 무가(巫家)의 능력들을 겸비하게 되었다.

도가(道家)는 신을 모시지 않고 스스로의 영적 능력으로 자신을 따르는 귀신이나 영을 부릴 수 있지만, 무가(巫家)는 모시는 신이 지배하는 귀신이나 영까지 부릴 수 있기 때문에, 나의 영적 파괴력과 능력은 주지 스님보다 더 극대화되었다.

나는 이렇게 영능력자가 되었다.

친척 형의 말은 들은 나는 형이 도가(道家)에서 전향한 무가(巫家)임을 알게 되었다.

에피소드 : 영적 성장을 이루는 과정(갈등과 선택)

갈등(葛藤)이란 칡(葛)과 등나무(藤)가 서로 얽히는 것 같이 화합하지 못하는 말로, 두 개 이상의 상반되는 것이 존재하여 어떤 행동을 결정하지 못할 때도 쓰인다. 레빈은 갈등의 세 가지 유형을 말했는데 아래와 같다.

첫째, 긍정적인 두 가지 목표 중 하나를 선택해야 하는 상황일 때의 접근-접근 갈등이다. 예를 들면 좋아하는 여행 계획을 세울 때 국내 여행을 할지, 해외 여행을 할지를 선택해야 하는 경우이다.

둘째, 부정적인 두 가지 목표 중 하나를 선택해야 하는 상황일 때의 회피-회피 갈등이다. 예를 들면 작은 잘못을 하여 벌을 받을 때 자원봉사를 할지, 벌금을 낼지를 선택해야 하는 경우이다.

셋째, 긍정적인 목표와 부정적인 목표를 동시에 가지는 것을 선택해야 하는 상황일 때의 접근-회피 갈등이다. 예를 들어 결혼을 하게 되면 사랑하는 사람과 함께 살 수 있다는 장점이 있는 반면 자녀 부양의 책임감도 동시에 있게 된다. 또한 신념과 개인 행동 사이의 갈등인 인지부조화도 있다. 예를 들면 『이솝 우화』에 나오는《여우와 신포도》이야기에서 여우가 포도를 잡지 못해 못 먹게 된 상황을, 신포도라서 못 먹는다고 주장하는 것과 같다.

갈등은 'prohairesis'의 말처럼 인간의 정신적 능력, 의식, 성격, 판단, 목적, 욕구 등에 의해 자신의 인격을 나타내는 선택을 자유의지로 하게 되는데, 갈등에 대한 선택이 특정한 것을 선호하는 것으로 누적되면 정형적이며 자연스럽게 반응하는 습관이 된다. 이러한 습관은 영적 성장에 깊은 영향을 주게 되며, 영적 성장은 지식과 경험을 바탕으로 한 질적·양적 정보 습득과 영적 힘으로 구분된다.

질적 정보는 고급 정보 습득을 말하며, 품격(인품)으로 표현되고, 양적 정보는 많은 양의 정보 습득으로 영이 장착할 수 있는 생명체(식물 또는 동물 등)인 영체로 표현되며, 마지막으로 영적 힘은 영들의 에너지 흡수와 방출량의 크기로 결정되는데, 상호 간의 영적 에너지 교류가 결정적인 역할을 담당한다.

선행을 하는 사람들은 즐거운 상태에서 다른 사람들과 집단적으로 활발한 교류를 하여 영적 교감을 활발하게 이루고 있지만, 악행을 하는 사람들은 죄책감과 공포심을 가지게 되어 다른 사람들과의 교류를 끊고 개인 활동을 추구하게 되면서 다른 사람들과의 영적 교감을 점차 줄이게 된다.

영적 교감이 활발한 사람들의 영은 영적 에너지의 방출과 흡수가 활발하게 되어 영적 힘이 세어지게 되는 반면, 영적 교감이 위축된 사람들의 영은 영적 에너지의 방출과 흡수가 위축되어 영적 힘이 약해진다.

모든 상황을 포용할 수 있는 신계의 신들은 모든 생명체와 영적 교감을 활발하게 유지할 수 있어 강력한 영적 힘을 발휘하고 있지만, 사람들을 회피하는 귀신이나 잡귀는 영적 교감이 위축되어 영적 힘이 약하다. 그러나 사후세계의 지배자 무속령들과 영계의 지배자 종교령들은 자신들을 추종하는 집단 무리들과 영적 교감을 활발하게 진행하여 막강한 영적 힘을 유지하고 있다.

　이들은 영적 힘을 강하게 만들고 유지하는 방법인 상호 간 활발한 영적 교감을 위하여 개인적 활동을 자제시키고 주로 집단으로 모여 활동하도록 강요하고 교육하는 특징이 있다. 사후세계에는 무속령들이 지배하는 집단 거주지가 있으며, 영계에서는 종교령들이 지배하는 집단 거주지가 존재하고 있는 이유이다.

　친척 형이 사악한 마음을 가지고 고급 승용차를 탄 젊은 여자를 해치는 선택을 하게 되었다면 현실적으로는 교도소에 가게 되겠지만, 그것보다 더 중요한 사실은 사람을 해쳤다는 죄책감으로 영적 교감이 크게 위축되어 영능력자가 되지 못했을 것이다. 또한, 다음 생애에서도 동일한 상황에 처할 때 습관처럼 잘못된 선택을 할 수도 있을 것이다.

　갈등은 자유의지로 결정을 선택할 수 있지만, 선택의 결과는 다음 생애에서도 정형적이고 자동적으로 반응하는 습관으로 고착화되어, 윤회를 거듭할수록 영적 교감이 위축하게 되고, 그 결과 영적 성장이 오히려 퇴화되어, 더 이상 사람에게 장착하지 못하고 동물에게 장착되는 영이 되는 불행한 상황이 전개될 수도 있다.

　자신의 삶을 크게 변화할 수 있는 선택의 순간이 오게 되면, 미래에 살게 될 삶을 위하여 보다 신중하게 선택하길 바란다.

제28장

퇴마(退魔) 방식

내가 세 들어 살던 주인집 아주머니는 자신이 기르던 개가 하얗고 예쁜 강아지를 많이 출산하여, 한 마리를 나에게 분양해 주겠다고 하시면서 강아지를 선택하라고 말했다. 나는 출산한 일곱 마리 중 초롱초롱한 눈방울을 가진 하얗고 예쁜 강아지를 선택하였고, 나의 방으로 데리고 가서 '파트라슈'라고 이름을 지어 주었다.

그 당시 친척 형은 나에게 각종 자기 계발서나 사상 관련 책들을 선물로 주면서 읽어보라고 권유하였지만, 나는 독서보다는 강아지와 함께 재미있게 지내는 생활을 더 좋아했다.

친척 형은 성경 구절인 마태복음 18장에 나오는 '길 잃은 한 마리 어린 양'을 예시로 들면서 99마리의 양을 잃더라도 10,000명을 살릴 수 있는 능력을 가진 한 마리 양이라면 전체를 위하여 99마리를 부득이하게 희생할 수밖에 없다며 나를 위협했다.

예수님이 비유한 말씀으로 양 100마리 중 한 마리가 길을 잃었으면 99 마리를 산에 두고 한 마리 길 잃은 양을 찾을 것이고, 만약 찾게 되면 길을 잃지 않는 99마리보다 더 기뻐한다고 하였다.

안전한 곳에 있는 99마리의 양보다 위기에 처한 한 마리의 양을 살리기 위한 애정의 표현이라며 일부 신도들은 주장하고 있다. 그러나 99마리 양들이 남겨져 있던 산속은 항상 늑대들이 호시탐탐 양들을 먹잇감으로 노리는 불안정한 장소이지 안전한 장소가 절대 아니다.

그럼에도 불구하고 위기에 처한 1마리 양을 발견한 것이 산속에 방치한 99마리의 양보다 더 기쁜 일이라고 생각한다면, 길 잃은 한 마리 양은 예수님과 아주 특별한 관계가 있는 양이었다고 생각할 수밖에는 없다.

나는 친척 형의 위협적인 말에 즉각적으로 반박하며, 아무리 나의 친척 형이라도 나에게서 강아지를 떼어내지 못하게 하겠다고 선언하면서 강아지를 내 품에 안고 집 밖으로 뛰쳐나왔다.

놀란 친척 형은 나를 따라 집 밖으로 나와서 나를 붙들고 대화로 문제를 해결하자고 말하였지만, 나는 친척 형과의 대화는 중요하지 않고 강아지와 내가 함께 살 수 있는 결과만이 중요하다고 주장하였다.

나의 말을 들은 친척 형은 강아지가 살아 있을 때까지만 함께 사는 것으로 나에게 제안하였고, 나는 설마 내가 살아 있는 강아지가 아닌 죽은 강아지까지 집안에 데리고 있겠느냐며 형의 제안을 받아들여 극적인 화해를 하게 되었다.

나와 강아지 그리고 친척 형이 함께 집안으로 들어가려는 순간 태권도복을 입은 소년이 우리 앞을 지나가고 있었다. 친척 형은 갑자기 태권도복을 입은 소년을 불러 친척 형의 명함을 주면서 부모님께 전해 달라고 하였지만, 도장에 빨리 가봐야 한다며 소년은 친척 형을 부탁을 거절하고 어디론가 매우 빠르게 달려갔다.

나는 친척 형에게 왜 쓸데없이 아무런 연고가 없는 소년에게 명함을 주었느냐고 물어보자, 친척 형은 태권도복을 입은 소년이 한 달 안에 대형 교통사고를 당해 머리가 함몰되어 사망한다고 대답하면서 소년의 머리 뒤통수가 희미하게 함몰된 모습이 보였다고 주장하였다.

그로부터 한 달도 되지 않은 어느 날, 우리 집 근처에서 태권도복을 입은 소년은 교통사고로 머리가 함몰된 채 사망하였다는 소식이 나에게 들려왔다. 집으로 되돌아온 나는 독서보다는 예쁘고 하얀 '파트라슈'와 하루하루 즐거운 생활을 하고 있었는데, 나의 행동을 못마땅하게 생각한 친척 형이 강아지가 살 수 있는 날이 얼마 남지 않았으니 더 재미있게 놀라며 의미심장한 말을 한마디 던졌다.

친척 형의 말을 듣고 겁이 덜컥 난 나는 그날부터 내 이불 속에서 강아지와 함께 잤고, 친척 형 대신 낮에는 강아지를 돌봐 줄 사람이 없다고 주인집 아주머니를 설득하여 강아지를 맡기고 직장에 출근했다. 친척 형이 의미심장한 말을 한 지 일주일째인 일요일에 나와 함께 산책을 하던, 내게는 소중한 강아지가 갑자기 자동차가 다니는 도로로 뛰어들었고 교통사고로 사망하게 되었다.

'파트라슈'가 죽은 날에는 큰 정신적 충격과 함께 사체 처리 문제와 보상 문제 등 내가 처음 겪는 여러 가지 일들로 심한 스트레스를 받게 되었으며, 나의 이성도 마비된 상태였다. 그러나 파트라슈가 죽고 3일이 지난 시점에 나는 친척 형이 과거에 말했던 의미심장한 말과 태권도복을 입은 소년과의 경험담을 떠올리게 되었고, 혹시 친척 형이 강아지에게 살(煞)을 만들어 보내서 강아지가 살(煞)을 맞고 사망했다는 생각을 하게 되었다. 또한, 과거 0000 사찰에서 선생님이 나에게 보여준 영을 사로잡는 방법 중 사후세계에 존재하는 영혼을 활용하여 약한 개의 몸에 잠식하고 있다가 필요한 시점에 개의 영에게 일시적인 '빙의'를 일으켜 정신과 육체적 힘을 쓰지 못하게 만든 후 '빙의'한 영혼이 개의 몸을 이끌고 도로를 뛰어들어 마치 자살의 형태로 사망하게 만들었다고 생각하게 되었다.

친척 형에게 파트라슈가 죽은 원인에 대하여 나의 생각을 말하였지만, 친척 형은 어떤 형태의 긍정도 부정도 하지 않음에 따라 물증은 없지만 나의 생각이 맞았다는 것을 확신하게 되었다. 나는 살(煞)을 만들어 보내는 행위는 사악한 영능력자나 일부 무속인들이 행하는 천벌을 받을 수 있는 가장 나쁜 행위라고 말하면서 형의 진짜 정체가 무엇이냐고 물었다.

친척 형은 나에게 무속 행위를 하지 않아도 영적인 힘을 발휘할 수 있는 퇴마사라고 대답하여 주었고, 나는 퇴마사도 사후세계를 지배하는 신령이나 영혼들을 신으로 모시는 무속인일 뿐이라고 반문하였다.

친척 형은 나에게 '파트라슈'의 영을 만날 수 있게 해 주겠다고 하였으나, 나는 단호하게 거절하면서, 친척 형을 경멸하는 내 마음이 없어지지 않는다면 한 달 뒤에 형과 결별하겠다고 선언하였다.

2주일이 지난 후에 친척 형은 자신에게 벽조목(霹棗木)을 준 스승님을 소개하는 것으로 '파트라슈' 문제를 해결하자고 제안하였고, 친척 형을 경멸하던 마음이 조금 사라진 상황임과 동시에 친척 형의 스승은 어떤 사람인지 그리고 벽조목(霹棗木)은 어떻게 구했는지가 몹시 궁금했던 나는 형의 제안을 받아들여 화해하게 되었다.

에피소드 : 퇴마 방식

천주교에서는 악마나 귀신을 쫓아내는 구마 예식을 행하는 사람을 구마사라고 불렀는데, 1990년 대한민국 소설 『퇴마록』을 통해 '퇴마'라는 용어가 세상에 널리 알려지면서, 우리나라 사람들은 악마나 귀신을 쫓아내는 사람을 구마사라고 호칭하기보다는 퇴마사로 부르게 되었다.

일반적으로 사람들에게 알려진 퇴마하는 방법은 기(氣) 수련자들이 기(氣) 수련을 통하여 자신의 기운을 강하게 하고, 강화된 기(氣)를 사용하여 사람에게 '빙의'한 악마나 귀신을 쫓아내는 기공 퇴마 방식과 퇴마사나 무속인들이 자신의 영적 기운과 자신이 모시는 신의 영적 힘을 빌려 사람에게 '빙의'한 악마나 귀신을 쫓아내는 종교적·영매 방식이 있다.

기공 퇴마자들은 자신에게 나오는 강한 기(氣)를 사용하여, 사람에게 '빙의'한 악마나 귀신을 쫓아낸다고 주장하지만, 기공 퇴마 방식으로는 사람들에게 '빙의'한 영혼을 절대로 퇴마할 수 없다고 나는 생각한다.

일반적으로 사람에게 '빙의'된 영혼들은 사후세계에 존재하는 영혼들 중에서도 어느 정도 힘을 보유한 영혼들로서, 영과 영의 본격적인 싸움을 할 때는, 사람들의 일반적인 싸움처럼 짧은 시간에 승부가 결정되는 것이 아니라 짧게는 하루에서부터 길게는 수년까지도 싸움이 계속 진행될 수 있다.

사후세계에 존재하는 육체가 없는 영혼과 현세계에 살고 있는 사람의 육체를 가진 영과의 싸움은 사후세계에 존재하는 육체가 없는 영혼에게 절대적으로 유리하다.

기공 퇴마사가 잠을 자는 8시간만큼은 기공 퇴마사의 영이 육체에서 나와 사후세계에 존재하는 영혼과 직접 싸울 수 있지만, 육체를 가지고 활동하는 16시간 동안은 사후세계에 존재하는 영혼에게 영적 힘으로 무차별적으로 두들겨 맞게 된다. 사람의 육체를 가지고 있는 기공 퇴마사가 사후세계에 존재하는 영혼에게 영적 싸움에서는 절대로 이길 수 없는 시간과 구조적 제약을 가지고 있다.

기공 퇴마사에게 쫓겨나갔다고 주장하는 영혼들이 '빙의'된 사람에게서 잠시 밖으로 나와 있다가 다시 '빙의'를 반복하면서, 기공 퇴마사와 '빙의'된 사람들이 퇴마하는 과정에서 부단히 애쓰고 있는 애처로운 모습을 한 편의 드라마처럼 재미있게 즐기고 있는 상황이라고 생각하면 된다.

이와는 반대로 퇴마사와 무속인들은 육체를 가지고 활동하는 16시간 동안은 자신이 모시는 신이라는 존재가 '빙의'한 영과 영적 싸움을 하고, 퇴마사나 무속인들이 잠을 자는 8시간 동안은 퇴마사와 무속인들의 영과 그들이 모시는 신이 함께 힘을 합쳐 '빙의'한 영혼과 영적 싸움을 하기 때문에 24시간 모두 영과 영의 싸움을 진행할 수 있어 진정한 퇴마가 가능하다. 그러나 퇴마사와 무속인은 퇴마하는 방식과 퇴마로 인하여 발생하게 되는 필연적인 결과에 대하여는 다음과 같은 큰 차이를 보이고 있다.

무속인들의 경우에는 '빙의'한 영을 퇴마하기 위하여 직접적인 싸움보다는 굿판을 벌여 대화하고 위로하는 형식을 취한다.

대화와 위로의 형식으로 퇴마 하는 방식은 사람에게 '빙의'된 영혼이 원한 없는 즐거운 마음으로 퇴마 될 수 있는 장점이 있지만, 퇴마 된 영혼이 다시 외로워진 마음을 위로받고 싶으면 동일한 사람에게 '빙의'를 시도하여 굿판을 반복적으로 열리게 하는 단점이 있다.

무속인의 퇴마는 무력을 동반하지 않는 영혼들의 합의에 의한 일시적인 퇴마이기 때문에 '빙의' 현상이 완전히 해결되지 않고 반복적으로 다시 발생하는 커다란 단점이 있는 반면, 퇴마 행위를 한 무속인에게는 어떤 영(靈)적 피해도 남아있지 않는다.

퇴마사의 경우에는 '빙의'한 영혼을 퇴마 하기 위하여 대화나 위로하는 형식을 취하기보다는 퇴마사의 일방적인 요구가 '빙의'한 영혼에게 관철되지 않으면 징벌적인 방식인 무력을 사용하게 된다.

무력을 사용하는 형식으로 퇴마 하는 방식은 사람에게 '빙의'한 영혼들에게 깊은 원한을 사게 되는 단점이 있지만, 퇴마사의 영과 퇴마사가 모시는 신이라고 주장하는 영에게 심하게 두들겨 맞은 고통과 공포심 때문에 한 번 퇴마 된 이후에는 다시 동일한 사람에게 '빙의'를 시도하는 경우가 거의 없는 장점이 있다.

그러나 무력을 사용하는 퇴마사의 퇴마는 퇴마사의 영적 힘과 퇴마사가 모시는 신이라는 존재의 영적 힘이 사람에게 '빙의'된 영혼의 힘보다 약하다면 '빙의'된 영혼에게 엄청 큰 보복을 당하여 퇴마사는 현세계의 삶을 마감하게 되고, 퇴마사가 모시던 신이라는 영은 사후세계에서 노예로 사로잡힐 수 있다. 또한 퇴마사는 영적 싸움꾼이기 때문에 비록 '빙의'한 영혼에게 영적 싸움에서 모두 이겼다고 하여도, 영적 싸움 과정에서 살(煞)을 맞은 후유증으로 각종 질병이나 신병을 앓게 된다.

대부분 퇴마사(退魔師)의 말년 얼굴을 보게 되면, 밝게 빛나는 얼굴이 아닌 검고 탁한 얼굴로 변해 있는 것이 바로 영적 싸움에서 상대편 영혼에게 살(煞)을 맞은 후유증이다. 또한 퇴마사나 무속인들은 세상 모든 사람들을 위해 자신을 희생하는 활동을 하는 존재가 아닌 사후세계를 서로 지배하려는 욕심 많은 영혼들을 자신의 신으로 모시고 따르는 행위를 하는 사람일 뿐이다.

그렇기 때문에 대부분 퇴마사나 무속인들의 말년 삶은 인연법에 의해서 세상 사람들에게 존경심을 받기보다는, 경멸과 외면의 대상이 되어 버리는 것이며, 그러한 상황 역시 본인이 선택하고 살아온 삶의 방식에 대한 필연적인 결과라고 볼 수 있다.

표면상 멋진 말인 활인중생(活人衆生)을 외치는 무속인들이나 퇴마사들이 되고 싶은 사람들은 활인중생(活人衆生)의 진짜 뜻을 마음에 새기고, 과거 퇴마사나 무속인들이 살아왔던 삶의 과정을 성찰하여 살펴보고, 그들의 말년도 지켜보면서 자신의 가야 할 길을 신중하게 선택하길 바란다.

제29장

성유물(聖遺物)

며칠이 지난 후, 친척 형은 나에게 벽조목을 준 친척 형의 스승님을 오늘 밤 늦게 만나게 될 예정이라고 전해주면서, 저녁을 먹고 난 후에 △△△△ 사찰을 향해 바로 출발하자고 말했다.

나는 밝은 낮에 스승님을 만나지 않고, 어두운 저녁에 만나야 하는 이유가 무엇이냐고 친척 형에게 반문하자, △△△△ 사찰에서 친척 형이 기거할 때 좋지 않은 사건이 발생하여 그곳을 떠나게 되었으며, 그 사건으로 인하여 스승님의 제자들이 친척 형을 몹시 싫어하기 때문이라고 답변하면서 더 이상은 자세하게 묻지 말아 달라고 나에게 요청했다.

친척 형과 나는 밤늦게 △△△△ 사찰에서 스승님을 뵙고, 이른 새벽에 출발하여 아침은 우리 집에서 먹는 것으로 방문 계획을 수립하였고, 나는 친척 형의 스승님이라는 사람에게 벽조목을 보유하게 된 사연과 친척 형에게 준 이유를 꼭 물어보아야겠다고 마음속으로 다짐하였다.

드디어 저녁 6시에 우리 집에서 저녁을 먹은 후, 친척 형은 내 자가용으로 00시로 갈 것이며, 가는 길을 안내하여 주겠다고 했지만, 나도 형을 만나기 전인 과거에 00시는 많이 갔었다며 가는 길에 대하여는 걱정하지 말라고 대답하였다.

00시로 진입한 후 △△△△ 사찰로 내 자가용으로 몰고 가는 도중에, 나는 친척 형을 만나기 바로 전까지 00시 0000 사찰의 주지인 선생님을 만나 뵙고 있다가 친척 형이 갑자기 나를 찾아온 그 날부터 최근까지 전혀 뵙지 못했었다고 이야기하면서, 내일 새벽에 바로 우리 집으로 되돌아오지 말고 오전에는 0000 사찰을 방문하여 선생님을 뵙고 우리 집으로 되돌아오자고 제안하였다. 친척 형은 나의 제안에 깜짝 놀라는 표정을 지으며, 0000 사찰을 말하는 것이냐고 되물었고, 나는 0000 사찰이 맞다고 대답하여 주었다.

친척 형은 몹시 당황하였고, 나는 친척 형의 안내를 받아 △△△△ 사찰을 찾아가던 중 내가 만났던 0000 사찰과 형이 말하는 △△△△ 사찰의 위치가 똑같은 것을 알게 되었다. 나는 친척 형에게 내가 말했던 0000 사찰과 친척 형이 말하는 △△△△ 사찰의 위치가 같은 장소라고 말하자, 친척 형은 나에게 0000 사찰과 △△△△ 사찰은 같은 사찰이라고 대답하여 주었다.

사찰의 간판과 일반 신도들이 부르는 사찰의 이름은 0000 사찰이며, 제자들이 부르는 이름은 △△△△ 사찰이라고 말하면서, 내가 만났던 선생님이 친척 형의 스승님 같다고 말해 주었다.

나는 친척 형의 대답에 놀라기도 하고, 오랜만에 선생님을 뵙는다는 생각에 기쁘기도 한 설레는 마음을 간직한 채, 이미 알고 있던 위치라는 자신감을 가지고 더 빠른 속도로 내 자가용을 0000 사찰을 향해 몰았다.

0000 사찰의 입구는 자가용에서 내려서 5분 정도 걸어서 올라가야 하는 경사가 있는 길이며, 길의 양쪽 옆에는 등이 설치되어 있었지만 전등을 켜지 않으면 바로 한 치 앞도 볼 수 없는 깜깜한 산중이었다. 친척 형과 내가 사찰 근처에 도착하자, 밤 11시임에도 불구하고 사찰 내 건물과 사찰 길을 안내하는 모든 전등이 환하게 불을 밝히고 있었기 때문에, 오늘 사찰에서 중요한 행사를 하는 중이라고 생각하게 되었다.

나는 선생님을 오랜만에 뵙게 되어 기쁘다는 표현을 하는 반면, 친척 형은 사찰 행사 때문에 자신을 싫어하는 제자들을 많이 보게 될 것 같다며 탐탁지 않은 마음을 표현하면서 사찰 내로 들어왔지만, 우리의 예상과는 전혀 다르게 사찰 내에서는 사람들의 인기척이 전혀 없었다.

친척 형과 나는 선생님이 기거하고 있으리라고 예상하는 집무실의 문을 열어 본 순간 가부좌를 틀고 앉아 계시던 선생님이 자리에서 일어나 진짜 벽조목의 주인이 찾아왔다며 우리를 반갑게 맞아주시고, 나를 향해 삼배의 예를 올려서 형과 나 또한 선생님께 답례로 삼배의 예를 올렸다.

나는 선생님께 친척 형이 갑자기 나를 찾아온 사연과 함께 동거하게 되어서 그동안 방문하지 못했다는 사연을 선생님에게 말씀드렸고, 친척 형은 제자들이 보이지 않는 이유를 여쭈어보았다.

선생님은 친척 형에게 현재에는 가르치던 제자들이 모두 수료해서 타지로 떠났기 때문에 사찰이 비어 있는 상태이며, 당분간만 제자들을 양성하지 않고 혼자서 사찰을 지키려고 마음먹었었지만, 진짜 벽조목의 주인을 만나보았기 때문에 앞으로는 더 이상 제자를 양성하지 않을 것이라고 대답해주었다.

친척 형은 행사도 없는 사찰 내 건물과 사찰 길을 안내하는 모든 전등이 환하게 불을 밝힌 이유가 무엇이냐고 여쭈어보자, 선생님은 친척 형에게 자신이 평생 동안 두 번 아무런 사유 없이 밤늦게까지 사찰 내 건물과 사찰 길을 안내하는 모든 전등을 환하게 켜놓았었는데, 친척 형을 만나 제자로 삼은 날과 오늘 진짜 벽조목의 주인을 만난 날이라고 대답하였다.

친척 형과 나를 만나기 전날 밤, 두 번 모두 관세음보살님이 꿈속에 나타나 수기(受記)를 주셨기 때문이라며, 수기(受記)의 내용은 말해줄 수 없지만, 선생님의 입으로 말하지 않아도 나중에는 친척 형과 나뿐만 아니라 세상 모든 사람들이 자연스럽게 알게 될 것이라고 말하면서 너무 궁금해하지 말라고 당부하였다.

나는 선생님에게 벽조목을 보유하게 된 사연과 친척 형에게 준 사유를 알고 싶다고 물어보았고, 선생님은 나에게 다음과 같이 간략하게 벽조목을 보유하게 된 사연, 친척 형에게 주게 된 이유와 함께 진짜 벽조목를 봤다고 말한 이유도 함께 설명하여 주었다.

에피소드 1 : 벽조목을 보유하게 된 사연

사후세계에 거주하는 영혼들을 부리는 도가(道家)의 수련을 마치고 산에서 내려와 집으로 돌아가던 중, 우연히 산 중턱에서 산불이 난 것처럼 불이 번쩍하는 장면을 보게 되었다. 산불이 크게 번지는 것을 막고자 현장으로 달려가 보니, 그 자리에는 아주 큰 벼락 맞은 대추나무인 벽조목이 있었다고 말했다.

에피소드 2 : 형이 벽조목을 보유하게 된 사연

벽조목을 베어 집으로 되돌아와 도장을 만드는 재료로 팔기로 결심하여, 산에서 가져온 벽조목의 반을 도장 만드는 업체에 맡기려고 아는 지인에게 전달하여 주었는데, 아는 지인이 선생님이 준 벽조목을 도장 만드는 업체에 맡기지 않고, 자신이 몰래 가지고 도망가 버렸다.

황당한 상황을 맞이하게 되자, 탐욕하지 말고 의미 있게 쓰라는 하늘의 뜻임을 직감하고, 선생님의 제자들이 배움을 끝내고 0000 사찰을 떠나는 시점에, 객지에서 생활하다가 어려운 경제 상황을 맞이하게 되면 벽조목을 팔아 생계에 보태 쓰라는 의미에서 제자들에게 조금씩 나누어 주게 되었으며, 친척 형도 선생님의 제자들 중 한 명이었다고 말했다.

에피소드 3 : 진짜 벽조목임을 안 사연

사람들은 벼락맞은 대추나무를 모두 신의 기운이 담긴 벽조목이라고 주장하지만, 대부분은 신의 기운이 전혀 없는 단순한 나무 장식품에 불과하다는 것이다. 벽조목이란 신이나 영의 기운을 담을 수 있는 그릇이 될 수 있다는 것으로, 대부분의 벽조목에는 신이나 영의 기운이 담겨 있지 않다고 말했다. 그리고 벽조목에 신이나 영의 기운을 담을 수 있는 사람은 신의 관리와 보호를 받고 있는 신가(神家)에 속한 사람들이나, 사후세계나 영계에서 신이라고 주장하는 영혼이나 영들을 모시고 있는 무가(巫家)에 소속된 영능력자들 뿐이라고 말해 주었다.

신계, 영계, 사후세계 그리고 현세계 등 우리가 알고 있는 온 세상을 지배하는 의식체인 신계 신들은 자신의 기운을 벽조목 속에 담아서 신가(神家)에 속한 사람들을 보호해 줄 수 있다고 말했다.

사후세계의 실질적인 지배자인 무가(巫家)의 영혼들도 자신의 부하인 영혼을 벽조목 속에 담아서 사람들을 보호해 줄 수 있지만, 사후세계에 존재하는 귀신이나 영혼을 부릴 수 있는 도가(道家)의 영능력자들은 벽조목 속에 담을 수 있는 자신의 부하인 영혼들이 없기 때문에 진짜 벽조목(霹棗木)을 만드는 것이 불가능하다고 말해 주었다.

영능력자들이 진짜 벽조목을 보았을 때 뜨거운 열만 보이면, 신이나 영의 기운만 담겨 있는 것이고, 강한 빛이 담겨 있으면 벽조목 안에 영혼이 담겨 있는 것이라 말해 주었다. 신이나 영의 기운만 담겨 있는 벽조목을 목에 걸고 있으면 가끔씩 몸에 화상을 입을 수 있으며, 영혼이 담겨 있는 벽조목을 목에 걸고 있으면 눈을 감아도 강한 빛을 발하는 영혼이 보인다고 말해주면서, 오랫동안 간직하고 있으면 벽조목에 담겨 있는 영혼과 나의 영혼이 합일(合一)을 이루게 된다고 하면서 그것이 바로 '빙의'라고 말했다. 또한 내가 목에 걸고 있는 벽조목에서 강한 빛의 영혼이 보여 진짜 벽조목임을 알게 되었다고 말해 주었다.

선생님은 추가적으로 내가 잠을 잘 때 눈을 감은 깜깜한 상태가 되면, 강한 빛을 가진 물체가 보이지 않느냐고 확인하면서, 오랫동안 영혼이 담겨 있는 벽조목을 지니게 되면, 벽조목 안에 거주하는 영혼과 내 영이 하나로 합쳐져 또 한 명의 강력한 무가(巫家)가 탄생된다고 말해주었다. 나는 본래 신가(神家)로 태어났으므로 벽조목에 담겨 있는 영혼에게 지배당하지 말고, 영혼을 부리거나 다스릴 수 있도록 노력하라고 조언하였다.

이때 선생님의 말을 함께 듣고 있던 친척 형이 매우 불쾌하다는 표정을 지으며, 스승님은 원래 무가(巫家)였지만 자신이 모시는 신(神)을 배신하고 내다 버린 후 도가(道家)로 전향한 배신자의 주장이라고 맹비난하였다. 또한, 선생님의 영능력 수준도 신을 모시고 있는 친척 형보다 한참 아래라고 주장하였고, 선생님은 친척 형에게 친척 형 같은 무가(巫家) 놈들은 자신들이 가지고 있는 평소 습관처럼 자신의 욕심을 극대화하기 위하여 모험으로 연 판도라의 상자로 인하여 크나큰 고통과 시련을 당하게 될 것이라고 비난하면서 친척 형의 도움으로 이미 그때가 도래했다고 주장하였다.

선생님과 친척 형의 강렬한 증오의 눈빛이 나를 사이에 두고 활활 타오르고 있었으며, 잠시 동안 무거운 침묵이 흘러가고 있었다.

에피소드 : 성유물(聖遺物)

성유물(聖遺物)이란 성인(聖人)의 유체나 의복, 소지품 등 성인(聖人)이 접촉한 유품을 말하며, 동·서양의 모든 종교에서 숭배의 대상이 되고 있는데, 그 이유는 사람들이 성유물(聖遺物) 자체가 강한 신적인 힘을 지니고 있다고 생각하기 때문이다.

성유물(聖遺物)의 시초는 부족 간의 전투에서 다른 부족 사람들의 목을 베어 죽인 자신들의 부족 영웅의 행위로부터 찾을 수 있다. 다른 부족 사람들을 죽인 후 자신의 힘을 과시하고 자랑하고 싶었던 부족의 영웅들은 자신이 죽인 다른 부족 사람들의 머리나 신체의 일부를 말린 것을 목에 걸고 생활하게 되었다.

그런 행위를 한 부족의 영웅을 추앙한 부족 사람들이 영웅이 목에 걸었던 물건을 소지하거나, 영웅이 사용했던 무기나 소지품들, 심지어는 영웅의 신체 일부를 가지게 되면 영웅의 기운을 받아 영웅처럼 될 수 있을 것이라고 생각하게 되었다. 이러한 생각은 중세 시대에 절정을 이루어, 예수의 옆구리를 찔렀던 롱기누스의 창과 예수가 최후의 만찬에서 사용했다고 하는 성배 같은 전설을 탄생시켰다.

창으로 예수를 찌른 롱기누스라는 로마 병사가 실명이 되자 예수를 원망했지만, 찌른 창을 타고 내려온 예수의 피로 눈을 씻으니 눈이 회복되었다는 전설과 예수가 최후의 만찬에서 사용한 성배로 예수의 피를 받았다는 성배의 전설은 성유물(聖遺物)의 치유 능력을 주장하고 있는 예이다.

물론 상관의 명령으로 예수의 허리를 찔렀다는 이유만으로 롱기누스 병사의 눈을 실명시킨 후 창을 타고 내려온 피로 눈을 씻게 하여 다시 실명된 눈을 회복시킨 신은 내가 보기에는 정말 유치한 존재이다. 또한, 원치 않게 눈이 실명되었다가 회복되었다는 사실은 자신에게 발전을 이룬 것이 아닌 원상회복의 수준임에도 불구하고, 시력을 회복한 고마움으로 열렬한 신자가 되었다는 롱기누스라는 로마 병사의 행동은 돈을 빌려 쓴 채무자가 채권자에게 돈을 갚은 뒤에 돈을 갚았으니 채무자에게 감사하라고 주장하는 것과 같은 수준으로 매우 어리석다. 심지어는 중세 유럽에서는 일부 성유물(聖唯物)의 조각을 검의 손잡이에 넣으면 신적 힘을 빌려올 수 있다고 생각하기도 하였다.

나는 성인(聖人)들의 물건인 성유물(聖唯物)과 영적 존재의 물건인 영물(靈物)의 효과, 그리고 사이코메트리가 다루는 일반 사람들의 물건에 대하여 말해 보겠다.

성인(聖人)들의 물건인 성유물(聖唯物)은 신자나 일반 사람들이 믿고 있는 것과는 다르게 영적 효과가 거의 없다. 물론 어떤 사람들은 성유물(聖唯物)을 보고, 만지고, 먹으면서 기적을 체험했다고 하나 그것은 그 사람들의 간절한 염원 때문에 심리적으로 발생한 착각임이 틀림없다.

성인(聖人)은 영적 성장을 크게 이룬 사람으로서 죽음을 맞이하면 사후세계에 남아있지 않고 바로 영계로 진입하여 살게 된다. 현세계와 차원이 다른 세계인 영계에서 성인(聖人)이 자신의 기운을 사후세계의 두꺼운 장벽을 뚫고 현세계까지 전달하는 경우는 거의 없다. 또한 영계에 진입한 대부분의 영들은 현세계에서 자신이 살아왔던 삶에 대한 미련을 거의 가지고 있지 않을뿐더러 영계의 삶에도 아주 만족하고 있다.

그리고 다시 현세계에 윤회를 하게 되면, 과거 현세계에 자신이 남겨 놓았던 소유물은 더 이상 자신의 소유물이 아님을 충분히 인식하고 있기 때문에, 지금 현세계에 남겨 놓은 자신의 소유물에 대한 미련과 관심마저도 가지고 있지 않다.

영적 존재들의 영물(靈物)은 일반 사람들이 미스터리라는 내용으로 많이 알고 있듯이 영적 효과가 뛰어나다. 현세계에서 살다가 미련이나 한이 많은 사람들과 사후세계의 실질적인 지배자인 무속령과 관계된 사람들이 죽음을 맞이하게 되면, 바로 영계로 가지 않고 사후세계에 머물게 된다. 현세계와 직접적인 교류가 많이 발생하는 사후세계에서는 현세계와 막힌 장벽이 없기 때문에 영적 존재의 기운이 현세계에 직접 전달되는 경우가 많다.

크게 사후세계에서 현세계로 영적 기운이 전달되는 대표적인 세 종류의 영물(靈物)이 있는데 첫 번째는 무속령의 영적 기운이 전달되는 무구(巫具)이다. 무구(巫具)를 소유하게 되는 사람은 현세계에서 무구(巫具)와 관련된 무속령의 직접적인 지배를 받고 자유의지가 없는 노예처럼 살게 된다.

두 번째는 영적 존재의 애착 기운이 전달되는 영물(靈物)이다. 사후세계에 살고 있는 영적 존재가 과거 현세계에서 살았을 때 애착을 가지고 있었던 물건이며, 이런 물건을 소유하게 되면 영적 존재에게 직·간접적인 여러 가지 장애를 받게 된다.

대표적인 예가 흉가이며, 흉가는 현세계에 살고 있는 사람이 사후세계에 존재하는 영혼과의 싸움에서 지게 되어, 자신이 살던 집을 떠나 방치해서 생긴 장소다. 도깨비 터라는 흉가에서 현세계에 살고 있는 사람이 사후세계에 존재하는 영혼과의 싸움에서 이겨 흉가에서 살게 되면 부자가 된다는 전설이 있지만 그것은 사실과 다르다.

사람이 살게 되어 더 이상 흉가가 되지 않는 것일 뿐, 사후세계에 존재하는 영혼은 탐욕이 많은 영혼으로 다시 집을 되찾기 위하여 호시탐탐 기회를 엿보거나 아예 멀리 달아날 뿐, 자신을 이긴 사람을 도와주는 선한 존재가 결코 아니기 때문이다.

세 번째는 영적 존재의 저주 기운이 전달되는 영물(靈物)이다. 무구(巫具)는 영물(靈物)을 통해 사람의 영을 지배하려는 목적이지만, 저주(詛呪) 영물(靈物)은 다른 사람이 자신이 소유한 물건을 건들지 못하게 하는 목적이 있다.

현세계에 살고 있는 사람이 저주 영물(靈物)을 소유하려고 하면, 영물(靈物) 속에 살고 있는 영혼과 영적 싸움을 시작하게 되지만, 저주 영물(靈物)을 버리는 순간 영적 싸움도 멈추게 된다.

마지막으로 사이코메트리가 다루는 일반 사람들의 물건은 영적 효과와 관련이 있는 것이 아니라 정보의 인식과 관련이 있다. 사람이 죽음을 맞이하여 육체를 벗어난 영혼이 되면 영적 성장도에 따라 정보를 인식할 수 있는 규모의 단위가 존재한다. 정보를 인식할 수 있는 규모의 단위가 6개월인 영은 물건을 보거나 만지게 되면, 과거 6개월과 미래 6개월 사이에 있는 모든 정보를 인식할 수 있다.

 만약 정보를 인식할 수 있는 규모의 단위가 3개월인 영은 물건을 보거나 만지게 되면, 과거 3개월과 미래 3개월 사이에 있는 모든 정보를 인식할 수 있다는 뜻이다. 현세계에서 갓 태어났다가 죽은 동자신(童子神)이 가까운 미래를 예언하는 것도 이런 구조 때문이다.

 사이코메트리는 육체를 벗어나지 않는 상태에서 사람의 영이 물건에 남아 있는 정보를 인식하는 능력을 가진 사람을 의미하기 때문에, 영적 효과와 관련이 있는 것이 아니라 물건에 남아 있는 정보에 대한 인식과 관련이 있는 것이다.

제30장

작명(作名)과 개명(改名)

친척 형과 선생님 그리고 나 이렇게 세 사람 사이에 흐르고 있던 무거운 정적을 깨고, 나는 선생님에게 친척 형이 말한 신을 배신한 행위가 무엇인지를 물어보았다. 선생님은 나의 질문에 대한 답변을 하기 위해서는 그동안 자신이 살아온 삶에 대한 이야기를 해주어야 한다고 말하면서, 선생님과 친척 형 모두가 자신의 삶을 선택했듯이 현세계에서 나의 삶에 대한 올바른 선택은 오로지 나의 몫이라고 이야기했다.

» 선생님의 인생 이야기

나는 어렸을 때 작은 마을에서 살았는데 한자 공부에 깊은 관심을 가지고 있었으며, 배움의 속도도 보통의 아이들과 현격한 차이를 보여 마을 사람들에게 '신동(神童)'이라는 소리를 들으며 자라났다.

특히 한자 공부를 하면서 부수적으로 알게 된 사주팔자를 보는 법과 작명에 탁월한 소질을 보여, 고등학교 때부터 마을에서 태어난 아이들의 작명을 전담하고 있었다.

군청 면서기가 된 나는 사주팔자를 보는 법과 작명에 대한 탁월한 소질을 활용하여 주변의 동료 직원들보다 비교할 수 없을 정도로 빠르게 승진을 거듭하여 행정주사(6급 공무원)의 직위에 이르게 되었지만, 곧 문제가 발생하고 말았다.

주민들이 군청을 방문하여 나를 찾아온 대부분의 일들이 군청의 일과는 전혀 관계없는 자신 또는 자녀들의 운명에 대한 상담이나 태어난 아이들의 작명에 대한 상담이었고, 방문하는 주민들의 숫자도 점차 늘어나 동료 직원들의 불만이 크게 고조되고 있었다.

자신의 운명을 무료로 상담했던 군수도 처음에는 나를 좋아했지만 문제의 심각성을 인식하고는, 나를 군수실로 불러 군청의 일인 공무원 본연의 업무를 할 것인지 아니면 공무원을 그만두고 사주팔자에 대한 상담이나 작명을 하는 일을 할 것인지 선택하라고 말하였다.

당시 박봉이었던 공무원 월급에 미련이 없었던 나는 곧바로 군수에게 사직서를 쓰고, 본격적으로 읍내에 사주팔자에 대한 상담과 작명을 하는 사무실을 내고 장사를 시작하였다.

1년도 안 되어 생각보다 많은 돈을 벌게 되었지만, 나는 이것으로 만족하지 않고 더 큰 재물을 모으고 훌륭한 제자들도 양성하겠다는 청운의 꿈을 가지고 적극적으로 아내를 설득하여 사람들이 많이 사는 서울로 사무실을 옮겼다. 서울에서 시작한 사업은 날마다 번창하여 5년도 되지 않는 짧은 시간에 100여 명의 제자와 5개의 분점을 개설하게 되었다. 당시 혈기왕성한 나의 상담 스타일은 상담받는 사람의 마음을 고려하지 않는 직설적인 대화법을 사용하고 있었다.

그러던 어느 날 자신이 새로 개업한 식당 장사의 성공 여부를 묻는 젊은 사장에게 직설적인 화법을 동원하여 6개월 안에 젊은 사장의 성격이 원인이 되어 망하게 될 것이라고 이야기해 주었다.

굉장히 기분 나쁜 말을 들은 젊은 사장은 나에게 당신이 사주팔자를 정말 잘 보는 사람이 맞느냐고 따져 물었고, 나는 뭐든지 의심하는 그런 마음 때문에 사업이 망하게 되는 것이라고 반문하면서 나와 젊은 사장 간 심한 언쟁이 시작되었다.

젊은 사장은 나에게 상담비를 던져주고는 자신의 사주팔자도 모르면서 남의 사주팔자를 상담하는 행위가 옳은 행위냐고 화를 내면서, 나의 아내와 내 제자가 불륜 관계에 있다고 말해주고는 자리에서 일어나 떠났다.

그 소리를 듣고 정신이 멍한 상태가 된 나는 사주팔자를 보는 상담을 즉시 중단하고 아내와 제자를 내 사무실로 빨리 오라고 불렀다. 아내와 제자가 1년 전부터 불륜 관계였다는 것을 확인하게 된 나는 나 자신의 운명 길도 모르면서 다른 사람들의 운명 길을 설명해 주고 있었다는 자책감과 아내와 제자에 대한 배신감으로 더 이상의 삶을 살고 싶지 않을 정도로 크게 낙담했다.

또한, 나의 아내와 제자의 불륜을 알고 있으면서도 내 앞에서는 나를 존경한다고 말하는 비양심적인 제자들을 배출했다는 자괴감은 나의 사업을 더 이상 유지할 수 없는 환경을 만들었다.

나는 돈 한 푼 갖지 않고 나의 전 재산을 아내에게 주고 이혼을 하였으며, 곧바로 시골로 낙향하여 깊은 산속에 있는 동굴 안으로 들어가 도인(道人)처럼 기도와 수행을 하는 삶을 10년간 살게 되었다.

동굴 속 10년간 수행을 하는 과정에서 나는 자신이 신이라고 주장하는 영혼을 만나게 되어, 그 존재를 신으로 모시면서 많은 영적 능력을 배우고 사용하게 되었다. 나는 다시 도시로 나가 00 도인(道人)이라는 간판을 걸고, 사주팔자에 대한 상담과 퇴마 그리고 부적과 비술(秘術) 등을 마음껏 사용하며 엄청난 재물을 또다시 모았다. 그러나 재물로는 채울 수 없는 마음 한구석의 부족함을 깨닫고, 그 원인을 해결하기 위하여 불교로 출가(出家)를 결심하게 되었다.

신을 모시고 있던 나는 스님이 되었지만 머리를 깎지 않았으며, 탁월한 영적 능력을 활용하여 신도들이 좋아하는 천도재를 전담하게 되었고, 동료들보다 빠른 출세를 하여 사찰의 부주지가 되었다.

사찰 생활을 하는 도중에도 나는 남들에게 없는 영적 능력에 대한 자부심이 대단하였고, 영적 세계를 공부한다고 하지만 책과 명상만 하는 능력 없는 동료 스님들을 내심으로는 상당히 무시하고 있었다.

그러던 어느 날 건설사를 운영하고 있던 회장 신분의 신도가 새로 시작할 사업에 대한 조언을 듣기 위하여 주지 스님을 찾아왔다.

주지 스님과 부주지인 나, 그리고 몇몇 스님들이 앉아있던 방으로 들어온 신도를 본 순간, 오늘 큰 사고를 당하여 죽거나 크게 다치는 살(煞)을 이미 맞은 상태라는 것을 알 수 있었다. 나는 신도가 주지 스님과의 면담이 끝난 후 집으로 돌아가려고 할 때, 이러한 사실을 알려주어야겠다고 결심하고 주지 스님과 신도의 대화를 지켜보고 있었다.

주지 스님과의 상담을 마친 신도가 자리에서 일어나려고 하자, 주지 스님이 차 한잔 더 들면서 1시간 뒤에 가라고 권유했지만, 신도는 바쁜 일이 있어 지금 출발해야 한다고 거절하였다. 그러나 주지 스님은 계속해서 세 번을 반복하여 차 한잔 더 들면서 1시간 뒤에 가라고 권유했지만, 신도는 주지 스님의 말을 정중하게 거절하면서 마침내 자리에서 일어났다. 자리에서 일어난 신도를 따라나서려는 나의 손목을 주지 스님이 붙잡았고, 신도에게는 조심해서 운전하라고 말해주면서 보내 주었다.

그로부터 30분 뒤 신도가 교통사고로 사망했다는 소식을 듣게 된 순간, 나는 주지 스님이 상담하는 과정에서 차를 계속 권한 일, 그리고 1시간 뒤에 사찰을 떠나라는 한 말과 뒤따라 가려는 나를 막은 사실들을 상기하고는 주지 스님은 신도가 살(煞)을 맞았다는 사실을 알고 있다고 확신하게 되었다.

나는 곧바로 주지 스님이 기거하는 방으로 들어가 신도에 대하여 내가 확신하고 있는 것이 사실인지를 물어보았고, 주지 스님은 긍정도 부정도 하지 않은 채 말없이 앉아만 있었다.

나는 주지 스님에게 영적 능력이 어떻게 생겼느냐고 물어보았고, 주지 스님은 어떤 존재가 준 것이 아닌 책과 경험을 통해 인생을 공부하다가 스스로 생겨난 능력이라고 하였다.

당시에는 몰랐지만 주지 스님은 나처럼 신을 모시고 영적 능력을 행사하는 무가(巫家)가 아닌 스스로의 힘으로 영적 능력을 행사하는 도가(道家)였던 것이다. 나는 주지 스님에게 신도가 사찰을 위해 얼마나 노력하는 사람인지 그리고 영적 능력은 다른 사람들을 살리기 위한 활인(活人)으로 사용하기 위해 부여되는 능력인데, 신도의 어려움을 외면한 당신의 행위가 얼마나 부끄러운 것인지를 알라고 주장하면서 대들었다.

주지 스님은 무표정으로 영적 능력은 자신의 영적 성장을 위해서 사용하는 것이지, 자의적으로 남의 운명에 영향을 주기 위해 사용해서는 안 된다며 자신의 실례(實例)를 들어 나의 주장을 반문하였다.

:: 남편을 잃은 할머니 – 주지 스님 이야기

많은 책을 읽고 경험을 통해 많은 지식을 쌓던 중 저절로 미간 차크라가 열리면서 영적 능력이 생기게 되었다. 운전면허증을 획득하고 자동차를 사게 되면 미친 듯이 자동차를 운전하고 싶은 욕망에 사로잡히듯이, 당시에는 나 또한 영적 능력을 사용하고 싶은 욕망에 사로잡혀 있었다.

내가 매일 지나가던 길가에서 농산물을 조금씩 가져와 지나가던 사람들에게 팔던 불쌍하고 애처로운 착한 할머니가 있었는데, 가끔은 얼굴과 몸에 상처를 입어 길거리로 나오지 못했다.

어느 날 나는 할머니께 누가 착한 할머니의 얼굴과 몸에 상처를 입히는지 여쭈어보았고, 할머니는 자기 남편이 자신을 자주 때린다고 답변하면서 자신의 소원은 남편이 빨리 죽는 것이라고 말해주었다. 내가 할머니의 남편을 만나보니 술주정뱅이에 하는 일 없이 할머니가 어렵게 번 돈을 가져다 쓰는 인간쓰레기였다.

할머니의 소원인 인간쓰레기 같은 남편이 죽으면 할머니가 남편에게 맞아 얼굴과 몸에 상처를 입을 일도 없으며, 남편에게 주기 위한 돈을 벌기 위해 추운 길거리에 나오는 일도 없다고 내 스스로 판단하게 되었다.

나는 할머니를 찾아가 할머니의 소원을 들어주고 싶다고 말해 주었고, 할머니는 고맙다며 연신 나에게 웃음을 지어 주었다. 영적 능력을 발휘하여 분노와 공포심을 담은 강력한 살(煞)을 만들어 할머니의 남편에게 보냈다.

그로부터 일주일 뒤 내가 매일 지나가던 길가에 할머니는 더 이상 일하러 나오지 않았고, 옆에서 농산물을 팔던 아주머니가 할머니의 남편이 갑자기 심장마비로 사망하여 당분간 나오지 못한다고 대신 전해주었다.

그로부터 며칠 뒤, 비록 할머니의 남편이 폭력적이고 주정뱅이지만 할머니가 마음을 의지할 수 있었던 유일한 사람이었던 남편을 죽이겠다고 말한 이상한 중놈을 찾아 요절을 내겠다면서, 농산물을 팔던 행위를 그만두고 실성한 채 길거리를 헤매고 있다는 소식을 접하게 되었고, 할머니와 마주칠까 두려웠던 나는 더 이상 도시의 길거리를 돌아다닐 수 없게 되었다.

자신이 올바르다고 생각하는 기준으로 다른 사람의 운명에 관여하는 행위가 얼마나 어리석은 행위인지 알게 된 사건이었다. 영이 육신에 갇혀 있는 현세계에서는 할머니가 나를 찾아내지 못하겠지만, 사후세계를 지나 영계로 진입해서도 계속해서 나를 찾아다닐 것이라는 생각이 미치자 무서운 공포심이 밀려왔다. 그로부터 나는 영적 능력을 나의 영적 성장을 위한 도구로 사용할 뿐, 다른 사람들의 운명에 관여하는 데는 사용하지 않는다.

나는 영적 능력은 만인에게 소통하고 도움을 주라고 하늘이 준 능력이기 때문에, 잘못된 사용에 대한 두려움으로 베풀지 않는다면 혼자만 사는 미생물로 태어나지 어째서 다른 사람들과 소통해야 살 수 있는 사람으로 태어났느냐고 반문하면서 주먹을 날려 주지 스님의 얼굴을 가격했다.

나는 곧바로 다른 스님들에 이끌려 '미친놈'이라는 소리를 들으며 사찰 내에 있던 광속에 갇히게 되었고, 친한 동료의 도움으로 일주일 후 광

속에서 탈출하여 사찰을 떠나 깊은 산속으로 도망가게 되었다.

에피소드 : 작명과 개명

요즘 과거보다는 개명하기가 쉬워졌는지 나의 주변에는 개명한 사람들이 아주 많아졌다. 여러 가지 이유가 있겠지만, 대부분의 경우 정말 듣기 거북한 이름을 제외하고는 본인이 하고 있는 사업이 잘 안 되거나 집안에 우환이 발생한 경우 그 책임을 자신의 이름으로 돌리기 때문이라고 생각한다. 그러나 작명소에서 새로 개명을 한 후에도 계속해서 사업이 잘 안 되거나 집안에 우환이 발생하면, 잘못된 책임을 자신의 이름으로 다시 돌리고 또다시 다른 작명소에 가서 개명을 시도한다.

방문하는 작명소마다 전에 사용하던 이름이 나쁘다는 말을 듣게 되면, 이전에 개명하여준 작명소를 비난하는 것은 기본이지만 사실상 작명과 개명은 초년을 제외하고는 자신의 운명에 거의 영향력을 미치지 못한다.

운명이란 부모가 자녀를 선택한 것이 아니라 자녀가 부모를 선택하여 현세계에 태어날 때, 자녀가 영계의 '영적정화소'에서 설정한 사주팔자에 의해 살아가는 삶이기 때문이다. 이름은 나와 남을 구분하지만, 특이한 사항은 내가 부르는 것이 아니라 남이 자신을 부르는 호칭이라는 점이다. 호칭은 부르는 사람이 이름을 먼저 인식하고 불러야 하며, 듣는 사람은 인식만 하면 되기 때문에, 듣는 사람보다는 부르는 사람에게 이름이 미치는 영향이 더 크다.

부모나 친구, 학교 또는 지인들에 의해서 이름이 많이 듣게 되는 초년에는 이름의 효과가 발생하게 되지만, 성인이 되어 직장에서 직책을 가지게 되거나 부모가 되면 회사에서는 이름보다는 직책을 더 많이 듣게 되고, 가정에서는 자녀에게서 부모의 이름을 더 이상 듣지 못하게 된다.

대통령이나 장관 또는 지도자급의 높은 지위에 있게 되면, 다시 자신의 이름이 다른 사람들에 의하여 많이 불리게 되지만, 정작 자신의 앞에서는 직접적으로 자신의 이름을 들을 수 없게 된다. 대통령의 경우 국민들은 000 대통령이라고 마구 부르지만, 정작 000 대통령 앞에서는 000 이름을 뺀 대통령님이라고 부르기 때문이다. 반면 낮은 지위에 있게 되면 죽음을 맞이하는 순간까지 다른 사람들에 의해서 자신의 이름을 자주 듣게 된다. 하인들이나 직책이 없는 사람들은 이름으로 부르기 때문이다.

다시 말하면 개명이란 미래에 자신이 높은 지위에 있지 못하고 낮은 지위에 있게 될 것이라는 사람에게는 중요한 행위이지만, 높은 지위에 있을 것이라고 예상하는 사람에게는 큰 의미가 없는 행위이다. 반면 아기가 태어날 때 지어주는 작명은 초년에는 운명에 미미한 영향을 미치기 때문에 중요하다.

수리오행이나 사주팔자 또는 이름 풀이를 분석하여 작명소에서 복잡하게 만들어 주지만 커다란 줄기의 운명은 이미 태어난 자녀가 영계의 '영적정화소'에서 결정한 사항이므로 이름으로는 운명에 커다란 영향을 미칠 수 없다. 단지, 자녀의 초년에 형성되는 성격과 품성에 영향을 미치는 많은 요소들 중에 부모가 지어주는 좋은 이름도 포함된다. 이름은 성격이나 운명을 상징적으로 드러날 수 있는 것이 좋으며, 다른 사람들에게 영향을 미칠 수 있는 세계관을 가진 이름이면 더욱 좋다.

부모가 바라는 염원을 담은 이름을 자녀가 초년 인생에 많이 듣고 자라게 되면서 그에 맞은 성격과 품성을 가질 확률이 높아지며, 자녀의 이름을 부르는 부모 역시 자녀가 잘될 것이라는 마음의 위로와 위안을 받을 수 있다. 참고로 나는 대통령 등 높은 직책의 사람들의 이름이 '정의' 등 사람들에게 세상을 바라보는 바르고 좋은 것을 인식시켜주는 이름이었으면 좋겠다.

'정의'의 이름을 가진 대통령은 자신의 이름을 다른 사람들에게 직접 들을 기회는 거의 없겠지만, '정의' 대통령이라고 이름을 부르는 많은 일반 국민들은 '정의'의 이름을 부를 때마다 '정의'에 대한 인식을 머릿속에 생각할 수 있기 때문이다.

내 이름은 진상현(陳相現)이다.

상현(相現)이란 한자어는 이름에는 거의 쓰지 않는 파자라 작명소에 의뢰하여도 거절되는 이름이라는 것을 알게 되어, 나의 부모님 역시 작명에 대한 이해도가 깊지 않다는 사실을 자연스럽게 알게 되었다. 그리고 나 역시 내 이름에 약간의 불만을 가지고 있어, 과거에는 작명소의 권유에 개명도 생각해 본 적이 있었다. 하

76

지만 최근에 이름 풀이를 잘하는 분을 만나게 되었는데, 나의 이름을 보고는 다른 작명소의 의견과는 다르게 극찬하였다.

상(相)의 목(木)은 무리를 이룬다는 뜻이고, 목(目)은 공동의 목적을 가진다는 뜻이며 현(現)의 왕(王)은 임금을 뜻하고, 견(見)은 알현한다는 뜻이라는 것이다. 즉 공동의 목적을 만들어 많은 무리를 이끌고 왕을 알현할 정도가 된다는 뜻이라는 것으로 최고의 이름이라고 말해주었다.

꿈보다 해몽이듯이 이름의 의미는 해석하기 나름이며, 이런 좋은 이름을 과거에 개명했다면 오늘날 내가 무척 아쉬워했을 것이다. 작명과 개명이 자신의 운명에 미치는 영향은 정말 미미한 수준이므로 자신의 이름이 듣기 거북한 이름만 아니라면, 이러한 사소한 일에 신경을 쓰지 않았으면 좋겠다.

단지, 아이가 태어날 때는 사주팔자나 수리오행 또는 이름 풀이를 잘하여 이름을 지어준다는 작명소를 찾아다니지 말고, 부모가 바라는 자녀의 인성과 성격, 그리고 세계관을 표현할 수 있는 이름을 생각하여 자녀에게 직접 지어주고 마음의 위로와 위안을 받길 진심으로 바란다.

높은 지위에 오르는 자녀는 부모가 지어준 자신의 이름을 중년 이후에는 직접적으로 들을 수 있는 기회가 적으며, 천한 지위에 있는 자녀만이 부모가 지어준 자신의 이름을 생명이 다할 때까지 계속해서 들을 수 있기 때문이다.

마지막으로 자녀들도 듣기 거북한 이름을 제외한 개명은 운명에 전혀 영향을 미치지 못한다는 사실을 깨닫고, 세상에 태어날 때 부모로부터 선물 받은 소중한 이름을 잘 지켜주길 바란다.

제31장

방황하는 영(靈)들의 서식처

깊은 산속 컴컴한 동굴을 다시 돌아와 기도와 수도생활을 시작하자마자 내가 모셨던 신이라는 영혼이 나를 다시 찾아와 불교에 출가(出家)하여 고생이 많았다면서, 경험해 보면 종교 교리는 영적 힘을 개발하거나 다른 사람에게 실질적인 도움을 줄 수 없는 무의미한 것임을 깨닫게 된 것으로 만족하라며 나를 위로하였다. 또한, 이제부터는 더 강력한 영적 힘을 전수할 테니, 여러 종교에 대하여 내가 가지고 있던 관심을 완전히 버리고, 오직 무가(巫家) 신만을 잘 모시면서 이번 삶에서 성취하고 싶은 것을 모두 성취하라고 조언하였다.

그리고 자신은 사후세계를 실질적으로 지배하고 있는 무가(巫家)의 신이라고 주장하면서, 영계의 일부를 지배하고 있는 사악한 종교령들이 현세계에 살고 있는 사람들에게도 영감(靈感)을 전수하는 간접 통치 방식으로 자신들의 지배 영역을 계속 확대하고 있다고 주장하였다.

처음에는 현세계에 살고 있는 사람들이 사후세계를 지배하고 있던 무가(巫家) 신(神)들의 완전한 지배를 받고 있었지만, 지금은 영계에 존재하는 종교령들의 지배를 받는 종교 생활을 하고 있어 무가(巫歌)가 계속해서 매우 힘든 상황이 되었다고 말했다.

그리고 내가 종교령들이 보내는 메시지를 영감(靈感)으로 수신하여, 현세계에 살고 있는 사람들에게 전파하는 선지자(先知者)라고 주장하는 영능력자들을 분쇄하는 선봉장이 되어, 종교령에 빠져 자신만 구원받을 수 있다며 차별과 전쟁을 좋아하는 나쁜 종교가들로부터 세상 사람들을 구원하는 영웅이 되어 달라고 요청하였다.

신이라고 주장하는 영혼의 존재가 나에게 전해준 말에 마음속으로 크게 감동한 나는, 각종 영적 수련을 통해 일시적으로 미세한 바람을 불게 하거나 사람들의 생각을 즉시 인식하는 능력, 사후세계에 존재하는 귀신을 부리는 능력 그리고 더 강력한 살(煞)을 만들어 사용하는 방법 등을 계속해서 익히게 되었다.

특히, 수련과정 중 최고로 고통스러웠던 것은 신이라고 주장하는 영적 존재가 영적 능력을 향상시켜주는 담금질이라고 주장하면서, 내가 동굴 속에서 기도할 때 상상하지도 못한 모습으로 변형하고 수시로 나타나 나를 놀라게 하거나, 이상한 벌레들이 내 몸 겉과 속에서 돌아다니게 만드는 환상을 만들어 정신을 강화시키는 수련이었다.

동굴 속에 있던 낮에는 내 몸속에 이상한 벌레들로 구성된 영체들이 돌아다니는 환상을 체험하였고, 밤에는 사후세계에 존재하는 귀신들과 살(煞)을 사용하여 영적 전쟁을 치르면서, 육체는 몹시 피곤했지만 정신만큼은 날로 강력해졌으며, 죽음에 대한 두려움이나 사후세계에 존재하는 영혼들에 대한 두려움은 완전히 사라져버렸다.

신이라고 주장하는 영의 바람처럼 나는 완벽한 영적 후계자가 되어 영계와 사후세계를 각각 지배하는 영과 영혼들의 집단 거주지에서 직책을 부여받았으며, 죽음을 맞이한 후에 내가 직접 지배할 지역에 명호(冥護)을 새기고 되돌아왔다. 나는 신을 모시는 무가(巫家)의 강력한 영적 수호자인 강력한 퇴마사가 되었고, 내가 모시는 신들의 영적 영토를 확대하는데 일등공신이 되어가고 있었다.

나의 일을 방해하는 사후세계에 존재하는 영혼들과 현세계에 살고 있는 영능력자들 그리고 종교령들의 하수인들을 빠르고 무섭게 제압하여 귀신들 사이에서는 벼락 장군이라는 호칭도 얻게 되었다.

내가 목표로 삼은 영능력자들과 종교인들에게 신이라고 불리는 사후세계의 영혼들을 파견하여, 매일 24시간 동안 영적 고통을 가하게 되면, 진짜 신의 직접적인 보호를 받고 있는 신가(神家)를 제외하고는 1년도 되지 않은 기간에 모두 나에게 굴복하였다.

진짜 신들에게 기도하여도 신계에 살고 있는 모든 영들의 부모인 신은 어느 자식의 편을 들어줄 수 없어 어느 한 편에게만 응답하지 않을뿐더러 실제로도 관여하지 않았으며, 영계에 살고 있는 종교령들은 정신줄을 놓지 말고 극복하라는 영감(靈感)만을 줄 수 있을 뿐 직접 현세계로 내려올 수 없었기 때문이다.

현세계와 사후세계는 사람이 죽으면 바로 연결되는 장소로 실질적인 장벽이 없지만, 영계와는 직접 교류할 수 없는 차원의 장벽이 존재하고 있다.

무가(巫家)의 신이라고 주장하는 영혼들이 영계(靈界)에 있는 종교 집단 거주지로 잘못 진입하게 되면 영계의 종교령들에게 사로잡혀 포로가 되거나, 신계에서 파견된 신장(神將)들에게 영을 정화시키는 장소인 '영적정화소'로 끌려가 신과 영의 정산을 통해 영의 힘이 크게 축소되거나 다시 미생물로 태어나는 윤회를 시작하게 된다.

종교가도 사후세계에 있는 무속령들이 지배하는 거주지로 잘못 진입하면 무가(巫家) 신들이라는 영혼들에게 사로잡혀 사후세계에서 일정한 공간에 갇혀 무한한 고통을 받으며 살게 된다. 그래서 우리 주변에 무가(巫家) 신이라고 불리는 존재들에 의하여 영적 고통을 당하고 자신이 믿고 있는 특정한 종교를 버리고 굴복하는 예는 많지만, 특정 종교를 믿고 있는 종교령이라고 불리는 존재들에 의하여 영적 체험과 고통을 지속적으로 받아서 무속인이 종교가가 되는 경우가 아주 드문 이유다.

현세계, 사후세계와 영계의 경계를 허무는 것은 신가(神家)들이며, 대단한 영적 존재가 아니라 영계의 '영적정화소'에서 사주팔자를 설계할 때 자신의 영적 성숙을 위한 일반적인 삶이 아닌 특정한 목적을 달성하기 위해 사주팔자를 설계하고 신에게 승인을 받은 영일뿐이다.

그렇지만 그런 신가(神家)를 해하려고 하면 신가(神家)를 수호하던 신장(神將)들에 의해 신벌(神罰)을 받기 때문에 현재는 서로 직접적으로 싸우지 않지만, 다음 생에 일반 영으로 태어나게 되면 더 이상 신장(神將)들의 보호가 없기 때문에 그때부터는 직접 영적 싸움을 시작하며, 보통 영들의 싸움은 길게는 수만 년 동안 지속된다.

내가 엄청난 영적 활약을 하고 있던 어느 날, 나는 사후세계에서 슬피 울고 있는 어린 여자아이의 영을 발견하고 그 이유를 물어보게 되었다.

어린 여자아이의 영은 아버지와 함께 죽음을 맞이하여 사후세계로 와서 영계로 인도할 저승사자를 기다리고 있었는데, 한 무리의 무시무시하게 생긴 사악한 영혼들이 자신들에게 집단으로 몰려와 험한 말과 함께 자신들이 사는 곳으로 함께 가자고 말했다고 한다.

아버지와 어린 여자아이의 영은 그들의 제안을 즉시 거부했지만, 그들은 강압적인 말투와 공포 및 두려움을 주면서 끝내 아버지를 자신들이 사는 장소로 데리고 갔기 때문에 슬피 울고 있는 것이라고 말해주었다.

나는 어린 여자아이의 영에게 나를 만난 것이 얼마나 행운인지를 곧 알게 될 것이라고 말해주면서, 내가 바로 사후세계를 지배하고 있는 무가(巫家) 신의 선봉장인 벼락 장군이며, 사후세계에 살고 있는 영혼들은 내 호칭만 들어도 벌벌 떤다며 자랑하면서, 어린 여자아이의 아버지를 데리고 간 무리들이 사는 곳을 알고 있냐고 물어보았다.

그러자 어린 여자아이의 영이 갑자기 나를 보고 비웃으면서, 사악한 그들이 살고 있는 장소는 벼락 장군인 내가 더 잘 알고 있다고 반문하면서, 자신의 아버지를 데리고 간 사람은 내가 모시고 있는 신의 하수인들이라고 말했다.

자신의 뜻대로 따르지 않으면 정신과 몸을 아프게 하고, 공포와 두려움에 시달리게 하며, 진짜 신도 아니면서 신벌(神罰) 또는 벌전(罰錢) 등을 운운하면서 신의 흉내를 내고 있는 존재가 바로 너희들이라고 말했다.

나는 어린 여자아이 영의 말에 순간적으로 화가 나서 해치려고 강력한 영적 살(煞)을 만들기 시작했지만, 어린 여자아이의 영은 나의 잘못이 아니기 때문에 용서해줄 테니 내가 살(煞)을 만드는 어리석은 행위를 그만두라고 말하였다. 그리고는 사후세계에 존재하는 무가(巫家)의 신이라고 주장하는 영혼들이 차크라가 조금씩 열린 현세계에 살고 있는 사람들의 육신을 탐하기 위하여 환상과 환영을 수시로 보여주고, 가까운 미래를 예언한 사실이 맞는 것을 이용하여 사람들을 굴복시켜 신으로 떠받게 하거나, 육체를 직접 이용하기 위한 접신 또는 빙의를 행하고 있다고 말해주면서, 그들이 행한 장면들을 순식간에 영적 환영으로 보여주었다.

현세계에서 삶으로 경험하는 사주팔자라는 운명은 영계의 '영적정화소'에서 본인 스스로가 설계한 것이라 다른 영들이 바꿀 수 없으며, 가까운 미래를 예언하는 것은 설계한 사주팔자라는 운명의 궤적을 읽은 깃으로, 육신을 벗어버린 사후세계나 영계에서는 어린 영인 동자(童子)들과 능력 없는 조상들도 누구나 할 수 있는 단순한 기술일 뿐이라고 말해주었다.

나는 만들던 살(煞)을 그만두고 어린 여자아이의 영에게 당신이 도대체 누구냐고 물어보자, 어린 여자아이의 영이 빠르게 자신의 형상을 바꾸면서, 자신은 사후세계 영혼들을 제도하기 위해 영계에서 온 관세음보살이라고 대답하였다.

동시에, 내 주변에 신검(神劍)으로 나의 목을 겨누고 있었던 신장(神將)들의 모습이 하나씩 나타나면서, 신장(神將)들이 나에게 살(煞)을 거두지 않았다면 나의 영이 이미 박살 난 상태가 되었을 것이라며 잘 선택했다고 말했다.

사후세계는 무가(巫家)에 소속된 영혼들이 온갖 감언이설로 현세계에 살고 있는 영들을 꾀어내고 있으며, 현세계에 살고 있는 영들이 영계로 진입하여 영적 힘을 강화시키는 윤회를 하지 못하게 하고 있다고 말했다. 그리고 영계에서는 종교령들이 영계의 일부 지역에 천국과 지옥 또는 극락이라는 종교 집단 거주지를 만들어, 자신을 믿고 따르는 신도들을 노예로 삼고 있는 안타까운 현실도 말해주었다.

무가(巫家)나 종교령들은 신도들이 자신의 부모보다 자신을 더 섬기기를 원하고, 신도들의 영적 성장을 이루기보다는 자신들이 마음대로 부릴 수 있는 영적 노예로 만들기 위하여 신내림이나 영접 등을 강조하고 있다고 하면서, 절대 평등한 영들을 차별과 전쟁의 소용돌이로 이끌어가는 그들의 사악한 행태를 이제는 멈추어야 하지 않겠느냐고 나에게 물었다.

무가(巫家)나 종교령들의 영향을 받은 신도들도 자신들이 모시고 있는 신만이 최고라고 생각하며, 다른 사람들이 모시고 있는 종교나 종교적 삶을 무시하고 배척하는 방법만 배우고 사용하고 있기 때문에, 더 이상 영적 성장을 하지 못하는 매우 불쌍한 영들이라고 말했다.

나는 관세음보살이 보여준 환영의 장면들을 다시 떠올려 잠시 고민한 후, 현세계에서 내가 어떤 역할을 해야 하는지 물어보았다. 관세음보살은 나에게 현세계로 되돌아가 내가 모시고 있던 신이라고 주장하는 영혼을 즉시 버리고, 영능력자들을 양성하는 일을 하라고 알려 주면서, 이유는 말년에 자연스럽게 알게 될 것이라고 말했다. 또한, 나는 원래는 영능력자인 도가(道家)들을 길러내는 사람이었지만, 특정한 목적을 부여받은 오늘부터는 신가(神家)라고 말해주면서 어떤 누구도 나를 방해하거나 해칠 수가 없다며 나에게 용기를 북돋아 주었다.

　나는 현세계로 되돌아와서 사찰, 교회, 모스크와 신당(神堂)을 두루 돌아다녔고, 종교적 장소는 영계로 가지 못한 온갖 귀신들의 영혼들로 꽉 차 있는 영적 장소라는 것을 확인하였다.

　수행하던 동굴로 되돌아온 나는 내가 모시던 신이라고 주장하는 영혼을 다시 만나 심한 욕설과 함께 결별을 선언하였고, 진실을 깨닫게 해준 고마움과 앞으로는 올바른 일을 해야겠다는 다짐의 표시로 관세음보살의 형상을 형식적으로만 모시게 되었다.

　내가 목걸이로 차고 있는 벽조목(霹棗木) 안에 들어 있는 신이라고 주장하는 존재가 바로 과거에 내가 모셨던 나의 신이었다고 말했다. 그리고 나의 친척 형이 선생님의 제자로 있을 시절에, 그 신이라고 주장하는 영혼이 선물한 달콤한 영적 능력의 꾀임에 속아 영적 동맹을 맺고 그 신이라고 주장하는 영혼을 모시고 있다가 신내림이라는 형식으로 나의 벽조목(霹棗木) 안에 집어넣은 것이라고 알려 주었다.

　선생님의 이야기를 듣고 깜짝 놀란 나는 내 목에 차고 있던 벽조목(霹棗木) 목걸이를 빼서 버리려고 하자 친척 형이 내 손을 붙잡고 말했다. 스승님이 사후세계에서 만났다고 주장하는 관세음보살의 실체를 알 수가 없으며, 정말 존재한다면 지금 당장 내 눈앞에 나와 보라고 말했다. 또한, 스승님이 신가(神家)라고 주장하면서 어떻게 나보다 영적 능력이 떨어지냐고 반문하였고, 나를 향해서는 내가 벽조목(霹棗木)

을 버리는 순간 내가 소망하던 예언은 완전히 폐하고, 향후에도 나의 꿈을 절대 이룰 수 없다고 말했다.

나는 선생님의 조언도 고마웠지만 확실치 않은 이야기로 나의 꿈을 접을 수 없다는 판단과 한 번 버리게 되면 다시는 되돌아올 수 없다는 친척 형의 협박성 말 때문에, 친척 형과 선생님에게 지금은 나의 목에 걸린 벽조목(霹棗木)을 버릴 수 없고 양쪽을 오가며 시간을 두고 상황을 면밀하게 살펴본 후에 소유 여부를 결정하겠다고 답변하였다. 친척 형은 나의 손을 잡고 깜깜한 새벽이지만 지금 사찰을 떠나자고 제안하였고 나는 형과 함께 집으로 되돌아왔다.

에피소드 : 방황하는 영(靈)들의 서식처

범아신의 일부이자 우리의 실체인 생기에 덮인 영이 현세계, 사후세계와 영계를 끊임없이 윤회를 거듭하여 영적 성장을 이루고, 마침내 생기를 감싸고 있던 영을 깨뜨리고 신이 되어 신계로 되돌아가는 과정이 우리들이 가야 할 정상적인 길이지만, 불행하게도 윤회 도중에 현세계, 사후세계와 영계에서 정상적으로 가야 하는 길을 잃어버리고 방황하는 영들이 너무 많아 안타깝다.

윤회라는 정상적인 길을 찾지 못하거나 가지 못하고, 방황하고 있는 영혼들의 집단 서식지를 크게 두 장소에서 찾아볼 수 있다. 첫 번째 장소는 현세계에서 죽음을 마감한 후 사후세계를 떠나지 못하고 있는 영혼들이 집단으로 사는 묘지 또는 흉가를 들 수 있다.

이 장소에 사는 영혼들은 거주하고 있는 형태는 집단이지만 개인적인 성향이 강해서, 자신들과 이웃에 사는 영혼들과도 교류를 원하지 않고 있으며, 미련이나 한(恨) 또는 탐욕의 마음을 지우지 못했기 때문에 사후세계에 남아 있는 것이다. 따라서 묘지 또는 흉가에 사는 개인적 성향이 강한 영혼들은 현세계에 살고 있는 사람들이 자신들의 지배하는 영역을 침범할 때만 커다란 반감을 가지고 저항하고, 심지어는 일시적 '빙의'를 일으켜 사람들의 침범을 막으려고 한다.

그래서, 현세계에 살고 있는 사람들이 자신들이 지배하는 영역에서 물러나면 더 이상의 반감이나 저항도 하지 않으며, 심지어는 일시적 '빙의' 현상도 풀어준다. 현세계에 살고 있는 사람들이 묘지 또는 흉가에 존재하는 영혼들의 실체를 인정하고 존중해주면 아무런 문제가 일어나지 않는 구조인 것이다.

두 번째 장소는 굿당, 사찰, 모스크, 교회, 성당 등 종교 건물에서 영계로 떠나지 못하는 사후세계에 남아 자신이 믿고 있던 종교를 계속 믿으며 집단적으로 살고 있는 영혼들을 들 수 있다.

영혼을 볼 수 있는 영능력자들이라면 종교를 믿고 있는 신자들의 바람과는 반대로 굿당, 사찰, 모스크, 교회, 성당에는 묘지 또는 흉가보다 훨씬 많은 영혼들로 가득 차 있으며, 성지(聖地)라고 불리우는 장소일수록 사후세계에 남아 있는 영혼들의 숫자가 훨씬 더 많다.

종교 집단지는 묘지나 흉가처럼 개인적으로 살고 있는 영혼들의 거주 형태와는 완전히 다른 집단 거주 형태다. 따라서, 영혼들 상호간 집단으로 교감을 교류하며 살고 있는 구조이기 때문에 자기들 나름대로의 위계질서를 만들어 거주하고 있다.

무속에서는 자신들의 법당을 수호하고 법당에 들어오는 잡귀를 물리치는 문지기를 '건립대왕'이라고 말하고, 종교에서는 사람들에게 복음이나 법문을 전파하는 영혼을 '성령'이라고 주장하면서, 각종 멋진 존재로 설명하고 있지만, 영능력자들이 볼 때에는 영계로 가지 못하고 현세계에서 자신들이 믿었던 종교지인 굿당과 사찰, 모스크, 교회나 성당 입구에 살고 있는 미천한 영들일 뿐이다.

영능력자들과 나는 굿당, 사찰, 모스크, 교회, 성당의 입구에 존재하는 영혼들인 '건립대왕', '성령'들을 삐끼 귀신이라고 부르는데, 종교가들이 주장하는 멋진 존재와는 아주 거리가 멀다.

'건립대왕'은 손님들을 무당집으로 안내하고, 성령은 손님들을 자신들의 종교 집단지로 안내하는 힘이 약한 하수인 영혼이며, 각 종교에서 힘이 센 영혼들은 굿당 안 신당(神堂)에 좌정하여 앉아 있거나 사찰, 모스크, 교회나 성당 내 설교나 법문하는 좋은 위치에 앉아 있다.

종교 집단지에 거주하는 방황하는 영혼들이 일으키는 문제는 묘지나 흉가에 살고 있는 영혼들이 일으키는 문제와는 비교할 수 없을 정도로 아주 심각하다.

묘지나 흉가에 존재하는 영혼들은 타인의 영혼들의 삶에 관여하려고 하지 않지만, 종교 집단지에 거주하는 영혼들은 타인의 영혼들의 삶에 직접 관여하려고 시도할 뿐만 아니라, 장기간 접촉을 시도하여 자연스러운 '빙의(憑依)'가 이루어지게 만들며, 이에 대한 파생적 효과는 크게 일반적인 3가지 문제와 근본적인 1가지 문제를 발생시키게 된다.

묘지나 흉가에 존재하는 영혼들처럼 서로 교류가 없는 것과는 다르게 종교 집단지에 거주하는 영혼들은 서로 의견을 교류하면서, 종교 집단지를 방문하는 신자들을 '빙의' 시켜 복종시키는 방법을 최단 시간에 이룰 수 있도록 각종 방법들을 개발하고, 개발한 방법들을 적용해보려고 부단히 노력한다.

첫 번째 문제는 사상적·정신적 문제를 야기한다. 누구나 태어나면 죽는다는 사실 자체가 기본적인 원리임에도 불구하고 죽음 이후의 삶을 알지 못하는 무지(無知) 때문에 우리는 항상 죽음에 대한 두려움을 가지고 있다.

무지(無知)로 인한 우리의 두려움인 죽음을 극복하고 영원한 삶을 살고 싶다는 사람들의 불가능한 욕망을, 먼저 죽음을 맞이하여 사후세계에 살고 있던 종교령들은 잘 알고 있기 때문에, 종교 신자인 사람들이 자신들을 믿으면 영원히 살 수 있다는 사상인 영감(靈感)을 신자들에게 '빙의'하여 강력한 의식으로 심어준다.

종교령들에 의해 '빙의'된 신자들은 점차 이성이 완전히 마비되어, 일반적인 상식으로는 이해할 수 없는 이야기인 죽음을 극복하거나 죽은 후 부활한다는 종교령들의 허황된 주장을 믿고 따르게 된다. 또한 종교령들은 지진이나 태풍 등 자연적 천재지변과 사고나 질병 등 개인적인 불행의 원인이 신이 내린 죄라고 주장하면서, 무지(無知)한 사람들에게 죄를 뒤집어씌우고 무조건 회개하라고 말한다. 심지어는 사람들이 짓지도 않은 죄를, 과거 우리들의 조상이 원죄(原罪)를 지었다고 주장하고, 자신들이 믿는 신의 아들이 죽음으로 대신 갚았으니 속죄하면서 지금 살고 있는 우리들이 갚으라고 주장한다.

이러한 주장은 아무런 죄 없는 여자를 납치하여 사창가의 포주에게 판 인신매매범들에게 사창가의 포주가 죄 없는 여자의 몸값을 먼저 지불하고, 납치된 여자에게는 인신매매범에게 여자의 몸값을 지불한 금액이 있으니 납치된 여자에게 돈을 갚으라고 주장하는 것과 다른 것이 무엇인가?

또한, 신의 말씀이라며 한 글자도 바꿀 수 없다고 주장하는 성경을 보면 마태복음, 마가복음, 누가복음, 요한복음의 내용이 서로 맞지 않는 부분들이 많은 것은 유일신이 아닌 다수 신이 말한 것인지 혹은 신의 말씀을 각자 마음대로 기술한 사람의 잘못인지 개인적으로 몹시 궁금할 따름이다. 석가모니 부처가 열반한 날에 불교는 3개 유파로 바로 분열되었는데, 부처가 제자들에게 서로 다른 의식과 이해에 맞추어 설법을 했기 때문이라는 어이없는 주장을 한다.

자신이 펼치고 있는 사상을 정확하게 알고 있는 사람은 자신의 사상을 배우고 있는 제자들에게 보다 쉽게 이해할 수 있도록 가르쳐 줄 수 있지만, 자신이 펼치고 있는 사상을 정확하게 알지 못하거나 완전하게 이해하지 못한 사람은 자신의 사상을 배우는 제

자들에게 어렵게 가르쳐 주거나 쉽게 이해할 수 없도록 알려주게
될 수밖에 없다.

제자들에게 어렵게 가르쳐 주거나 쉽게 이해할 수 없도록 알려
준 어설픈 가르침이 석가모니 부처가 열반하자마자, 불교가 3개
유파로 바로 분열된 원인이라고 나는 생각한다.

어설픈 가르침이란 다른 말로 '그때그때 상황에 따라 달라요'라
는 가르침을 말한다. 그리고 종교령들은 '빙의'를 통해 자신을 믿
고 있는 신자들에게 두려움, 공포나 불안 등 부정적인 의식을 입
력시키고, 자신들의 신과 성직자들에 대한 강력한 지배와 복종을
세뇌 교육하여, 모든 영들이 평등하다는 원천적인 사상 의식을
지워버리고, 자신이 믿고 있는 신에게만 맹신하도록 강요하여, 자
신들의 종교를 영원히 떠나지 못하게 신도들의 의식을 장악하는
또 하나의 무서운 어둠의 세력일 뿐이다.

세계 종교 분포를 살펴보면 세상 사람들은 범크리스트교를
30% 믿고, 범이슬람교를 22% 믿고, 힌두교를 13% 믿으며, 불교
를 6% 믿는다고 한다.

이 말은 세상 사람들 중에는 범크리스트교를 믿지 않는 사람이
70%, 범이슬람교를 믿지 않는 사람이 78%, 힌두교를 믿지 않는
사람이 87%, 불교를 믿지 않는 사람이 94%란 의미와 상통한다.
이러한 종교 분포는 세상 사람들이 종교가들이 믿고 있는 주장
과는 다르게 종교가들의 주장을 믿지 않는 사람들이 훨씬 많다

는 반증이다.

또한, 온 세상을 창조했다는 신이 사람들이 탄생한 이후에 지금까지 자신을 믿는 사람들보다 믿지 않는 사람들이 훨씬 많도록 어설픈 종교와 종교 교리를 만들었다고 생각할 수밖에 없으며, 자신을 신이라고 믿지 않는 세상 사람들에게, 안타까움을 호소하며 자신을 믿고 구원받으라고 주장하는 존재는 결코 만물의 주인인 신이라고 볼 수도 없다.

선거 제도로 이야기 하면 최대로 인정해 주어도 온 세상 사람들의 30%밖에 지지를 받지 못한 존재가 모든 것을 혼자서 만들었고, 자기만을 믿으라고 주장한다면 독선자이며 사악한 의식을 가진 존재라고 볼 수밖에 없다.

이렇다 보니 자신들이 믿고 있는 신이 세상 모든 것을 창조했으며, 자신들이 믿고 있는 신의 소유물이라고 주장하는 종교령들이 야생에서 생활하는 동물들과 똑같은 행위로 자신의 종교를 나타내는 형상을 만들고 커다란 표식으로 영역 표시를 하고 있는 어처구니없는 행동들을 지금도 행하고 있다.

종교를 장기간 다닌 사람들은 종교 집단지에 거주하는 영혼들에게 오랫동안 '빙의'되어 올바른 판단을 할 수 있는 이성(理性)이 점차 마비되면서, 시간이 흘러갈수록 자신의 종교를 믿는 신자를 제외한 외부 세상 사람들과의 교류를 점차적으로 단절한다. 또한, 의식과 생각, 사상들도 점차 외골수로 변하게 되어, 심하게 '빙의'된 경우에는 현세계에서 삶을 마감한 후에도 영계로 진입하지 않고, 사후세계에 남아 자신이 다니고 믿었던 종교 집단지에 거주하는 영혼들과 함께 살게 된다.

두 번째 문제는 육체적·시간적 문제를 야기한다. 종교 생활을 많이 하는 사람들은 기도나 명상 등의 활동을 통해 사후세계에 존재하는 영혼들과 교류하는 시간이 많다 보니 육체의 수명이 단축되는 부작용이 있다.

자신의 육체인 영체는 자신의 영만이 장착하고 자신만이 기운으로 운영할 수 있도록 특화되었는데, 사후세계에 존재하는 영혼과의 교류로 인하여 타인의 기운이 침투하여, 자신의 육체가 망가질 수 있기 때문이다. 휘발유를 넣어야 운행할 수 있는 휘발류용 자동차에 약간의 경유가 함께 주입되는 사례로 이해하면 좋겠다.

세 번째 문제는 물질적 피해의 문제이다. 현세계에서 남들보다 잘살겠다는 미련을 가지지 말고, 죽음을 맞이한 후에 신의 나라에서 남들보다 잘살기를 추구해야 한다는 종교가들은 역설적으로 현세계에서 아주 잘살고 있으며, 각종 돈 버는 방법을 추구하고 있다.

사실 영(靈)이 살고 있는 영계(靈界)나 신(神)이 살고 있는 신계(神界)에서는 재물이 전혀 필요 없는 차원이 다른 세계다.

재물은 현세계에 살고 있는 영체(靈體)와 사후세계에서 살고 있는 영혼(靈魂)만이 필요한 것으로, 재물을 누리고 싶은 사람은 영계를 가지 못하고 현세계와 사후세계에만 거주해야 한다. 재물을 소유하고 누릴 수 있는 공간은 현세계와 사후세계뿐임으로 잠시 거주하는 사후세계보다는 오랫동안 살아야 하는 현세계에서 재물을 소유하고 누리는 것이 맞다고 나는 생각한다.

오죽하면 현재 각종 종교 단체들이 헌금과 보시를 우회적으로 강조하여 돈벌이를 하고 있는 기복 사상이 인간의 의식을 낮게 만들고, 순수한 종교와 신의 본질을 왜곡시키고 있다고 주장하며, 현각 스님이라는 사람은 돈만 밝히는 기복 사상, 한국 불교와 인연을 끊겠다고 말했겠는가?

성경을 읽기 위해 촛불을 훔치는 행위처럼 신자들의 영적 성장이 아닌 성전 건축에만 힘을 쏟고 있는 일부 종교 지도자들의 실상도 이와 별반 다르지 않다. 심지어 종교가들은 자신을 따르는 신자들에게 가난한 사람들에게 가지고 있는 재물을 나누어주라고 설교나 설법을 하지만, 정작 본인이 집에 가지고 있는 값비싼 의자나 책상, 가구와 책 등을 팔아 가난한 사람들에게 나누어주고 오두막집에 들어갈 생각은 전혀 하지 않는다.

종교 집단 거주지가 현세계에서 사용하는 재물이 전혀 필요 없는 영계(靈界)에 건설되어 있다는 사실을 마치 아는 것 같아 자신은 현세계에서 재물을 모으지만 자신을 따르는 신도들에게는 현세계가 아닌 천국에다가 재물을 쌓아두라고 가르치고 있다. 천국에 재물을 쌓을 수 있는 사람이 존재한다면, 사후세계와 영계의 여행을 다녀온 나로서는 이미 신보다 더 큰 영적 능력을 가진 존재로 존경하고 싶다.

정작 본인은 풍요로운 물질적 혜택을 누리면서 신자들에게는 물질을 보유하지 말고 나누어주라고 주장하는데, 이런 행위는 영계나 사후세계에서도 동일하게 이루어진다. 물론 영계에서도 현세계에서 알고 있는 재물과는 차원이 다른 형태의 재물이 존재한다.

현세계에서 가난하게 살다가 사후세계나 영계로 진입한 신자가 영계의 '영적정화소'를 거쳐 새롭게 윤회하기 전까지 가난을 면하기는 상당히 어렵다. 그 이유는 신자들이 영계에서 본 다이아몬드나 황금이 박힌 아름다운 저택은 신자들의 소유가 아닌 오직 한 명인 종교령의 소유이기 때문이다. 그러나 무엇보다도 근본적인 문제는 잘못된 믿음으로 인하여 신이 되지 못하고, 영으로서 영원한 삶을 사는 영생(永生. 靈生)만을 추구하며 끊임없이 고통 속에 살아가야 한다는 사실이다.

우리의 생기가 영계로 진입한 순서는 존재하여도, 신계로 다시 되돌아가는 순서는 없으며, 영계만 하더라도 현세계나 현세계의 삶보다 못한 사후세계와는 비교할 수 없을 정도로 행복한 장소이며, 더 뛰어난 존재들이 만든 신계는 우리가 상상할 수 없을 만큼 훨씬 더 좋은 장소이다. 참고로, 영계가 좋은 장소일 것 같다는 생각으로 결코 자살을 생각하지는 말라[상편 14장 낙태(落胎)와 자살(自殺), 천도재(薦度齋)편 참조].

이전에도 언급했지만 자살은 영계의 '영적정화소'에서 신과 영의 정산을 통해 엄청난 영적 고통을 받게 되며, 영이 많이 분파(分派)된 경우에는 다음 환생 때에는 사람으로 태어나지 못하고 식물이나 동물, 심지어는 미생물로만 장착할 수 있는 영체로 태어날 수 있기 때문이다. 사람보다 낮은 생물체로 태어나게 되면 영적 성장을 위해 더 많은 윤회를 거쳐야 한다는 점도 잊지 말기 바란다.

이러한 사실에도 불구하고 나는 종교 집단지에 거주하는 영들을 미워하지는 않는다. 왜냐하면, 그 영들도 현세계에 살고 있었을 때 영적 세계에 대한 무지(無知)와 반복된 종교가들의 잘못된 세뇌 교육으로 인하여, 진짜 현실을 알지 못한 또 다른 피해자이면서 불쌍한 영들이기 때문이다.

이 장의 마지막을 심리학자 '로버트 퍼시그'의 말로 끝마치고자 한다.

"어느 한 사람이 망상에 시달리면 그 사람을 정신 이상자라고 한다. 여러 사람이 망상에 시달리면 그것을 종교라고 한다."

제32장

유명(留名:이름을 남김)

친척 형과 함께 집으로 되돌아온 나는 선생님의 말이 머릿속에 자꾸 떠올라 목에 차고 있던 벽조목에 대한 불신감이 팽팽해지고 있었지만, 반대로 친척 형은 나의 불신이 바로 신들의 시험이라고 위로하면서 처음에 내가 했던 약속처럼 어떤 상황에 직면하여도 정신적으로 흔들림이 없어야 된다고 격려하였다.

친척 형은 하늘에서 벽조목에 내려온 신은 신계에서도 서열 7위로 강력한 힘을 가진 신이기 때문에 내가 배신을 하면 심장이 없는 신의 보복으로 죽음을 맞이하거나, 비참한 삶을 살게 될 것이라는 공포스러운 말까지 나에게 전해 주었다. 친척 형의 저주에 가까운 말에도 불구하고 선생님의 말이 나에게는 더 큰 정신적 충격이었기 때문에, 선생님도 나의 삶을 인도하여 주는 사람으로 인정하겠다고 형에게 통보하였다.

그로부터 일주일이 지난 토요일 나는 혼자서 00시에 있는 0000 사찰을 방문하여 선생님을 다시 만나게 되었다. 나를 본 선생님은 무척 반가워하며 나에게 해주고 싶었던 말이 있다며 집무실로 나의 두 손을 잡고 데리고 갔다.

집무실에 있는 서재에서 『정감록』이라는 책을 꺼낸 선생님은 나에게 책을 보여 주면서 읽어본 적이 있느냐고 물어보았고, 과거에도 친척 형이 나에게 『정감록』이라는 책을 주어 이미 읽어 본 상태로 나는 더 이상은 읽어 볼 필요성과 가치를 전혀 느끼지 않는다고 대답하였다.

선생님은 내가 『정감록』의 책을 읽은 것에 대한 소감을 이야기해 달라고 부탁하였고, 나는 실질적으로 필요한 내용이 전혀 없는 뜬구름을 잡는 소설이라고 대답하여 주었다.

단지, 복잡한 세상을 어렵게 살아가는 사람들에게 세상이 좋은 방향으로 변혁된다는 사실과 사람들에게 희망을 주는 정도령(正道靈)이 출현한다는 내용은 큰 위로가 될 수 있는 긍정적인 효과 정도는 있을 수도 있다고 말해 주었다.

선생님은 어릴 때부터 장년 때까지는 『정감록』에 나오는 정도령(正道靈)의 출현을 기대하며 한 번쯤 만나보고 싶다는 일념으로 기도와 수행을 하면서 살아왔었다고 주장하면서, 말년이 되어서야 비로소 정도령(正道靈)은 사람이 아니라, 수많은 사람들이 영적 세상에 대한 탐구와 실험을 통해 밝혀낸 이야기를 글로 엮어낸 정도령(正道令)일 수도 있겠다는 생각을 가지게 되었다고 말했다. 또한, 도(道)란 유교에서는 도덕적 면을 강조한 생활규범으로, 불교에서는 팔정도의 실천을 위해 노력하는 방편으로, 도교에서는 우주 만유 일체의 근원이며 끊임없이 유(有)를 창조하는 무(無)라고 주장한다고 하였다.

그러나 선생님이 지금까지 살아오면서 경험으로 터득한 도(道)란 도덕을 실천하기 위한 생활규범도, 팔정도를 실천하기 위한 방편도, 끊임없이 유(有)를 창조하는 무(無)도 아닌, 태초부터 존재하였고 소멸되지 않고 새로 생겨나지도 않지만 끊임없이 물질적·비물질적 요소를 변화시키는 무상(無常) 개념을 가진 생기인 우리 자신이었으며, 우리 자신이 바로 신이고 신이 곧 도(道)였다고 생각한다고 말했다.

정도(正道)란 우리 자신을 바로 아는 것, 즉 신을 바로 아는 것을 말하며, 정도령(正道令)이란 우리 자신을 바로 알도록 가르치는 글이라는 뜻이었다는 것을 말년에서야 이해하게 되었다고 말했다.

진정한 신의 개념을 몰랐던 선생님은 그동안 세상 사람들과 어울리는 인생살이를 경험하지 않고, 영계나 사후세계에 거주하면서 신이라고 주장하는 다른 사람의 영혼들을 모시고, 그 영혼들의 가르침이 무조건 옳다고 생각했던 과거의 지난날이 진심으로 후회스럽다고 말했다.

그리고 선생님은 나의 두 손을 맞잡으면서 영계나 사후세계에 거주하면서 신이라고 주장하는 다른 사람의 영혼을 모시고, 그 영혼들의 가르침을 절대적인 진리라고 믿으면서 다른 사람들에게 선전하고 강제적으로 전도하여 사람들을 모으는 종교가가 되지 말고, 여러 사람과 함께 사상을 탐구하여 정확하게 알도록 노력하며, 사람들을 모으는 데 힘쓰는 것이 아닌 끊임없이 탐구하여 알아낸 올바른 지식을 많은 사람들에게 나누어 주는 사상가가 되라고 당부하였다.

지금 사후세계를 지배하고 있는 무가(巫家)의 신들이 영적 에너지가 높은 나를 자신들의 하수인으로 삼기 위하여 영적 의식을 깨웠으나, 오히려 이 행위가 자신들을 멸망시키기 위하여 신계에 거주하는 진짜 신들이 숨겨둔 함정인 판도라의 상자였으며, 잘못된 판단으로 판도라의 상자를 열었다는 사실을 지금에서야 비로소 깨닫고, 두려움과 공포심을 가지고 살아남기 위한 그들만의 작전들을 계획하고 있다고 말해주었다.

특정한 목적을 가지고 태어난 신가(神家)는 세상 사람들에게 그 모습을 드러내지 않고 현세계에서 자연스럽게 목적을 이룬 후 영계로 되돌아가지만, 신가(神家)중에서도 나는 아주 특별한 아이로 현세계에서 자신이 태어난 특정한 목적을 세상에 드러낸 후에 비로소 영계로 되돌아간다고 주장하였다.

그러나 세상에 드러내는 유명(留名:세상에 이름을 남김)의 행위는 영을 깨뜨리고 신이 되어 신계로 되돌아가는 과정에 커다란 부정적 영향을 끼치기 때문에, 모든 신가(神家)의 사람들이 자신이 현세계에서 태어났다는 흔적을 지우듯이, 나도 태어날 때 설정한 특정한 목적을 나중에 이루게 되면, 제자들에게 나의 현세계에서의 삶의 흔적을 완전하게 지우도록 가르치라고 말해 주었다.

내가 태어나기 전부터 신가(神家)의 진짜 신이 나에게 부여한 호는 신을 바르게 알라는 정도(正道)였다고 말해주면서, 특정한 목적을 이루면 진상현(陳相現)이라는 이름은 더 이상 사용하지 않도록 하며, 나의 사상적 후계자들도 모두 정도(正道)의 호를 주고 너의 사상을 끊임없이 계승·발전시키고, 후계자들도 현세계에서 사용한 이름의 흔적이 남아있지 않도록 깨끗하게 없애주기 위한 장치를 만들어주기 위하여 부단히 노력하라고 말하였다.

예전부터 내려오는 이야기를 '전설'이라고 말하며, 앞으로 일어날 일을 '예언'이라고 말하지만, 예언은 무한한 탐구와 실천에 대한 미래의 결과물일 뿐이라고 하였다. 무한한 영적 탐구와 실천으로 세상 사람들에게 신에 대하여 바르게 알려줄 수 있는 미래의 주역인 정도령(正道靈)들이 가는 길의 발판을 네가 마련하여 주길 진심으로 기대하고 바란다고 말하였다. 그러나 나는 정도(正道)의 호와 사상가가 되라는 선생님의 뜻은 마음속으로 받아들였지만 무한한 영적 탐구와 실천가가 되라는 조언은 거부하고, 사상가가 되기 위한 현실적인 방법을 찾아보기로 결심하였다.

에피소드 : 유명(留名:이름을 남김)의 파생 효과

북한의 3대 세습 독재자들처럼 세계의 유명한 독재자들은 자신이 다스리는 나라에서 제일 경치가 좋은 장소나 중요한 문화재 등을 활용하여 자신들의 이름을 남기는 유명(留名:이름을 남김) 행위를 자행한다.

독재자들뿐만이 아니라 일반 사람들도 자신이 기부 또는 참여하여 만든 물건이나 장소에 자신의 이름을 새겨 놓는 유명(留名:이름을 남김) 행위를 하고 이것을 자랑스럽게 생각한다.

특히 현세계에서 죽음을 맞이한 후에 가게 되는 알 수 없는 세계를 걱정하는 종교 신자들의 경우에는, 종교와 관련된 건축물에 유명(留名:이름을 남김) 행위를 하고 신의 은총을 받고자 나름대로 기대를 하고 있겠지만, 유명(留名:이름을 남김) 행위로 인한 파생 효과는 자신의 기대와는 전혀 다르게 부정적인 효과를 지닌 부메랑이 되어 자신에게 되돌아오게 된다.

영으로 감싸져 있는 우리의 생기는 다른 영들과의 긍정적인 영적 교감으로 활발한 활동을 할 수 있게 되고, 활발한 활동력은 생기에서 영적 기운을 만들어 발산하는 힘과 비례한다.

만물과 교감할 수 있는 능력을 가진 생기는 활발한 영적 활동으로 강력한 영적 기운을 생기 내부에서 만들고, 영적 기운을 발산하는 힘으로 생기를 감싸고 있던 영을 깨뜨리고 신이 되어 신계로 되돌아간다. 왜냐하면, 생기가 기운을 만들어 발산하는 힘의 근원은 다른 생기들과의 긍정적인 교감으로 발생하는 것이기 때문이다.

예를 들면 자신과 친한 사람을 길거리에서 보게 되면, 내가 가진 생기는 친한 사람의 생기와 눈에 보이지 않는 교감을 하여 만나서 보고 싶다고 느낌과 동시에 긍정적이고 활발한 활동력인 힘이 생긴다. 반면에 자신과 감정이 나쁜 사람을 길거리에서 보게 되면, 내가 가진 생기는 감정이 나쁜 사람의 생기와 눈에 보이지는 않지만 서로 교감하는 것을 원하지 않기 때문에, 숨거나 만남을 피하고 싶다는 충동을 느끼며, 생기에서 만들어지는 활발한 활동력의 힘도 급속도로 위축된다.

다시 말하면, 다른 사람들에게 좋은 말을 자주 듣는 사람의 생기는 더 자주 다른 사람들과 교감하기를 원하기 때문에, 활발한 사회 활동을 하고 점점 긍정적인 사고를 가지게 되는 반면에, 다른 사람들에게 나쁜 말을 자주 듣는 사람의 생기는 점점 더 자주 다른 사람들과 교감하기를 원하지 않게 되어, 여러 사람들과 사회활동을 하기를 싫어하고 집안에서만 지내려고 하는 위축된 사고를 가지게 된다.

　사회 활동이 활발하고 긍정적인 사고를 지닌 사람들은 사회적인 권력과 부를 더 쉽게 얻듯이, 그 사람이 가진 생기 역시 영적인 힘을 더 쉽게 가지게 되고, 사회 활동이 위축되고 부정적인 사고를 지닌 사람들은 사회적인 권력과 부를 상실하듯이, 그 사람이 가진 생기 역시 영적인 힘을 점차 상실하게 된다. 다른 생기들과의 긍정적 또는 부정적인 교감으로 우리의 본체인 생기는 힘을 얻기도 반대로 잃어버리기도 하는 것이다.

　경치가 수려한 우리들의 소중한 문화유산인 금강산에 북한의 독재자 김일성, 김정일과 김정은을 새겨 놓은 글귀를 보라!

　아름다운 교회와 사찰 건물과는 전혀 어울리지 않는 기부한 사람들의 명단을 한번 읽어 보라!

　아름다운 자연물에 자신의 욕심으로 새겨놓은 사람들의 이름을 한번 읽어 보라!

아름다운 자연물과 종교 건축물 등에 전혀 어울리지 않는 유명 (留名:이름을 남김)한 행위를 한 사람들의 이름을 하나씩 보고 불러보면서, 일반적인 사람들은 이름을 새겨놓은 사람들에 대하여 칭찬하는 말보다는 비난하는 말을 더 많이 하게 된다.

아름다운 자연물과 종교 건축물 등에 새겨진 이름은 쉽게 지워지지도 않으며, 오랜 기간 동안 남아있게 되어 자신의 이름을 새겨놓았던 사람의 생기는 더 많은 사람들과 더 오랜 기간에 걸쳐 많은 비난을 받게 될 것이다.

다른 사람들의 생기에서 나오는 기(氣) 에너지로 많은 비난을 받게 되면, 우리의 눈에 보이지는 않지만 부정적인 영적 교감의 영향 때문에 비난받는 생기 활동은 크게 위축된다.

생기 활동이 위축하게 되면, 다음 생애 환생을 하더라고 생기가 이미 위축된 상태이기 때문에, 다른 사람들과 교류를 하기를 꺼리거나 혹은 사회 활동을 잘하지 못하는 사람으로 태어날 수 있는 심각한 부작용이 발생할 수 있다. 그러나 이보다 더 심각한 것은 위축된 생기는 영적 힘의 원천인 기운을 잃어버렸기 때문에, 다시 힘을 회복하여 생기를 감싸고 있던 영을 깨뜨리고 신이 되기 위한 과정은 남들보다 더 많은 윤회를 경험해야 하며, 더 많은 윤회를 경험한다는 의미는 다른 사람들보다 더 많은 영적 고통을 경험해야 한다는 사실을 알아야 한다.

다른 사람들에게 자랑하고 싶은 욕망 때문에 아무런 생각 없이 행한 유명(留名:이름을 남김)이라는 행위는, 남들보다 많은 고통과 남들보다 늦게 신이 될 수밖에 없는 매우 어리석은 행위임을 알기 바라며, 무슨 이유로 과거에 살았다는 전설 속 도인들이 자신의 이름과 행적을 현세계에 남겨놓지 않았는가를 이해하기 바란다.

제33장

루시퍼 효과

　집으로 되돌아온 나는 우리나라에서 종교가가 아닌 사상가가 되기 위한 방법에 대하여 관심을 가지고 찾아보았지만, 정치 또는 노동조합 활동과 책을 집필하는 방법 이외에는 특별한 길이 없음을 깨닫게 되었다. 하지만 정치와 노동조합 활동은 나의 신분이 행정직 공무원인 특성상 불가능하였고, 집필은 쓰고 싶은 내용을 설정하지도 못했을 뿐 아니라 알고 있는 지식도 상당히 부족한 상태였기 때문에 할 수가 없는 상황이었다.

　사상가가 되기 위한 방법을 찾기 위해서 지속적으로 상당한 고민을 하고 있을 시점에, 내가 근무하고 있던 직장에서 최초로 행정직도 노동조합에 가입할 수 있는 전국공무원노동조합 소속 0000부 00지역 본부 설립 추진과 초대 00지역 본부를 이끌어 갈 본부장 선거를 한다는 소식을 접하게 되었다.

나는 직장 동료들에게 도움을 줄 수 있는 역할을 할 수 있겠다는 생
각과 사상가의 길로 갈 수 있는 초석을 다질 수 있을 것이라는 나 자
신의 개인적 욕심을 가지고, 주변에서 도와주는 사람 하나 없이 혼자
만의 독단적 결정으로 00지역 본부장 선거에 출마하기로 결정하였다.

지금 와서 그 시절을 돌이켜보면 00지역 본부장 선거에 출마하는
것은 매우 어리석었던 결정으로 당선이 불가능한 여건이었을 뿐만 아

니라, 당선이 되었다고 하더라도 간부들을 인선할 수 없는 상황이었기 때문에, 능력이 되지 않는 사람이 개인적 욕심만 부리고 현실을 외면한 부끄러운 결정을 한 행위였다.

00지역 본부장 선거에 막상 출마하자 일부 후배들이 참여와 조언 등 여러 가지로 나를 도와주게 되었고, 도움을 준 고마운 후배들의 앞날을 위해서도 꼭 당선되어야겠다고 생각했다.

능력도 출중하면서 오직 모든 조합원의 미래를 위한 고민만 하고 있던 당시 초대 00지역 본부장 후보자와는 다르게 능력도 없으면서 개인적 욕심도 있었던 나는 선거 과정보다는 선거 결과를 더 중요하게 생각하고 있었으며, 패배할 것 같으면 출마를 포기하여야겠다는 생각도 함께 가지고 있었다.

선생님과 지속적 만남으로 인하여 나의 집에 함께 살고 있던 친척 형의 도움을 전혀 받을 수 없었던 나는 선생님을 찾아가 선거의 결과를 미리 듣고 선거운동을 계속할지와 그만둘지를 결정하고자 하였다.

00시 0000 사찰을 방문한 나는 선생님의 말처럼 사상가가 되기 위하여 '전국공무원노동조합' 0000부 00지역 본부를 담당하는 00지역 본부장 후보에 출마하려는 취지를 설명하면서, 노동조합 활동이 나의 인생에 도움이 되는지 그리고 선거 결과는 어떤지를 알고 싶다고 물어보았다.

선생님은 나에게 어떤 일이든지 경험하는 것은 자신의 삶에 많은 도움이 될 수 있다고 말하면서도, 나의 간곡한 부탁을 무시하듯 선거 결과에 대하여는 답변을 하지 않고 함구하였다.

　나는 선생님께 00지역 본부장 선거 결과를 미리 아는 것도 매우 중요한 일이지만, 선거 특성상 2등은 의미가 전혀 없기 때문에 선거에서 승리할 수 있는 방편을 알려달라고 요청하였다. 선생님은 나에게 검은색이 아주 잘 어울린다고 말해주면서, 선거 당일 양복과 와이셔츠, 구두 그리고 심지어는 넥타이까지 모두 검은색으로 입고 출마하라고 말하였다.

　나는 상갓집에 갈 때에도 모든 복장 색깔을 검은색으로 입지는 않는다고 대답하면서, 선거는 축제인데 선거인단이 나의 복장을 보고 의문을 가지지 않겠느냐고 반문하였지만, 선생님은 방편은 이미 말해주었다고 하면서 또다시 함구하였다.

　집으로 되돌아온 나는 선생님이 말한 방편에 대하여 큰 의구심을 가지고 있었지만, 선생님의 말을 한 번 믿어보기로 하고 다시 00시 0000 사찰을 방문하여 선생님께 선거 결과도 추가로 알고 싶다고 다시 요청하였다.

　선거 준비를 하고 있는 과정에서 상대편 후보자가 선거에 이미 당선할 정도로 많은 대의원을 확보하였다는 소식을 접하게 되어서, 선생님이 내가 선거에 진다고 알려주면 1주일이 남아 있는 시점인 현재에도 얼마든지 선거 출마를 포기하려는 생각을 가지고 있다며, 내가 헛고생을 하지 않도록 정확한 답변을 달라고 요청하게 된 것이다.

처음에는 선생님도 선거 결과를 알려줄 수 없다고 주장하였으나, 나의 간곡한 부탁과 고집을 이겨내지 못하고 선거 결과를 다음과 같이 예를 들어 말해 주었다.

» 전국공무원노동조합 00지역 본부장 선거 결과 이야기

어떤 상대방도 한 방에 쓰러뜨리는 주먹대장과 순간적으로 상대방의 코를 물어 버리는 능력을 가진 코베기가 피할 수 없는 외나무다리에서 만나게 되었다. 주먹대장이 코베기에게 한 주먹도 안되는 것이 까부냐면서 외나무다리에서 뒤로 물러나라고 말하였지만, 코베기는 주먹대장에게 길고 짧은 것은 대봐야 한다며 결코 물러서지 않았다.

코베기의 말을 듣고 참다 못한 주먹대장이 코베기의 얼굴을 향해 큰 주먹 한 방을 날렸고, 단 한 방의 주먹에 코베기는 외나무다리에서 떨어지게 되었다. 외나무다리에서 떨어진 처량한 신세의 코베기를 보고 주먹대장은 크게 웃으면서 "내가 이겼다. 한주먹거리도 안되는 것이."라고 말했다. 그러나 외나무다리에서 떨어진 코베기도 크게 웃으면서 "내가 이겼다. 네 코를 봐라."라고 반문하였다.

그 말을 들은 주먹대장이 코를 만져보니 주먹대장의 코는 어느새 코베기가 물고 외나무다리로 같이 떨어진 상태였다. 주먹대장은 할 수 없이 코베기가 물고 있던 코를 잡아 주먹대장의 코에 다시 붙였고, 코를 물고 있던 코베기도 주먹대장의 코와 함께 외나무다리에서 올라오게 되었다.

이것이 00지역 본부장 선거의 결과이다.

:: 주먹대장

김원빈이 아기장수 설화를 모티브로 창작한 소년 영웅 이야기로 1958
년 만화방용 단행본으로 처음 발표된 후 여러 번 발간되었는데 독자들에
게 가장 많은 사랑을 받은 것은 〈어깨동무〉 연재분이었다.

평범한 가정에서 큰 주먹을 가지고 태어난 주먹대장을 아이들은 '주먹병
신'이라고 놀리고 따돌렸지만, 큰 주먹을 착한 사람들을 위해 의롭게 쓴
다면 보배 같은 존재가 될 것이라는 학산 선인의 말을 듣고 실천하여 '소
년 영웅 주먹대장'으로 성장한다.

선생님에게 선거 결과에 대한 이야기를 들은 나는 내가 주먹대장인
지 코베기인지를 알려 달라고 재차 요청하였으나, 선생님은 더 이상
답변을 회피하고 0000 사찰 밖으로 나가 버렸다. 아리송한 선거 결과
의 이야기를 들은 나는 선거에서 이길 수 있는 방편을 믿고, 일단 투
표 결과를 지켜보기로 결정하였다.

00지역 본부장 선거는 모든 조합원들이 참여하여 투표하는 직접 선
거가 아닌 시·군 지역 대표들과 대의원들만이 참여하여 투표할 수 있
는 간접 선거였다. 양복과 와이셔츠, 넥타이, 구두 등 온통 검은색을
입고 선거 당일 기호 2번으로 출마하여 후보자의 정견 발표를 하고
있는 나를 본 20여 명의 지역 대표 선거인단은 선거에서 이기려는 후
보자의 모습인지 의문을 가지고 있었겠지만, 오히려 나는 마음속으로
당연히 내가 이긴다는 확신을 가지고 선거에 임했다.

2명 입후보자의 정견 발표가 다 끝난 후 지역 대표 선거인단이 투표
를 마치고, 바로 투표함을 개봉하여 투표 결과를 발표하게 되었는데

처음에는 8-4로 앞서가다가 정확하게 기억나지는 않지만 16-8로 참패한 것 같다.

주변 사람들에게 완벽하게 준비된 후보자에 비하면 전혀 준비되지 못한 내가 굉장히 선전한 것이라는 위로를 듣게 되었지만, 나는 조언자인 선생님의 얼굴을 떠올리며 분노심이 폭발하고 하였다.

선거에서 이길 수 있는 방편이라며 선거 당일 온통 검은색으로 입으라고 알려주어 그렇게 입고 왔지만, 선거에서는 이기지도 못하고 이상한 사람이 되어 버렸으며, 선거 결과를 정확하게 알려 주었다면 입후보를 철회하여 주변 사람들에게 망신은 당하지 않았을 것이기 때문이었다.

선거에서 참패하자마자 그동안 비난을 하지 않고 침묵을 지키던 많은 사람들의 비난 글이 나에게 쏟아져 들어왔으나, 패배한 장수는 처분을 기다릴 뿐이라는 말처럼 나는 어떤 맞대응을 할 수 없을 정도로 비참한 상황에 직면하고 있었다.

선거가 끝난 후 첫 번째 토요일 나는 자가용을 몰고 선생님을 만나 강력하게 항의하기 위하여 0000 사찰을 향해 떠났다. 선생님과의 대화를 통해 많은 사람들의 비난 글을 받아 마음 상한 나를 위로받고, 사찰 집무실에 있는 물건들을 걷어차면서 참았던 나의 분노를 폭발시키면서 선생님과 절연을 선언하겠다는 굳은 결심을 하고 우리 집에서 0000 사찰로 출발한 것이다.

이성을 상실한 채 가슴에는 분노를 가득 채우고 0000 사찰 집무실에 도착하였지만, 선생님은 계시지 않고 젊은 여자만 집무실을 지키고 있었다. 젊은 여자는 선생님이 오늘 급한 일이 있어서 당분간 0000 사찰에 없으니 다음 주에 다시 오라는 말을 나에게 전해주라고 하였고, 일요일인 내일도 0000 사찰에 없다는 말에 나는 다음 주 토요일 다시 방문할 예정이니 선생님에게 꼭 0000 사찰에 계시라는 말을 전해주고 집으로 되돌아왔다.

또다시 일주일이 지나가게 되었고, 선생님에 대한 분노심은 많이 사그라들었지만, 선생님이 잘못 알려준 방편과 정확한 선거 결과를 알려주지 않아 내가 망신을 당한 점은 끝까지 항의하겠다는 결심을 하고 다시 0000 사찰을 방문하였다.

0000 사찰 집무실에는 저번 주에 있었던 젊은 여자가 선생님이 또다시 급한 일이 생겨 며칠간 0000 사찰에 없을 것 같다고 말하면서, 정말 미안하지만 다음 주 토요일에 다시 한 번만 방문해 달라고 하였다. 그 말을 들은 나는 책임을 회피하는 선생님에게 휴대전화 통화로 강력하게 항의하려는 생각을 잠시 동안 가졌으나, 선생님의 말처럼 마지막이라는 생각을 가지고 다음 주 토요일에 다시 한 번 000 사찰을 최종적으로 방문하겠다고 답변하였다.

집으로 되돌아오는 자가용 안에서 나는 선생님에게 강력한 항의보다는 선거 전·후의 일을 자세하게 설명하고 선생님과 절연을 선언하기로 결심하였다.

마지막 방문을 하기로 한 토요일보다 2일 전인 목요일 내가 근무하는 사무실로 '전국공무원노동조합' 0000부 00지역 본부장으로 당선된 본부장님이 나에게 전화를 걸어왔다.

이번 선거 전·후로 마음고생이 심하다는 이야기를 들었다면서, 경쟁이 되지 않는 선거에 자신감만을 가지고 뛰어든 노력이 대단하다고 생각하며, 00지역 본부 임원들과 회의를 한 결과 나를 포용하기로 결정하고 대외협력 국장 자리를 제안하였다. 나는 본부장님의 깊은 배려심에 감사를 드리며, 최선을 다해 보필하겠다고 다짐하였고 그렇게 대외협력 국장이 되었다.

본부장님의 배려심을 잊어버리고 나는 대외협력 국장이 된 후, 최선을 다해 보필하지도 않았으며 나중에는 배신까지 하게 된다. 지금 돌이켜보면 나의 개인적 욕심이 원인이라고 생각하며, 지금도 그 당시를 생각하면 본부장님에게 죄송한 마음을 가지고 있다.

내가 00지역 대외협력 국장이 되자마자 일반 조합원들에게는 본부장 당선자보다도 더 화제가 된 유명인사가 되었고, 이번에는 나를 비난하는 글보다는 출마 용기에 대한 훨씬 많은 칭찬글이 나에게 메일로 보내져 왔지만, 나는 이러한 글들을 더 이상 즐겁게 생각하지 않게 않았다.

대외협력 국장으로 임명된 그날 밤 나는 선거 결과에 대하여 선생님이 나에게 들려준 '외나무다리에서 만난 주먹대장과 코베기의 만남' 이야기를 머릿속에 떠올렸다. 외나무다리는 2등은 존재할 수 없고 1등만 살아남을 수 있는 물러날 수 없는 선거였으며, 주먹대장이 힘이 세다는 표현은 나와 경쟁 상대가 되지 않는다는 뜻이었고, 주먹대장의 주먹 한 방에 맞고 외나무다리에서 떨어진다는 것은 참패한 선거 결과를 말했던 것이다.

코베기가 주먹대장의 코를 물고 외나무다리에서 떨어졌다는 것은 당초 의도했던 모든 조합원의 형식적인 추대로 본부장에 취임할 수 있었지만 불리한 여건에서도 아무 생각 없이 도전장을 낸 나 때문에 경선을 치르게 되어 위신이 다소 낮추어졌다는 뜻이었다. 또한, 주먹대장이 코베기가 물고 있는 코를 찾아 다시 붙이게 된다는 것은 내가 주먹대장의 신체의 일부가 되는 즉 보좌하는 자리인 국장이 된다는 의미였다.

선생님이 말한 선거 결과에 대한 예언이 맞았다는 생각을 가지게 되자 분노심은 완전히 사라지게 되었고, 이제는 죄송한 마음이 생기게 되었다. 선생님이 말한 선거 결과를 완전하게 이해하게 된 나는 선생님에게 당초 약속한 날인 토요일 00시 0000 사찰 집무실을 다시 방문하였고, 이번에는 집무실 안에 젊은 여자는 없었으며 선생님이 홀로 남아 계셨다.

나는 선생님에게 선생님이 예언한 선거 결과가 맞았으며, 비록 내가 선거에는 지게 되었지만 대외협력 국장이라는 직책을 가지게 되었다고 알려주면서 선거 결과에 대하여는 충분히 이해하였는데, 방편이라고 말해준 투표 당일 내가 온통 검은색으로 입으라고 조언한 이유는 무엇이냐고 물어보았다.

선생님은 2가지 이유가 있었다며 다음과 같이 대답하여 주었다. 첫 번째는 온통 검은색을 입고 가는 장소는 장례식장뿐임으로 선거 참패로 각종 비난에 시달리게 되어 죽음을 맞이하는 것보다 못한 삶을 잠시 살게 된다는 뜻이다.

두 번째는 온통 검은색 옷을 입고 정견 발표를 하는 모습은 투표하는 사람들에게 강력한 인상을 심어줌과 동시에 그 모습을 사람들의 생각에서 지울 수 없게 만들어 대외협력 국장이라는 타이틀을 받게 되는 결정적 역할을 한다는 뜻이라고 말했다.

선생님이 나에게 온통 검은색을 입으라고 한 것은 선거에서 패배하게 되는 것은 정해진 사실이지만, 투표에 참여한 사람들의 뇌리에 깊은 인상을 심어주게 하여 차후에 국장으로 임명될 수 있도록 만들어주는 숨겨진 방편이라는 것이다. 또한 선생님은 웃으면서 내가 오늘 선생님을 찾아온 이유는 절연하자고 찾아온 것이 아니냐고 하시면서, 예전에 선생님이 이야기 한 큰 영을 사로잡는 방법을 기억하고 있는지를 물어보았다.

큰 영이 사로잡히는 과정은 사악한 영혼으로부터 환상, 환영을 보게 되거나 예언이 이루어지는 것을 알게 되면서, 자신의 영적 성장을 멈추고 환상과 환영, 예언을 말해주는 사람에게 모든 것을 의지하고 그 말을 맹신하게 될 때부터 시작한다고 말했다.

환상과 환영은 진짜 일어나는 일이 아닌 영화처럼 만들어서 보여주는 행위이며, 예언은 영체인 육신을 벗어난 영이 인식하는 범위에 따라 일정 범위의 미래를 알 수 있는 단순한 기술로 다른 사람의 미래를 아는 것일 뿐, 바꿀 수 없는 것임에도 불구하고 어리석은 사람들은 그러한 사악한 사람들에게 자신의 모든 삶을 내어주고 맡긴다고 하였다.

영적 성장을 이루는 것은 신도 도울 수 없는 본인만이 할 수 있는 것이며, 다른 모든 사람들의 말과 행동은 본인의 삶을 살아갈 때 참고만 하는 자료가 될 뿐이라고 말해주면서, 최종적인 삶에 대한 선택과 책임은 남이 아닌 자신만이 짊어지고 갈 수 있는 것이라고 말했다.

내가 선생님에게 선거를 이길 수 있는 방편 또는 선거 결과를 알려달라고 요청했을 때의 상황을 살펴보니, 나의 생각은 완전히 배제되고 선생님이 시키는 대로 따라만 하는 좀비가 되었음을 느꼈다고 말하면서, 이것은 자의든 타의든 나의 영이 선생님에게 사로잡혔다는 증거가 된다고 말했다. 그리고 이제는 더 알려줄 것도 줄 수도 없으니 0000 사찰을 당분간 방문하지 말라고 하면서 오늘로써 나와 선생님과의 인연은 잠시 중단하자고 요청하였다. 그리고 마지막 당부의 말로 노동조합 활동은 나와 맞지도 않을뿐더러 내가 가야 하는 길도 아니라고 말하면서 좋은 경험을 했다고 생각하고 향후에는 그만두라고 나에게 조언해주었다.

내가 속한 노동조합은 00지역 본부 위에 0000본부 조직이 있고 0000본부 조직위에는 0000부 조직이 있고 0000부 조직위에는 '행정공무원노동조합'이 있고 '행정공무원노동조합' 조직위에 '전국공무원

노동조합'이 있는 구조였다.

오늘로써 자의든 타의든 선생님과의 인연이 당분간 중단되어 집으로 되돌아온 나는 00지역 본부장님 몰래 서울에 있는 상급기관 노조 간부들과 접촉하여 만났으나, 상급기관 노조 간부들은 선생님이 말한 내용처럼 내가 세상을 바라보고 추구하고자 했던 사상과는 많이 달랐다.

나는 새롭게 시작하는 모든 사업에 발전 지향적이며 긍정적 방향으로 인식하려는 경향이 강했지만, 보호나 지키려는 성향이 강한 노동조합은 정부가 새롭게 시작하는 모든 사업을 부정적 방향으로 인식하려는 부정적 경향을 가지고 있었다.

노동조합 상급기관의 많은 간부들을 만나본 결과, 많은 부분에서 내가 추구하는 사상과 맞지 않음을 크게 실망한 나는 조직의 환골탈태는 새로운 지도자 탄생만이 가능하다는 생각을 가지게 되어 00지역 대외협력국장 활동을 사실상 접고 다음 본조 위원장 선거에 대한 준비를 착수하였다. 그로부터 2년 뒤 우리 상급기관인 0000본부 위원장 선거가 있었고, 3명의 후보자가 나왔다.

1번 후보자는 현재의 위원장이었고, 2번 후보자는 위원장 밑에서 간부를 하던 직원이었고, 3번 후보자는 기반이 거의 없는 새로운 인물이었다. 당시 0000본부 위원장을 뽑는 규정은 전체 조합원이 투표한 표의 50%를 득표하지 못할 경우 결선 투표를 다시 실시하는 방식이었기 때문에, 조직 기반이 미미한 제3의 인물이 위원장으로 당선되는 일은 거의 불가능한 규정으로 되어 있었지만, 그 규정이 오히려 기득권자들의 발목에 족쇄를 채우는 결과인 부메랑이 될 수 있다는 사실을 나는 직감했다.

나는 기존 조직을 나누어 가진 위원장과 간부 중 한 명이 당연히 차기 위원장으로 당선된다는 사실을 알고 있었지만, 3번 후보자가 출마한 이상 서로 50% 이상을 득표할 수 없는 상황이 발생할 수 있다고 생각하였고, 나의 생각이 맞는다면 차기 위원장을 결정하는 것은 결국 제3의 후보자가 될 것이라고 판단했다.

나는 3번 후보자의 선거 참모가 되어 0000본부 위원장 선거에 직접 참여했으며 1차 투표의 결과도 내 예상대로 맞았다. 3번 후보자는 6%밖에 득표를 얻지 못했지만, 1번 후보 역시 48%밖에는 득표를 하지 못하게 되었기 때문에, 선거 규정상 다시 결선 투표를 진행할 예정이었고, 결선 투표에 오른 양 후보 측에서 우리 진영에게 러브콜을 요청하게 되면서 3번 후보자의 선거를 직접 돕던 사람들의 주가가 상상 이상으로 뛰어올랐다.

조직의 안정보다는 혁신을 원하고 준비했던 나는 조직을 안정적으로 운영하여 준 1기 위원장인 1번 후보자를 과감하게 버리고, 우리의 조직에게 혁신을 가져다줄 것으로 예상되는 2번 후보자를 지지하고 약간의 도움을 주어 위원장 당선에 아주 미약한 도움을 주었다.

위원장으로 당선된 2번 후보자가 나에게 본부 조직국장 직책을 제안하였지만, 소극적인 태도로 응하지 않았고, 그동안 있었던 수많은 새로운 경험들을 추억으로 저장하고 나의 역할이 다한 노동조합 활동과 꿈을 접었으며 그 뒤로는 다시는 노동조합 활동에 관여하지도 참여하지도 않았다.

에피소드 : 루시퍼 효과

윤회가 없는 신계뿐만 아니라 수없이 반복하는 윤회의 세계인 영계, 사후세계 그리고 현세계를 지배하려면 영적 힘이 매우 강해야 한다. 영적 힘은 서로 교감하는 영들의 숫자와 유대감의 정도 그리고 교감하는 영들의 힘의 세기와 비례하게 된다.

따라서 현세계에서 남을 지배하고 살았던 정치가나 재벌가 혹은 사상가와 종교가들은 사후세계와 영계에서도 자신들을 따르는 수많은 영적 무리들을 거느리며 막강한 영향력을 행사하고 있다. 그러나 정치가나 재벌가 혹은 사상가와 종교가들보다 더 많은 영적 무리들을 이끌며, 막강한 영적 힘을 발휘하는 존재가 있는데 영능력자들은 그들을 '영웅'이라고 부른다.

'영웅'은 현재 자신과 살았던 사람들뿐만 아니라 미래에 살고 있는 사람들에게도 끊임없는 칭송과 함께 자신의 이름을 알리며, 많은 사람들이 본받고 따르려는 존재로, 다음에 환생하게 되면 막강한 영향력을 현세계와 사람들에게 행사하게 된다.

※ '영웅'이 된 존재는 강력한 영적 힘을 소지하고 있기 때문에, 현세계에 환생하게 되면 강력한 지도자나 재벌가가 되기 쉬운 장점이 있는 반면, '영웅'의 이름이 현세계에 살고 있는 사람들에게 완전히 잊혀지게 될 때 비로소 신(神)이 될 수 있는 단점도 보유하고 있다[중편 32장 유명(留名:이름을 남김) 편 참조].

육체로 뒤덮여 있어 타인 영의 생각과 가까운 미래를 읽어낼 수 없는 물질적인 세계인 현세계에서 살고 있는 영이, 타인 영들이 많이 따르는 '영웅'이 될 수 있는 가장 빠르고 확실한 방법은 물질적인 영토를 크게 넓히는 행위인 전쟁과 새로운 문자의 창제 혹은 책으로 남겨진 놀라운 내용의 글, 그리고 커다란 조형물 건립 등 물질적인 형태를 동반한 넓은 사상과 큰 행동의 전파뿐이다.

전쟁을 예로 들면, 공격하는 전쟁이나 방어하는 전쟁은 정신과 육체가 모두 흩어져 있었던 사람들의 영을 급속도로 규합하고, 강한 결속력으로 참여한 모든 사람들에게 서로서로 강한 영적 교감을 일으키게 만든다.

전쟁하는 동안에는 전쟁의 피해를 입게 된 죄 없는 사람들의 많은 비난을 받게 되지만, 커다란 영토를 확장하게 되면 미래에 태어난 셀 수 없이 많은 후손들에게 지금까지 받았던 비난을 상쇄시키고도 남을 만큼의 엄청난 칭송을 계속해서 받게 되고, 국가적 '영웅'으로 등장하게 되기도 한다. 물론 방어하는 전쟁이 아닌 침략하는 전쟁을 일으킨 사람의 영은 '영웅'이 되기 이전에 영계의 '영적정화소'에서 영과 영의 정산을 통해 엄청난 고통을 받게 된다는 사실은 잊지 말기 바란다.

직접 후손들이 확인할 수 있는 물질적인 영토를 크게 넓힌 몽골 칭기즈칸이나 우리나라 광개토대왕 등의 경우에도 국가적 '영웅'들의 옳고 잘못된 사상이나 행실은 전혀 고려하지 않고, 오직 후손들인 자신들이 살게 된 영토를 넓힌 업적만을 강조하여 후손들에게 '영웅'으로 칭송받는 상황이 좋은 예라고 할 수 있다.

물질적인 형태를 동반한 예를 들면, 세종대왕님이 만든 한글 창제나 책 속의 글로 전해지고 있는 중국의 제자백가 사상 그리고 이집트의 피라미드나 인도의 타지마할 묘당, 그리고 중국의 만리장성이나 자금성 등의 건축물을 만든 사람들은 모두 '영웅'이 되었는데, 건축물을 건설할 때 고생하거나 억울하게 죽음을 맞이하게 된 수많은 죄 없는 사람들을 안타까워하는 비난보다는 위대한 건축물이나 사상 등을 소유하게 된 후손들이 위대한 건축물과 문화재를 만들었던 사람들을 칭송하는 효과가 훨씬 더 크다.

물론 대형 건축물을 짓게 만들어 죄 없는 사람들을 죽음에 이르게 한 사람들의 영은 후손들에 의하여 '영웅'이 되기 이전에 영계의 '영적정화소'에서 먼저 영과 영의 정산을 통해 엄청난 고통을 받는다는 사실 또한 잊지 말기 바란다.

결론은 현세계에서 '영웅'이 되는 방법은 거대한 영토 확장이나 커다란 건축물 또는 새로운 사상적 내용물 등 물질적 세계의 확장으로 탄생하고, 물질적 세계를 확장한 사람의 영을 다른 사람들의 영들이 본받고 따르는 것이다.

타인 영의 생각과 가까운 미래를 읽어낼 수 있는 비물질적 세계가 지배하는 사후세계나 영계에서 거주하는 영혼이나 영이 타인의 영혼이나 영들이 많이 따르게 만드는 '영웅'이 될 수 있는 가장 빠르고 확실한 방법은 명분이다.

영이 육체로 덮여 있지 않은 사후세계나 영계에서는 영혼이나 영들이 직접 싸움을 하지 않아도, 타인 영혼이나 영들의 힘의 세기를 금방 파악할 수 있으며, 심지어는 가까운 미래인 싸움의 결과까지도 미리 알 수 있어 현세계에 살고 있는 사람들을 지배할 때 사용하는 환영과 환상의 무기는 사용하지 않는다.

영은 소멸되는 존재가 아니어서 영과 영의 본격적인 싸움이 시작되면 장기적으로는 수만 년의 기간도 소요하기 때문에, 가까운 미래 승자를 알 수 있다고 해서 최종 승자인 먼 미래 싸움의 결과를 아는 것은 아니라는 사실을 잘 알고 있어 함부로 싸움을 걸지는 않는다.

사후세계에서 많은 영혼들이 따르는 '영웅'이 되기 위하여 사용하는 명분은 인연이다.

사후세계를 지배하는 무속령들은 현세계에 태어난 자신의 후손들에게 자신이 조상이라는 인연의 무기를 사용하여 학습시키고, 후손이 현세계에서 죽음을 맞이하면 영계로 가지 못하게 막고, 자신들이 살고 있는 거주지로 데리고 와서 자신들의 노예로 부려먹는다.

심지어 현세계에서 태어난 후손들의 숫자가 매우 적은 영혼들은 친지 또는 친구 등 자신과 연결할 수 있는 다양한 각종 인연 관계를 주변에서 찾아내 자신과 엮어버리고, 인연자가 현세계에서 죽음을 맞이하게 되면 자신들이 살고 있는 거주지로 데리고 간다.

영계에서 많은 영들이 따르는 '영웅'이 되기 위하여 사용하는 명분은 원죄와 업이다.

영계를 지배하는 종교령들은 종교의 교리와 사상을 만들어 현세계에 살고 있는 선지자들에게 영감의 형태로 전파하고, 자신의 종교를 믿고 사망한 사람들이 영계로 진입하면 즉시 마중을 나가 자신들의 종교 집단 거주지로 데리고 간다.

그들이 모시고 있는 신에 대한 철저한 복종 교육인 세뇌 교육을 실시하여, 복종 교육인 세뇌 교육을 무사히 통과하면 천국이나 극락이라는 명칭의 거주지로 보내어 영원토록 자신들이 모시는 신을 찬양하는 도구로 만들고, 거주지의 외부는 천사라는 직책의 영들이 지키게 하며, 외부 정보에 의해 자신들이 실시한 세뇌 교육 내용이 변질되지 않도록 천국이나 극락으로 들어간 영이 영계의 외부 지역과 교류할 수 없도록 철저하게 단절시켜 버린다.

복종 교육인 세뇌 교육을 통과하지 못하면 지옥이라는 명칭의 거주지로 보내어 각종 고문을 잘하는 영들을 풀어 끊임없이 고통을 가하며, 거주지의 외부는 악마라는 직책의 영들이 지키고 있어 한 번 지옥으로 들어간 영이 자신들이 실시한 복종 교유인 세뇌 교육의 내용이 변질되지 않도록 영계의 외부와 교류할 수 없게 만들 뿐만 아니라 탈출을 시도할 생각을 갖지 못하도록 외부 정보를 완전히 단절시켜 버린다.

현세계에 살고 있을 때부터 부모나 학교 또는 종교가들에 의하여 자신들의 신에게 갚아야 한다는 원죄와 업에 대하여 교육받아왔던 신도 영들은 영적 세계에 대한 무지(無知)로 천국과 극락 또는 지옥을 벗어날 생각을 전혀 하지 못하고 있으며, 이 장소를 지키는 천사나 악마의 직책을 가진 영조차 자신들의 행위가 얼마나 사악한 행위인지 그리고 나중에 진짜 신들에게 천벌을 받게 되는 행위인지 모르고 있는 현실이 안타까울 뿐이다.

영계의 종교령들이 지배하는 장소는 마치 스탠퍼드 감옥 실험의 내용인 '루시퍼 효과'와 너무 비슷하다.

:: 스탠퍼드 감옥 실험과 루시퍼 효과

1. 스탠퍼드 감옥 실험

스탠퍼드 대학의 필립 짐바르도 교수가 1971년에 실시하였으며, 특수한 상황이 어떻게 보통 사람들을 잔인하게 만들어 버리는지에 대한 실험이었다. 지원자들을 대상으로 가짜 교도관과 가짜 죄수들로 역할을 구분하여 실험한 결과, 가짜 교도관 임무를 부여받은 지원자들 중 일부는 실험이 진행되면서 교도소라는 특수한 환경에 맞게 점차 잔혹해졌고, 다른 교도관의 역할을 맡은 지원자들은 잔인한 교도관의 행동을 말리지 않고 방조했다.

가짜 죄수 임무를 부여받은 지원자들 중 일부는 교도관에게 폭력을 저지르는 진짜 죄수처럼 행동하였고, 다른 죄수자의 역할을 맡은 지원자는 자신의 생각과 의식을 잃어버리고 교도관에게 무조건 맹목적으로 복종하는 좀비가 되어 버렸다. 실험 지원자들 모두는 교도소 안 모의실험에서 인격을 잃어버린 진짜 교도관과 죄수가 되어 버린 것이다.

이 실험은 2004년 이라크 바그다드 아부 그라이브 감옥에서 자행된 미군의 이라크 포로 학대 사건으로 입증되었다. 나중에 스탠퍼드 감옥 실험을 바탕으로 만든 영화〈The Expriment〉도 개봉되었다.

2. 루시퍼 이펙트

짐바르도 교수는 악에 대한 잠재성은 모든 인간이 가지고 있으며 사람이 악한 행동을 하는 것은 3가지 이유 때문이라고 주장했다.

첫 번째는, 본래부터 악의 기질을 가지고 있는 사람은 악한 행동을 한다는 것이다.

— 사람들이 생존하기 위해 다른 생물들을 반드시 죽어야 하는 것처럼 악이란 실체는 처음부터 존재하지 않는다. 악이라고 말하는 대부분의 것들은 남의 고통과 불행을 나의 고통과 불행처럼 인식하지 못하는 의식 수준과 나의 욕망을 실현하기 위해 남의 욕망을 희생시키는 의식 수준에서 출발한 것들이라고 나는 생각한다.

영적 성장이란 바로 자신만을 생각하는 의식 수준에서 점차 타인 또는 모든 생물을 생각하는 의식 확장 과정을 말하며, 윤회한 횟수가 적은 미숙한 영은 악한 기질로부터 시작하여 윤회한 횟수가 많은 성장한 영이 선한 기질로 점차 바뀌게 된다는 것이 내가 사후세계와 영계의 여행을 다녀오면서 알게 된 내용이다.

두 번째는, 썩은 사과 상자에 품질 좋은 사과가 담겨 있으면 품질 좋은 사과가 썩게 되듯이, 악한 환경은 악한 행동을 하게 만든다는 것이다.

— 천국과 지옥은 그런 장소를 믿는 사람들이 영계에 만든 장소이자, 믿는 사람들만이 가는 장소이다. 본인 스스로 만들거나 살기를 원한 장소인 천국과 지옥은 본인 스스로가 만든 잘못된 의식 때문에 감옥에 갇힌

아이러니한 상황을 만들었다.

셋째, 법적·경제적·정치적으로 악한 사람들이 만들어 놓은 불투명한 시스템이 악한 행동을 하게 만든다는 것이다.

— 천국과 지옥이라는 의식의 시스템은 장기적인 독재 권력을 탄생시키고 유지시킨 영계에 존재하는 획기적인 제도이다. 다시 말하면 루시퍼 이펙트란 악의 기질을 가진 사람들만이 악한 행위를 하는 것이 아니라, 보통의 평범한 사람들도 특수한 악한 환경 아래에서는 악한 행동을 하게 된다는 것이다.

— 천국을 지키는 천사와 지옥을 지키는 악마는 본래 무지(無知)했지만 선한 존재였다. 그러나 천국과 지옥 시스템이 완전히 구축된 지금 붉은 완장을 차고 다른 타인의 영들을 자신의 노예처럼 지배하는 사악한 존재로 어느새 변질되었다.

영계의 종교 집단 거주지인 천국과 극락 또는 지옥을 지키는 천사와 악마라는 직책을 부여받은 영은 자신이 모시는 신이라는 존재가 만들어 놓은 악한 환경에 자신의 의식이 사로잡혀서, 종교령들이 가르쳐준 내용에 대하여는 어떤 의문도 가지지 않고, 오직 충실하게 주어진 임무를 수행하고 있는, 종교에서 흔히 말하는 신에게 모든 것을 바친 의식이 없는 좀비 같은 맑은 영들이다.

현세계에 태어나 사후세계를 거쳐 영계로 진입할 때까지 보고 배우고 기억하고 있는 사상은 종교령들의 가르침이었으며, 영계

'영적정화소'로 되돌아가지 않는 한 자신이 이전에 수많은 윤회에서 경험했던 기억조차도 되살릴 수 없는 상태다. 그러나 아무리 악한 환경인 교도소에서 근무한다고 해서 죄수들을 정당한 이유 없이 괴롭힌다면, 정식 재판에 회부되어 법의 심판을 받게 되듯이, 자신의 생각이 아닌 단순히 종교령이 시키는 대로 타인 영들을 지배하고 괴롭혔다고 주장하는 맑은 영이라는 신도(信徒) 영들도 영계의 '영적정화소'로 들어가게 되면 잘못한 책임이 결코, 면제되지 않을뿐더러 종교령보다도 더 큰 고통을 받을 수도 있다.

왜냐하면 '영적정화소'에서 영을 정화하는 방법은 악한 일을 시킨 명령을 한 사람보다 직접 악한 일을 행한 사람에게 더 큰 고통을 주기 때문이다.

종교령들이 지배하는 집단 거주지인 천국과 극락, 또는 지옥에 거주하는 신도 영들 또한 주변 정보에 대한 무지(無知)로 인하여 종교(宗教) 집단 거주지를 탈출할 생각을 하지 못하고 있으며, 다른 세력에 의해 갇힌 곳에서 해방되지 않는 한, 그 장소에서 영생(永生)을 살게 될 것이며, 진짜 신들이 수천 년 또는 수만 년에 한 번씩 집단 거주지에 사로잡혀 윤회하지 못하고 있는 영들을 해방시켜 주기 전까지는 자신들이 모시는 신이라 주장하는 영들을 끊임없이 반복적으로 찬양하는 행위로 살아가거나, 그들의 명령을 받은 악마 직책을 가진 영들에게 끊임없는 고통을 받는 노예적 삶을 스스로 선택하여 살게 된다.

그리고 점차 시간이 지나면 악한 환경에 완전히 익숙해져 자신의 생각과 의식을 완전히 잃어버린 좀비가 되고, 결국에는 다른

보통 영들처럼 신이 되어 신계로 되돌아가지 못한 채, 영원한 영
(靈)의 삶인 영생(靈生)을 추구하는 루시퍼 효과가 지금의 영계에
서도 계속되고 있는 슬픈 현실이다.

제34장

귀접(鬼接)

선생님이 나에게 더 알려줄 것도 알려 줄 수도 없으니 당분간 0000 사찰을 방문하지 말라는 이야기를 듣고 집으로 되돌아온 나는 인생 상담을 할 수 있는 사람은 친척 형 밖에 남아 있지 않은 상황이 되었다. 그러나 나의 마음속에는 형이 준 벽조목에 담긴 신에 대한 의구심이 남아 있던 상태였기 때문에 친척 형의 말을 이전처럼 맹신하지는 않았다.

친척 형은 나의 삶에 다시 각종 참견을 시작하였고, 특히 친척 형이 준 벽조목에 담긴 신에 대한 의구심을 해소시키려고 적극적으로 노력하였지만, 오히려 그러한 모습과 노력이 친척 형과 나 사이에 보이지 않는 갈등만 더 키우고 있었다. 갈수록 갈등이 깊어진 친척 형과 나는 자연스럽게 서로 주고받았던 대화도 급격히 줄어들었고, 나에 대한 친척 형의 통제권도 점차 상실되고 있었다.

어느 날 친척 형은 지금으로부터 3일 후 새벽 시간에 강력한 귀신을 물리치기 위한 퇴마 의식을 해야 한다고 말하면서, 자신이 싸움에서 질 것 같아 무섭다고 말했다.

나는 친척 형에게 아직 귀신과 싸워보지도 않았는데 벌써부터 마음속으로 귀신에게 진다는 나약한 생각을 가지고 있으면서 어떻게 형을 따르는 신도들에게 퇴마사라고 주장할 수 있느냐며 핀잔을 주었고, 정말로 무섭다고 생각한다면 퇴마 의식을 하지 않으면 되는 일이라고 반문하였다.

친척 형은 영과 영의 싸움은 한번 시작하면 승부가 나기 전까지는 멈출 수가 없고, 상대방 영이 동의하기 전까지는 싸움을 철회할 수도 없기 때문에 어쩔 수 없이 퇴마 의식을 진행해야 한다고 말했다.

능력 있는 영능력자들은 상대방의 영을 인식할 때 싸움의 결과를 대충 인식하여 알고 있다고 말하면서, 싸움을 할 상대방 영을 자세히 살펴보지 못하고 상대방 영에게 퇴마 의식을 통보한 자신의 실수였다고 말했다.

나는 친척 형이 모시고 있는 신의 힘이 강력하다고 나에게 말했었는데, 형과 영적 싸움인 퇴마를 해야 하는 귀신이 친척 형이 모시는 신보다 힘이 더 세다는 의미냐고 다시 물어보았다.

친척 형은 자신이 모시고 있는 신은 세 분이 있는데, 가장 힘이 센 신은 내가 가지고 있는 벽조목 안에 있고, 한 분은 영계로 공부하러 갔으며, 마지막 한 분은 또 다른 퇴마 의식을 하는 장소에 있기 때문에 친척 형 혼자서 퇴마 의식을 해야 하는 상황이라는 것이다.

나는 친척 형에게 내가 가지고 있는 벽조목을 빌려주겠다고 하였으나, 친척 형은 강력한 신이 나를 선택했기 때문에 아무리 내가 친척 형에게 벽조목을 준다고 하여도, 친척 형의 영적 행위에는 더 이상 참여하지 않을 것이라면서 나의 선의를 정중하게 거절하였다.

그리고 혹시 퇴마 의식을 하러 가는 날, 친척 형이 저녁에 집을 나간 후 새벽까지 돌아오지 않으면, 영과의 싸움에서 패배하여 과거 친척 형은 이미 죽거나 '빙의'되어 완전히 다른 사람이 되었음을 알고 그때부터는 친척 형을 절대로 따르지 말고 즉시 헤어지라고 주장하였다.

그리고 친척 형이 퇴마 의식을 하는 날, 새벽에 친척 형이 되돌아오지도 않았고, 아무런 인기척도 없는데 현관문을 심하게 두드리거나 열리는 소리를 듣게 되면, 영적 싸움에서 친척 형을 이긴 귀신들이 나의 영을 사로잡기 위해 온 것으로 이해하면 된다고 하였다.

이와 같은 상황이 발생하면 방바닥에 큰 원을 그리고 수행자들을 보호하는 신인 부동명왕(不動明王)을 외치라고 하였다.

:: 부동명왕(不動明王)

힌두교 파괴의 신인 시바신이 부처님 법에 귀의하여 부동명왕(不動明王)이 되었고, 대일여래(大日如來)의 사자(使者)로서, 교화가 어려운 흉포한 중생이나 번뇌의 악마를 처벌하고, 밀교(密敎) 수행자들을 보호하는 밀교 5대 명왕 중 한 명이다.

— 시바신 : 처음에 부와 행복, 길조(吉兆)를 의미하는 신(神)에서 나중에 파괴의 신(神)으로 바뀌었다. 지진, 화산, 해일 등 커다란 자연재앙들의 파괴적 모습이 신격화되었다.

― 대일여래(大日如來) : 밀교의 본존(本尊)으로 우리가 눈으로 보는 태양 빛은 낮에만 비추고 밤에는 비추지 않으며, 비춘 곳은 밝아 양이 되고, 비추지 않은 곳은 어두워 음이 되지만, 대일여래(大日如來)의 지혜의 빛은 태양과는 다르게 전우주 어디에서나 두루 비춘다. 부동(不動)과 부동심(不動心)은 상대방과의 대결에서 승리하기 위한 밀교 수행자들의 가장 기본적인 수련으로 어떠한 상황에서도 절대 긴장하거나 흥분하지 않은 자세와 마음을 말하며, 부동명왕도 부동(不動)의 자세와 마음을 가지고 영적 싸움을 한다.

현세 악마를 강력하게 처벌하는 부동명왕의 특징은 현재 가지고 있는 육신으로 부처가 된다는 즉신성불(卽身成佛) 사상과 현세 이익을 추구하는 일본 불교 진언종(眞言宗)과 밀접한 관련이 있다. 또한, 현세계에서 자신의 소망들을 이루려고 하는 밀교 수행자들의 사상과도 일치하여 부동명왕은 밀교 신자들이 최고로 숭배하는 신이 되었다. 구카이 고승이 816년에 창건한 곤고부지는 일본 진언종(眞言宗)의 총본산이다.

친척 형이 나에게 부동명왕을 외치라고 말하는 순간, 나는 친척 형은 현세계 권력과 자신이 원하는 욕망을 달성하기 위한 무가(巫家) 겸 밀교 수행자이며, 형이 모시고 있는 신의 실체는 섬나라 일본에서 온 강력한 힘을 가진 영적 존재라는 것을 알게 되었다.

그리고 예전에 내가 '분신사바' 의식을 행하였을 때 수백만 명 이상의 귀신들이 바다를 건너 나에게로 오고 있다고 친척 형이 말한 이유[상편 17장 최면(催眠)과 분신사바 편 참조]도 비로소 알 것 같았다.

친척 형은 일본에서 이곳으로 건너오고 있다는 귀신들이 나와 인연이 있는 존재들이라고 주장하였으나, 사실은 내 목에 걸려있는 벽조목 안에 들어 있는 신이라는 존재가 일본 지역에 속한 사후세계에서 부리고 있던 부하들인 것이었다. 또한, 최면으로 본 나의 전생 기억인 중국과 조선 그리고 일본 등지에서 환생하여 셀 수 없이 많은 사람들을 죽인 기억들[상편 17장 최면(催眠)과 분신사바 편 참조]마저도 내가 과거에 환생하며 체험한 나의 정보가 아니라 벽조목 안에 살고 있는 신이라고 주장하는 영이 과거에 자신이 체험한 정보를 나의 영에게 투사시켜서 나에게 잘못된 기억을 만들어 준 환영일 뿐이었다.

나는 친척 형에게 나에 대하여는 아무것도 걱정하지 말라고 말했지만, 사실 마음속으로는 새벽에 나를 찾아올 수도 있는 귀신들에 대하여 두려워하는 공포심도 가지고 있었다.

며칠 뒤 나의 적극적인 만류에도 불구하고, 친척 형은 밤 11시에 간단한 복장을 한 후, 다음날 새벽 현관문을 세차게 두드리는 존재가 있어도 결코 문을 절대로 열어주지 말 것과 내 주위에 큰 원을 그린 후 부동명왕을 계속 외치면, 부동명왕이 귀신으로부터 나를 지켜주기 위하여 오실 것이라고 말하고 퇴마 의식을 하러 집을 떠났다.

나는 친척 형이 죽을지도 모른다는 생각으로 잠을 자지 못했고, 컴퓨터를 켜고 네이버에서 부동명왕에 대한 정보를 아주 자세하게 검색하고 있었다. 졸음을 이기지 못하고 두 눈이 저절로 감기고 있던 새벽 3시경 갑자기 열쇠로 잠긴 현관문을 집 밖에서 열려고 시도하는 소리와 함께 쿵쾅쿵쾅거리는 소리도 함께 들리기 시작했다.

나는 그 소리들을 듣고 무서운 공포감을 느꼈지만, 큰 용기를 내어 현관문 앞에 다가가 "누구세요?"라고 연신 물어보았지만, 현관문 밖은 바람 소리도 인기척도 들리지 않은 채 계속해서 쿵쾅쿵쾅 문을 두드리는 큰 소리만 나고 있었다. 즉시 현관문에서 떨어진 거실에 와서 내 주위에 큰 원을 그리는 시늉을 하고 두 손을 모으고 눈을 감은 채, 부동명왕을 끊임없이 외쳤다.

내가 부동명왕을 끊임없이 부르고 있은 지 30분이 지났을 때, 나는 아주 특이한 경험을 하게 되었다. 보통 사람들이 눈을 감게 되면 아무것도 보이지 않는 검은색만 존재하는데, 내가 부동명왕을 30분 정도 끊임없이 부른 후에는, 내가 두 눈을 감았음에도 불구하고 검은색 공간에서 겉은 짙은 검은색이며 안은 강한 황금색 빛을 내고 있는 빛나는 존재가 보이기 시작했다.

나는 두 눈을 감아 머릿속이 깜깜한 상태에서 황금색 빛을 내고 있는 존재가 친척 형이 말한 바로 부동명왕인 것을 인식하고, 강한 빛을 내는 존재에게 싸움에서 친척 형을 이기고 나를 잡기 위해 찾아온 귀신들을 물리쳐 달라고 애원하였다.

나의 애원을 들은 그 빛은 더 강력한 빛으로 내 머릿속에서 반짝반짝 빛을 내고 있었으며, 30분 정도의 시간이 흐르자 현관문에서 쿵쾅쿵쾅거리던 소리는 더 이상 나에게 들리지 않았다.

나는 부동명왕에게 감사하다는 절을 끊임없이 올렸지만 마음 한편으로는 퇴마 의식을 거행하려고 집을 떠난 친척 형이 무척 걱정되어 도저히 잠을 잘 수가 없었다.

그로부터 이틀 뒤 친척 형은 집을 나섰을 때와 똑같은 복장을 입은 채 내가 사는 집으로 되돌아왔지만, 얼굴 모습과 생각하는 의식 상태는 예전과 완전하게 달라져 있었다.

해맑게 웃던 얼굴 모습은 사납고 표독스러운 모습으로 점차 변했고, 청렴하던 생활 태도는 돈과 여자를 밝히는 모습으로 완전하게 변질되어 있었다. 죄책감도 없이 건축하지도 않는 사찰을 건축할 예정이라고 거짓말을 하면서 신도들에게 재물을 강요하기도 했고, 자신이 좋아하는 여자 신도와 단둘이 밤마다 집을 나가기도 했다.

이런 변질된 형의 태도에 격분한 나는 친척 형에게 당장 내 집에서 나가라고 하였지만, 양심을 완전하게 상실한 친척 형은 오히려 적반하장으로 같이 살기 싫은 내가 집을 나가라며 화를 냈다. 친척 형의 말에 더욱 격분한 나는 일주일 뒤 내가 방을 구해 떠나겠다고 최후통첩을 하고, 친척 형이 준 벽조목도 버리고, 친척 형이 방 안에서 신이라고 모시던 탱화도 모두 다 찢어 버리겠다고 선언하였다.

선언을 한 그날 밤 다시 해맑은 모습을 하고 내가 있는 방으로 들어온 친척 형은 퇴마 의식을 행한 후부터 자신의 정신을 자신의 뜻대로 통제하지 못하고 있다고 주장하면서, 재물과 여자를 밝히는 것도 자신이 아닌 자신에게 '빙의'된 영이 하는 행위라고 말해주었다.

그리고 이제는 친척 형은 더 이상 나를 지켜줄 수 없을 것 같다고 말하면서 벽조목 안에 있는 신의 이름은 관성제군(關聖帝君)이라고 알려주면서, 천상계(天上界)에서 강력한 힘을 발휘하는 신이므로 웬만한 보통 귀신들은 나에게 접근조차 하지 못할 것이라고 말했다.

친척 형은 다른 영들에 의해 조금씩 자신의 의식이 잠식되고 있는 상태라서 더 이상 나를 도울 수 없으니, 나를 지켜줄 수 있는 벽조목 안에 거주하는 관성제군에게 나의 몸과 마음 등 모든 것을 맡기고 의지하며 살아가라고 주장하였다.

그리고 관성제군이 거주할 수 있는 또 다른 장소를 마련하여 주겠다고 하면서 탱화를 하나 나에게 건네주었고, 마지막 당부 사항으로는 친척 형의 스승님과 000 이름을 가진 친척 여동생은 절대 만나지 말라고 신신당부하였다.

그리고 친척 형의 희생을 발판으로 삼아 신내림 의식을 행할 때, 내가 말했던 세상 모든 사람들을 위한 신들의 제단을 꼭 완성하라며 두 눈에서 눈물을 글썽거렸다.

친척 형의 이야기를 다 들은 나는 영적 힘이 약해 친척 형을 지켜주지 못하는 미안함과 친척 형의 희생을 결코 헛되게 하지 않겠다는 굳은 다짐을 하고, 친척 형이 준 탱화를 가지고 새로운 집으로 이사했다.

새로운 집으로 이사 간 나는 친척 형을 대신하여 탱화를 방안에 설치하고 매일 아침과 저녁으로 향을 피우고 절을 하게 되었는데, 지금 돌이켜보면 무속인이 자신들의 신을 모시는 행위와 유사했다. 이런 행위를 한 달 정도 지속하는 도중에 나의 의식과 몸이 나의 의지대로 행동하지 않는다는 강력한 느낌을 가지게 되었다.

아침에 일어나면 제일 먼저 나의 의지와는 상관없이 탱화에 그려져 있는 신을 위해 향을 피우고 삼배를 하게 되었고, 저녁에 직장에서 퇴근한 후 집으로 돌아와서도 제일 먼저 향을 피우고 삼배를 하게 되었다.

문제는 이 모든 행동이 내가 원치 않아도 무의식적으로 행하여졌으며, 생각과 의식도 내 마음과 의지대로 할 수 없을 때가 있다는 생각을 가질 정도로 다른 어떤 존재에 의하여 강력하게 통제되고 있었다.

나는 무속인들이 사후세계의 존재하는 영혼들만 보면 손바닥을 비비는 행위와 연신 고개를 끄덕이는 무의식적인 행위가 바로 자신의 정신과 육체를 다른 어떤 존재에 의하여 길들여져 있고 어떤 존재의 통제하에 있기 때문이라고 생각했다.

나는 단호하게 나의 정신과 육체의 통제권을 되찾아오기 위하여 탱화에 있는 신에게 향을 피우거나 삼배의 예를 올리는 행위를 즉시 중단했지만, 처음에는 금단 현상처럼 자꾸만 향을 피우려고 하고 삼배의 예를 올려야겠다는 의식이 저절로 솟구쳤다.

일주일 동안 피나는 정신적 투쟁 결과 나는 탱화에 모셔져 있는 신에게 향을 피우는 행위와 삼배의 예를 올리는 행위는 비로소 멈출 수가 있었지만, 이때부터 내가 전혀 예상하지 못했던 새로운 영적 경험을 하게 되었다.

처음에는 밤마다 귀신들과 전쟁을 치르는 꿈을 꾸게 되어, 아침에 일어나면 육체와 정신이 몹시 피곤하였다. 일정 기간 귀신들과 매일 전쟁을 치르는 꿈을 꾼 후에 어떤 보이지 않는 검은 형체에게 나의 목이 눌리는 '가위눌림' 현상이 찾아왔다.

나의 목을 조르는 검은 형체의 힘의 근원은 기(氣)라는 느꼈지만, 힘이 워낙 강해 나의 목을 조르는 힘을 내가 쉽게 풀 수가 없었다. 매일 검은 형체가 나를 찾아와 목을 조르는 '가위눌림'은 나에게 점차 정신적 고통을 주게 되었고, 나는 '가위눌림' 공포심을 극복하기 위하여 밤마다 내가 잠자는 방 안을 환하게 유지하기 위하여 형광등과 텔레비전을 켜지 않고는 잠자리에 들 수 없는 습관이 생기게 되었다. 그러나 나를 죽이려는 검은 형체는 방안의 밝고 어두운 상태 여부는 전혀 상관하지 않아, 집 안에 형광등과 텔레비전을 켠 상태임에도 불구하고 일정한 새벽 시간이 되면 어김없이 나를 찾아와 내 목을 졸랐다.

매일 밤 나타나는 검은 형체와의 사투로 인하여 정신과 육체가 몹시 피곤해진 나는 이 상태로는 안 되겠다는 생각을 가지고, 내가 믿고 있던 부처님에게 귀신을 물리쳐 달라고 요청하기로 하였다.

새벽에 일어나 우선 부처님의 형상을 그린 후 나에게 매일 밤 찾아와서 '가위눌림'을 하고 있는 검은 형체를 물리쳐 달라고 끊임없이 절을 올리며 기원하였다.

한참을 부처님께 절을 올리며 검은 형체를 물리쳐 달라고 기원드리고 있을 때, 내 옆에서 검은 형체도 나의 행동과 똑같이 부처님께 절을 올리며 무엇인가를 기원하고 있었다.

나는 검은 형체에게 너를 벌하시는 부처님께 너 스스로 벌을 받겠다고 절을 드리고 있는 것이 정말 우습다고 말하자, 검은 형체는 나를 보고 비웃으면서 자신도 현세계에 살아 있을 때 부처님을 믿는 신자였다고 말했다.

사후세계에 남아 있는 영혼들은 종교를 믿지 않고 사망한 사람보다 종교를 믿고 사망한 사람들이 훨씬 많다고 대꾸하면서, 예배당이나 사찰, 굿당이 영혼들로 가득 차 있는 것을 보지 않았냐고 오히려 나에게 핀잔을 주었다. 그리고 현세계에서 사망한 후에도 자신이 믿고 있었던 하나님과 부처님 등 신들을 아직까지 만나보지 못했다고 주장하면서, 신들이 자신과 같은 영혼들을 나의 소원처럼 벌하였다면 귀신들이 어떻게 지금까지 존재하고 있냐고 나에게 따져 물었다.

그리고 자신은 수백 년 동안 현세계에서 살고 있는 사람들을 대상으로 목을 조르는 행위를 반복하는 일을 하여도, 아직까지 한 번도 신에게 벌을 받은 적이 없다고 말했다. 그러나 자신이 믿고 있는 부처님이 언젠가는 자신을 극락으로 데리고 갈 것이라고 믿음만은 아직도 간직하고 있다며, 내 옆에서 다시 부처님께 열심히 절을 올리고 있었다.

검은 형체의 이야기를 듣고 정신적 충격을 받은 나는 친구들과의 싸움을 곰곰이 생각해 보았다. 힘이 센 친구와 힘이 약한 친구가 의견 충돌이 나 싸움을 하게 되었는데, 힘이 약한 친구의 주먹을 맞으면서도 힘이 센 친구가 맞서 싸우는 실질적인 행동은 하지 않고 힘이 약한 친구를 이기게 해 달라고 기도만 하고 있다면, 그 싸움의 최종 결과는 누구나 예측이 가능할 것이다. 맞서 싸우지 않고 기도만 한 힘이 센 친구는 결국에는 힘이 약한 친구에게 계속 얻어맞아 사망하게 될 것이기 때문이다.

나는 부처님께 절을 하던 행위를 즉시 멈추고, 밤마다 나의 목을 조르던 검은 형체에게 우리가 좋아하는 부처님께 자신의 소망을 기원하는 좋은 날이니 오늘만큼은 싸우지 말고 헤어진 후 내일 다시 만나자고 제안했다.

다음날 매일 밤 공포심과 두려움으로 방 안의 모든 불을 켜고 자던 나는, 방안의 형광등과 텔레비전을 모두 끄고 외부의 빛이 방안으로 전혀 들어오지 못하도록 조치하여 검은 형체가 좋아하는 환경을 만든 후 잠자리에 들었다.

다음날 어김없이 나를 찾아온 검은 형체는 어제는 한차례 쉬었으니 오늘은 더 큰 고통을 받으라고 말하면서 내 목을 세게 조르고 있었다. 나는 검은 형체에게 나를 다시 찾아와주어서 반갑다고 대답하면서 '가위눌림'을 당할 때 더 이상 신에게 기원하는 무식한 일을 하지 않겠다고 대답하고 내 목을 조르고 있던 검은 형체의 손가락을 계속해서 찾아보았다.

검은 형체의 손가락이 나의 손에 잡히자 나는 젖먹던 힘을 다해서 검은 형체의 기(氣)로 구성된 손가락을 찢으려고 내 정신의 힘과 육체의 힘을 모두 동원했다. 5분 정도의 시간이 흐르자 나의 손에 잡힌 기(氣)로 구성된 검은 형체의 손가락은 찢기기 시작하였고, 검은 형체는 고통스러운 비명을 지르고 있었다.

육체의 물리적 힘과 정신의 비물리적 힘을 동시에 가지고 있는 현세계에 살고 있는 사람의 힘은 비물리적 힘만 가지고 있는 사후세계에 존재하는 영혼의 힘보다 센 것은 당연한 것이다.

이 사실을 깨닫지 못하고 보이지 않는다는 이유만으로 공포심과 두려운 마음을 가지고 신이나 퇴마사, 종교가, 무속인 또는 영능력자에게 의지한들 근본적으로 해결될 수 있는 문제가 아니며, 그들이 훈계하는 교훈으로 잠시 물러나는 행위도 일시적인 행위일 뿐, 근본적인 해결책이 될 수 없다.

현세계에 살고 있는 힘이 센 사람이 사후세계에 존재하는 힘이 약한 영혼과 싸움이 붙게 되었는데, 사후세계에 존재하는 힘이 약한 영혼이 휘두르는 주먹을 현세계에 살고 있는 힘이 센 사람이 맞고 있으면서도, 맞서 싸우지 않고 훈계하는 말만 하거나 신께 도와달라고 애원하는 기도만 하고 있다면 얼마나 웃긴 일인가?

신께 기원한다고 혹은 좋은 종교적 말씀을 읽어준다고 '가위눌림' 현상이 그 후에는 완전하게 사라졌던가? 아니면 일정 기간이 지나면 다시 반복되었던가?

경험했던 사람들에게 자세하게 물어보기 바란다.

한 달 동안 나를 밤마다 찾아와 공포심과 두려움을 준 검은 형체는 기(氣)로 구성된 손가락이 완전히 찢겨 나간 후에는 더 이상 나를 찾아오지 않았다.

나 또한 '가위눌림'을 하는 검은 형체를 만나야 한다는 두려움과 공포심은 마음에서 완전하게 사라지게 되었고, 오히려 또다시 '가위눌림' 행위를 하는 또 다른 검은 형체들이 나를 다시 찾아오기를 희망하면서 방 안에 있는 모든 불을 끄고 편안한 마음으로 잠자리에 들게 되었다.

사후세계에 존재하는 영혼들의 기(氣)를 찢어 버리는 행위는 에어캡에 있는 공기 방울을 터뜨리는 것처럼 중독성을 가질 정도로 재미있는 행위였기 때문이다.

그 사건 이후로는 당연히 그동안 '가위눌림'으로 발생했던 불면증은 완전히 사라지고 깊은 수면을 하게 되었다. 2주일이 지난 후부터는 예쁘다고 느껴지는 검은 형체의 여자아이가 밤마다 나를 찾아와 나의 품속에 안겼고, 사람에게 느껴지는 따뜻한 기온은 전혀 없었지만 예쁜 여자아이를 품고 있다는 느낌은 내가 인식할 수 있었다.

나는 여자아이를 내 품에 안고 있는 느낌이 좋아서 매일 밤 놀러오라고 권유했고, 언제 사망했는지, 사망한 이유는 무엇인지 그리고 지금은 사후세계에서 무슨 일을 하고 있는지를 물어보면서 재미있게 밤을 같이 보내고 있었다.

며칠 동안 매일 밤 나를 찾아와서 내 품속에서 안겨 놀던 여자아이는 사후세계에서 자신과 같이 거주하고 있는 할아버지와 많은 어른들이 계속해서 매일 밤 나의 품속에서 놀고 있으면 나중에 무서운 신들로부터 무시무시한 신벌을 받게 될 것이라고 주장하면서 잘못 찾아온 이곳을 이제는 떠나야 한다고 말했다. 나는 내 품속에서 안겨 있던 여자아이가 무속인들이 모시고 있는 신이라고 주장하는 영혼들과 함께 살고 있는 동자신(童子神)임을 알고 있었기에 내가 사망한 후에 다시 만나자고 말했다.

동자신은 영계에서 만나게 되면, 내가 무속인들의 무리들을 인정사정 보지 않고 가혹하게 처벌하는 존재라고 말하면서 영계에서도 다시 보고 싶지 않다고 말했다. 나는 여자아이에게 주변에 예쁘고 괜찮은 여자를 소개하고 떠나면 너에게만큼은 가혹한 처벌을 면제하여 줄 수 있다고 말하자, 할아버지를 비롯하여 자신들의 무리 전체를 형벌에서 면제하여 달라고 요청하였다.

나는 동자신은 형벌을 면제하여 주지만, 나머지 무리들은 형벌을 감액하여 주겠다고 대답하였고, 동자신은 고맙다는 답례로 예쁘게 생긴 두 명의 여자를 소개하여 주겠다고 대답했다. 그리고 자신은 현세계 사람들의 길흉화복을 알려주는 점사 보는 일을 하게 될 것이라고 말하고, 더 이상 현세계에서 자신과의 만남은 없을 것이라고 말하고 떠났다.

다음날 밤부터 형체는 없지만 예쁘게 생겼다는 느낌을 가지게 하는 검은 형체를 한 성인 여자 두 명이 나를 찾아오기 시작했다. 그 여자들은 처음부터 부끄러움도 없었으며, 첫날부터 내 입술에 뽀뽀를 하였는데 따뜻한 기온은 전혀 없었지만, 나의 입술과 여자들의 입술이 차갑게 접촉하고 있다는 사실만은 확실하게 느꼈다.

그다음 날에는 여자들이 내 입술을 벌리고 키스를 하기 시작했는데, 사후세계에 존재하는 여자들의 영혼의 입 속에서 나오는 차가운 기운이 내 입속으로 들어오는 특이한 느낌이 들었지만 나의 기분은 매우 좋았다.

〈천녀유혼〉이라는 영화를 보면 알 수 있다. 귀신의 입에서 나오는 차가운 기(氣)가 바로 사후세계에 존재하는 영혼이 현세계에 살고 있는 사람들과 교류할 때 나오는 차가운 기(氣)이며 귀접할 때도 마찬가지로 차가운 기(氣)가 나온다.

키스를 한 후부터는 여자들의 영혼은 내 성기를 만지고 놀았고, 나도 여자들의 가슴과 성기를 만지고 놀았는데 따뜻한 기온만 없을 뿐 느끼는 쾌락은 현세계의 사람들과 같거나 더 좋았다. 현세계의 사람들과 관계에서 차이점이 있다면, 내가 원하는 생각을 사후세계 영혼들이 모두 다 읽어 버리고, 내가 원하는 모습으로 변하여 유혹하거나 애무 행위를 한다는 사실이다. 또다시 며칠이 지난 뒤, 서로 애무하고 놀던 나는 여자들의 영혼과 성교를 하는 귀접(鬼接)을 처음 경험하게 되었다.

현세계에서는 사람들이 성교를 할 때, 남녀 성기들이 부딪치는 마찰력으로 쾌감을 느끼고 삽입의 행위로 진행되지만, 사후세계의 영혼과 성교를 할 때는 사후세계 영혼이 가지고 있는 성기의 기운(사람들이 담배를 피울 때 나오는 동그란 하얀 연기와 흡사하지만, 온도는 매우 차갑다)을 느끼고 사람의 성기를 사후세계 영혼의 성기가 감싸는 형식으로 성교가 진행된다.

커다란 차이점이 있다면 현세계 사람들과 성교를 할 때에는 따뜻한 기온을 느끼는 반면에, 사후세계 영혼들과 성교를 할 때는 영혼을 만져볼 때 아무런 기온을 느끼지 못하는 것과는 다르게 엄청 차갑고 시원한 기운을 느낀다고 사실이다(미간 차크라나 두정 차크라가 열릴 때도 마찬가지로 바람이 전혀 없고 태양이 내리쬐는 뜨거운 날씨임에도 두뇌는 시원하고 엄청 차가움을 느낀다).

사후세계에 존재하는 영혼과의 귀접은 내가 원하는 생각을 사후세계의 영혼들이 읽고 정신적·육체적으로 내가 원하는 생각대로 모두 충족하여 주기 때문에 현세계에서의 성교 행위보다 만족감과 쾌감이 훨씬 높다. 그러나 사후세계 영혼들과 성교가 끝난 후에는 나의 기(氣)가 많이 방출되어 정신과 육체 모두 극심한 피로감이 찾아왔고, 나의 영적 기운도 상당히 약해지고 있음을 느끼게 되었다.

그러나 게임에 중독된 아이들처럼 나 자신에게 엄청나게 좋지 않은 영향을 주고 있다는 사실을 알면서도, 사후세계 영혼들과 성교에서 느껴지는 만족감과 쾌감 때문에 귀접에서 쉽사리 벗어나지 못하였고, 항상 피곤했던 정신과 육체 상태는 나의 직장 생활에도 점차 큰 위협이 되고 있었다.

나는 정신과 육체가 병이 들 것 같다며 사후세계 영혼들과의 관계를 끊겠다고 선언하자, 사후세계 영혼들이 처음에는 달콤한 유혹의 말과 섹시한 행동을 취하고 때로는 울면서 애원하여, 나의 결심을 무너뜨리기 위해 나름대로 여러 가지 노력을 시도하였다.

여러 가지 노력에도 불구하고 나의 결심이 확고하여 흔들리지 않자, 나중에는 매일 밤 나를 찾아와 나의 목을 조르거나 내 몸을 차는 등의 폭력을 휘두르며 강력하게 반발하기 시작했다.

사후세계에 거주하는 영혼들의 본성은 사악하다는 사실을 다시 한 번 느낀 나는 사후세계 영혼들과 전쟁을 하여, 사후세계 영혼들의 손가락들을 모두 잡아서 찢어 버린 후에야 겨우 내 집에서 쫓아낼 수 있었고, 귀접에서도 벗어날 수 있었다. 귀접에서 벗어난 후 잠을 자기 위해 두 눈을 감으면, 검은색 공간에서 황금색 빛을 내고 있는 존재인 관성제군(關聖帝君)이라고 불리는 신이라는 영혼이 내 두뇌 안에서 나타나 반짝반짝 빛을 내고 있는 것이 선명하게 다시 보이기 시작했다.

귀접(鬼接)

에피소드 1 : '가위눌림' 현상에 대한 일반적인 사람들의 생각

사람들은 '가위눌림' 현상을 의학계에서 주장하는 것처럼, 수면 중 의식이 있는 상태에서 신체를 움직일 수 없는 수면마비 증세의 일종인 수면 장애 현상으로 보고 있다.

사람들은 누구나 잠을 자면서 꿈을 꾸게 되지만, 깊이 잠이 들어 숙면을 취하는 있는 '비렘수면(non-REM sleep)'에는 자신이 꾼 꿈을 기억하지 못하고, 뇌가 깨어 있는 상태로 잠이 든 '렘수면(REM sleep)'일 때는 여러 가지 꿈을 기억하게 된다고 말한다.

불규칙한 생활, 수면 부족, 과로 및 스트레스 등이 심하면 의식의 각성이 불완전하여 뇌는 깨어 있으나 신체는 미각성 상태인 증상이 나타나는데 바로 그 현상이 '렘수면'에 발생하는 '수면마비(sleep paralysis)라는 주장이다.

에피소드 2 : '가위눌림' 현상에 대한 의학계 주장에 대한 나의 반문

'가위눌림'은 '렘수면' 중에 나타날 수 있는 꿈의 한 종류라고 의학계에서 주장하지만, 꿈은 영화를 보는 것처럼 사람들에게 직접적인 의식의 감각과 체험의 느낌을 주지 않는다. 하지만 '가위눌림' 현상은 누군가 나를 쳐다보는 것 같은 느낌도 들고, 나를 목조르고 있는 영혼의 신체를 직접 만질 수도 있으며, 사람들의 의식이 진짜 아픔을 느끼는 등 의식의 감각과 신체의 체험이 직접적으로 전달되기 때문에 꿈과는 차원이 전혀 다른 것이다.

물론 일부 의사들의 말처럼 '가위눌림' 현상이 '수면 장애'의 일종인 '수면마비'로 발생할 수도 있지만, 모든 '가위눌림' 현상이 '수면 장애'인 것처럼 마치 한가지 원인이 전체 모든 것의 원인인 듯 왜곡하여 주장하는 것은 사람 잡는 선무당의 행위와 비슷하다고 생각한다.

예를 들면, 누구나 혈액이 통하지 않도록 팔을 누르고 있으면 팔저림 현상을 경험하게 되는데, 모든 팔저림 현상이 팔을 누르는 행위로만 발생하는 것이 아니라 질병에 의해서도 발생할 수 있다는 사실을 알지 못한 채, 모든 팔저림 현상은 팔을 누르는 행위로만 발생한다고 주장하는 것과 마찬가지다.

이와 같은 사실은 모든 '가위눌림' 현상이 '수면마비'로 발생하지 않는다는 것을 말해준다. '가위눌림'이 발생하는 여러 가지 원인들을 살펴보지 않는 것은 당연히 잘못된 것이며, 여러 가지 원인으로 '가위눌림' 현상이 발생하겠지만 나는 사후세계에 존재하는 영혼에 의하여 발생하는 '가위눌림' 현상만 다루어 보겠다.

에피소드 3 : 사후세계에 존재하는 영혼들이 현세계에 살고 있는 사람들의 영을 침입하는 순서

현세계에 살고 있는 사람들이 사후세계에 존재하는 영혼들의 침입을 받게 되면 다음과 같은 현상을 겪는다.

우선 첫 번째는 귀신을 만나는 꿈을 자주 꾸게 된다.

두 번째는 '가위눌림' 현상을 경험하게 된다.

세 번째는 '귀접'의 경험을 하게 된다.

네 번째는 나의 의식과 몸을 내 스스로 통제할 수 없는 '빙의' 상태를 경험하게 된다.

현세계에 살고 있는 동물들의 수면 시간들은 모두 다르지만, 보통 사람들의 경우에는 18시간은 육체적 활동을 하고, 6시간은 육체를 쉬게 하는 활동인 잠을 자게 된다.

책의 후반부에 인류의 초창기 시대인 권력의 태양 시대에서 일어난 사후세계의 확장에 관한 글을 읽게 되면 충분히 이해하리라고 생각되지만 우선은 간단하게 설명하겠다.

현세계와 사후세계는 영계와 차원이 다른 장벽이 존재하지만, 현세계와 사후세계는 같이 공존하는 차원이 같은 세계이며 장벽도 전혀 존재하지 않는다. 영이 영체인 육체 안에 있는 상태가 현세계이며, 영이 영체인 육체 밖을 나간 상태가 사후세계이기 때문에, 육체를 가지고 활동하는 시간인 18시간 동안은 영이 현세계에서 지식과 경험을 통하여 정보를 습득하고 있으며, 잠을 자는 6시간은 영이 사후세계에서 지식과 경험을 통하여 사후세계의

정보를 습득하고 있다.

사람들이 잠을 자게 되면, 육체를 운영할 수 있는 최소한의 기운만을 남겨두고, 영은 육체를 빠져나와 사후세계를 경험하게 되는데, 의학계에서는 이때의 시간을 '비렘수면' 상태로 부르는 것 같다.

육체에서 빠져나가 사후세계에서 활동하던 영이 자신에게 필요한 지식과 경험을 축적한 정보를 영 안의 생기 속에 저장하게 되고, 정보를 저장하는 과정이 사람들은 꿈을 꾼다고 말한다. 물론 의학계에서는 이때의 시간을 '렘수면'으로 부르는 것 같다.

꿈은 영이 사후세계를 직접 경험한 것을 저장하는 과정이기 때문에, 영화처럼 현상을 보는 것처럼 인식하여 마음이나 신체가 느끼는 행복과 고통이라는 촉각으로 전달되는 느낌은 직접 받을 수 없지만, 공포감 등 시각적으로 전달되는 느낌은 직접 받을 수 있다.

꿈을 꾸는 과정에서 무서운 귀신을 만나 공포감을 느낄 수는 있지만, 무서운 귀신에게 맞았다고 신체가 아프다고 느끼지 않는 이유는 꿈이라는 것은 사후세계를 이미 체험한 사항을 영 안에 있는 생기 속에 저장하는 과정이기 때문이다.

에피소드 4 : 꿈, 가위눌림, 귀접, 빙의의 발생 원인

사람들의 영은 사후세계의 정보를 습득하기 위하여 영체인 육체를 벗어나는 행위인 잠을 잘 때, 남겨진 육체의 운영과 외부의 영혼으로부터 지켜낼 수 있는 최소한의 기운만을 육체에 남겨 놓고 떠난다.

현세계와 경계가 없이 공존하고 있는 사후세계에 존재하는 영혼들은 항상 현세계에 살고 있는 영체인 사람들의 육체를 소유하고 싶어 하며 틈틈이 기회를 엿보고 있다. 사후세계에 존재하는 영혼들이 침투하기 쉬운 현세계에 살고 있는 육체는 크게 두 가지로 볼 수 있다.

첫 번째는 사후세계에 존재하는 외부 영혼들의 침입을 막고 있는 육체를 보호하는 외부막에 구멍이 많거나 열려 있는 사람들이다(육체를 보호하는 외부막을 여는 행위를 차크라를 연다고 표현하며, 영적 힘을 갖추지 못한 채 무조건 차크라를 여는 사람들이 평생 '빙의'로 고생하는 이유이다).

영능력자들은 이들을 보통 신가물이라고 부르고 있으며, 육체를 보호하는 외부막에 구멍이 많거나 열려 있기 때문에 이들의 장점은 자신을 둘러싼 주변의 기운을 잘 읽어내어 급변하는 상황에 대응하는 대처 능력이 뛰어나며 감이 좋다는 점이다.

이들의 단점은 외부막에 뚫린 구멍이나 열린 구멍으로 사후세계에 존재하는 영혼들에 의해서 자주 침입을 당한다는 점이다.

두 번째는 불규칙한 생활, 수면 부족, 과로 및 스트레스 등으로 인하여 기운이 쇠약해져 사람들의 영이 사후세계의 정보를 습득하기 위하여 육체를 벗어나는 잠을 잘 때, 외부 영혼의 침입을 막기 위한 육체 보호막에 남겨 놓았던 기운이 많이 부족할 때이다.

현세계에 살고 있는 사람들의 영이, 현세계의 영체인 자신의 육체를 남겨놓고 사후세계를 여행하고 있을 때에 사후세계에 존재하는 영혼이 현세계의 영체인 육체를 장악하기 위하여 침입을 하게 되면, 육체는 사후세계를 경험하고 있는 현세계에 살고 있는 영에게 즉시 귀환하라는 신호를 보낸다. 귀환 신호를 받고 돌아오는 과정에 사후세계의 영혼과 마주쳐 싸움을 하게 되는 내용이 바로 꿈이다.

비록 사후세계에 존재하는 영혼보다 힘이 약해 싸움에서 지게 된 현세계에 살고 있는 영은 즉시 자신의 육체로 귀환하게 되면서, 자신의 육체를 침입한 상황이 중요한 정보라고 인식하여 영 안의 생기 속에 중요한 정보라고 생각하는 내용을 저장하면서 잠을 깨는데 사람들은 그것을 악몽(惡夢)이라고 부르고 있다.

현세계에 살고 있는 사람들의 영이 영체인 육체를 남겨놓고 사후세계를 여행하고 있을 때, 사후세계에 존재하는 영혼이 침입하여 현세계의 영이 자신의 육체로 귀환하기도 전에 정신과 육체를 먼저 장악한 상태라면 '가위눌림' 현상이 나타나게 된다.

자신의 신체에 다시 되돌아온 현세계의 영은 사후세계에 존재하는 영혼에게 빼앗긴 의식과 신체의 통제권 중에서 제일 먼저 의식의 통제권을 되찾아 온다.

의식의 통제권을 되찾은 순간 현세계의 영은 '가위눌림' 현상을 경험하게 되는데 통제권의 회복으로 의식은 깨어났지만, 아직 신체의 통제권을 사후세계에 존재하는 영혼에게서 찾아오지 못했기 때문이다.

현세계 영은 사후세계 영혼과 다투는 동시에 통제권을 회복한 의식에게 통제권을 되찾기 위하여 신체를 움직이라는 신호를 계속 보내려고 명령한다.

의식 통제권을 빼앗긴 사후세계 영혼은 신체 통제권을 상실하지 않기 위하여 다급한 행동인 머리와 신체로 구분되는 경계선인 목을 조르는 행위를 하게 되는데, 의식의 명령이 신체에 도달되는 것을 막아보려는 최후의 발악이다.

마침내 현세계 영이 육체의 통제권을 완전히 회복하게 되면, 육체 안의 기(氣)들이 다시 활력을 되찾게 되어 사후세계 영혼에게 큰 타격을 줄 수 있기 때문에, 사후세계 영혼은 한때 장악했었던 육체를 즉시 벗어나 사후세계로 되돌아간 뒤 다음 기회를 다시 노리게 된다. 사후세계 영혼이 현세계 영이 가지고 있던 의식과 육체의 통제권의 일부 장악하는 데 성공했다고 하면 '귀접' 현상이 나타난다.

사후세계 영혼이 의식과 육체의 통제권을 일부 장악하였기 때문에 마음먹은 대로 현세계에 살고 있는 영의 신체에 수시로 침입할 수 있어, 현세계 영이 육체를 벗어나는 행위인 잠을 자는 행위 여부와 관계없이 전혀 방해받지 않는다.

귀접은 차가운 사후세계 영혼의 기운을 따뜻한 신체에 전달하는 행위로, 현세계에 살고 있는 사람들의 의식과 신체가 사후세계에 존재하는 영혼의 기운인 차가운 기운에 맞출 수 있도록 적응시키는 행위이다.

귀접을 통해 사람들의 의식과 신체가 차가운 기운에 적응될수록 따뜻한 빛을 싫어하고 음침한 어둠을 좋아하게 되는데, 현세계에 살고 있는 사람의 영과 사후세계에 거주하는 영혼의 기운이 혼재하여 함께 육체를 공유하고 있기 때문이다.

귀접하는 단계는 현세계에 살고 있는 영이 의식과 육체의 통제권을 완전히 상실하게 되는 '빙의'로 진행되는 신호이므로 심각하게 생각해야 한다. 귀접 현상을 경험하였다면, 사후세계 영혼들이 좋아하는 공포심을 가지지 말고, 나처럼 사후세계 영혼들의 기운을 찢어버리기 제일 쉬운 손가락을 찾도록 노력하고, 손가락을 찾아 잡게 되면 즉시 온 힘을 다해 찢어버려라. 그리고 항상 육체의 물리적인 힘과 비물질적인 힘을 가진 사람들의 영이 비물질적인 힘만 가진 사후세계 영혼보다 힘이 세다는 생각을 가지고, 귀접에서 느끼는 쾌락은 현세계 삶을 다 마치고도 언제든지 경험할 수 있는 행위이지만, 현세계의 경험은 신체를 가지고 있을 때에만 가능함을 인식하고, 지금 이 순간은 현세계의 삶에 충실하자는 생각을 가지고 있기를 진심으로 바란다.

마지막 단계는 사후세계 영혼들에 의하여 의식과 육체의 통제권을 모두 상실한 빙의 현상이 있는데, 본인의 강력한 의지만이 통제권을 다시 찾아올 수 있지만, 본인의 의지가 약하다면 빙의로부터 회복될 가능성은 희박하다고 볼 수 있다.

에피소드 5 : 수면마비와 가위눌림의 차이점
수면마비는 심한 스트레스나 잠이 부족한 사람들의 생활습관에서 발생하고, 육체의 직접적인 체험과 고통을 수반하지 않는다. 반면 가위눌림은 스트레스가 없고 수면이 부족하지 않은 건강한 사람에게도 발생하며, 육체의 직접적인 체험과 고통을 함께 경험하고 있다.

에피소드 6 : 귀접과 꿈(몽정)의 차이점

꿈은 관객이 눈으로 영화를 감상하는 것과 비슷한 간접 체험 형식으로 경험하게 되지만, 귀접은 피부가 닿는 감촉의 느낌, 성행위를 할 때의 쾌락 등 직접 체험 형식으로 경험하게 된다.

실제 성행위는 피부의 접촉에서 느끼는 촉감을 몸의 기(氣)를 통해 영에게 전달하는 간접적인 방식이지만, 귀접은 현세계 영과 사후세계 영혼의 기(氣)를 직접 전달하는 방식으로 전달받는 느낌이 훨씬 강렬하다.

몽정(꿈)은 약간의 죄책감이 발생할 수는 있지만, 대부분은 긍정적인 쾌감을 느끼며 원하지 않으면 하지 않아도 되는 조절력이 생긴다.

귀접은 성행위를 할 때만 강렬한 쾌락을 느끼고, 소름과 공포감 그리고 두려움 등 부정적인 느낌이나 고통을 수반하게 되는데 매운 고추를 먹었을 때처럼 먹을 당시에는 약간의 쾌감을 느낄 수 있으나 먹고 난 후 약간의 시간이 흐르면 엄청난 고통을 받는 것과 비슷하다. 그러나 더 나쁜 것은 쾌락 뒤의 고통의 느낌이 오히려 자극제가 되어 좀처럼 벗어나기 어렵다는 사실이다.

에피소드 7 : 귀접과 빙의의 차이점

귀접은 사후세계에 거주하는 영혼이 현세계에 살고 있는 영의 신체와 기를 공유하여 의식과 신체를 자신의 통제하여 두기 위한 행위이다.

귀접 현상은 의사들의 말처럼 당사자가 성적으로 문란하거나 성적인 집착 등의 문제로 발생하는 것이 아니라, 불규칙한 생활 및 수면 부족 그리고 스트레스 등으로 사후세계에 존재하는 영혼의 침입을 막기 위해 육신을 보호하고 있는 보호막의 기(氣)기가 허하거나 차크라가 많이 열린 상태(보호막에 구멍이 많이 뚫리거나 열어버린 상태)로 영능력자들이 신가물이라고 부르는 사람들에게 나타나는 현상이므로 죄책감을 가질 필요가 전혀 없다.

빙의는 사후세계에 거주하는 영혼이 사람들의 몸 안으로 들어오는 경우를 말하는데, 귀신들림 또는 귀신이 씌었다고 표현된다. 빙의령은 대부분 조상이거나 나와 인연이 있는 존재로, 무당과 일반 사람의 빙의로 구분된다.

무당의 빙의는 짧은 시간에 이루어지고 없어진다는 특징이 있는데, 무당이 모시는 신이라고 주장하는 영혼이 사창가의 포주가 남자들에게 자신이 소유한 여자를 대여하는 것처럼, 사후세계에 존재하는 수많은 영혼들에게 대접받기 위하여, 자신의 노예인 무당의 육체를 잠시 동안 수시로 대여하는 행위를 하기 때문이다.

무당은 자신이 원하지 않아도 빙의가 되어야 하기 때문에, 사후세계의 영혼들이 무당을 선택할 때에는 능동적인 남자보다 수동적인 여자를 더 선호한다. 모든 남자가 능동적이고 모든 여자가 수동적이라는 뜻을 의미하는 것이 아니라 보편적인 성향을 의미하는 것이다. 보편적인 여자들보다 더 가정적인 남자도 있지만, 보편적으로 여자들의 성향이 남자들의 성향보다는 더 가정적이다.

상대방의 의견을 제시하고 수용하는 경향은 남녀 모두 개별적인 차이가 있겠지만, 아직도 남자들은 여자들보다는 의견을 제시하는 성향을 가지고 있고 여자들은 제시된 의견을 수용하는 성향을 가지고 있다. 나는 의견을 제시하는 성향을 능동으로 의견을 수용하는 성향을 수동으로 표현한 것이다.

무당의 신체가 노후화되어 사후세계에 존재하는 영혼들에게 더 대여하기 어렵게 되면, 무당이 모시는 신이라고 주장하는 영혼은 다른 빙의자를 찾아 떠나지만, 일반 사람에게 빙의한 사후세계 영혼은 퇴치를 당하기 전까지는 일반 사람이 죽음을 맞이할 때까지 스스로 떠나지 않는다.

에피소드 8 : 귀접에 대한 추가적인 내용

귀접을 할 때 처음에는 사후세계에 존재하는 영혼의 전체적인 윤곽만 알 수 있지만, 점차 귀접의 횟수가 증가하면 사후세계에 존재하는 영혼이 가지고 있는 신체의 중요한 부분들도 확실하게 구분이 가능하며, 대화뿐만 아니라 상대방의 생각까지도 읽게 되고, 심지어 원하는 형태로 모습을 변형할 수도 있다. 귀접은 기(氣)와 기(氣)가 결합된 혼용 상태이기 때문에 뚜렷한 형체를 볼 수 있을 뿐만 아니라 자신이 원하는 상대로 변화할 수 있는 것이다.

귀접을 하는 기간이 오래될수록 기(氣)를 빨리는 느낌이 들며,

기(氣)가 점차 약화되어 영의 힘이 위축되기 때문에, 공포심과 두려움을 자연스럽게 느끼게 되어 어두운 상태에서는 잠을 잘 수 없는 지경까지 이르게 된다. 귀접을 경험하는 사람들은 대부분이 혼자 사는 사람들인데, 사후세계 영혼도 매일 밤 부담 없이 찾아갈 수 있는 혼자 사는 사람들을 선호하기 때문이다.

귀접이 지속될수록 다른 이성에게 관심이 없어지고 육체의 기(氣)가 약해져 다른 영혼들의 침입을 더 쉽게 받을 수 있는 피폐한 상태가 된다.

오랜 기간 귀접으로 인하여 기(氣)가 약해진 상태가 되면, 주변의 여러 귀신들이 몰려와서 윤간(輪姦)을 하게 되는데, 윤간을 당하는 상황까지 몰리게 되면 쾌락뿐만 아니라 고통도 함께 수반되기 시작하며 온전한 정신을 유지하기가 어렵다. 또한, 차가운 사후세계에 거주하는 영혼의 기운으로 인하여 육체를 운영할 수 있는 따뜻한 기온은 점차 낮아지게 되면서 육체가 점차 망가져 생명이 급속도로 단축된다.

귀접은 뇌와 마음의 병이라고 주장하면서 두려워할 필요가 없다고 말하는 사람들은 귀접을 직접 경험하지도 않았으며, 진짜 원인을 알려고 탐구하려는 의지도 없는 문헌으로만 배운 어리석은 사람의 잘못된 주장이라고 나는 생각한다. 귀접은 경험할 필요가 없는 절대악의 행위일 뿐이다.

제35장

점사(占辭)와 예언(豫言)

강렬한 빛을 내고 있는 관성제군(關聖帝君)이라고 불리는 신이라고 주장하는 영혼의 존재가 내 두뇌 속에서 황금색의 빛을 내며 더욱 선명하게 보일수록, 나는 내 의식과 육체를 통제할 수 있는 힘을 점차 상실하고 있었다.

처음에는 내가 생각하거나 의식하지 않았던 장면들이 갑자기 내 머릿속에서 떠오르는 현상과 다시 생각하고 싶은 기억을 방해받는 현상이 나타나기도 하는 등 일시적으로 정신이 마비되는 증세를 겪기도 하였다. 나중에는 몸마저 내 의지대로 통제가 되지 않게 되자, 내가 원하지 않는 행위인 탱화에 그려진 신이라는 영혼을 위해 향을 피우고 삼배의 예를 올리는 행위를 다시 시작하게 되었다.

나에게 일어나고 있는 이러한 좋지 않은 현상에도 불구하고, 나의 목에 걸려 있는 벽조목 안에 거주하던 관성제군이라고 불리고 있는 신이라는 영혼의 존재가 세상 모든 사람들을 위해 큰 역할을 담당할 것이라는 굳은 믿음을 간직한 채, 나는 온갖 어려움을 참고 견디면서 생활하고 있었다. 무속인들과 종교가, 그리고 영능력자들 모두는 아마도 그 시절의 나처럼 자신의 주변에 있는 다른 신이나 경전 또는 훌륭한 인품을 가진 사람들의 이야기를 두루 접하지 않고, 오직 자신이 믿고 있거나 모시고 있는 신만이 최고의 신이라고 생각하면서 살고 있을 것이다.

그때 친척 형이 나에게 절대로 만나지 말라던 000 이름을 가진 친척 여동생(중편 34장 귀접 편 참조)은 지금 나에게 시급한 일들이 발생하고 있다고 알려주면서 나와의 만남을 제안하였다.

나는 000 이름을 가진 친척 여동생을 절대 만나지 말라던 친척 형이 말한 당부의 말이 생각났지만, 점차 내 스스로의 의지로는 나의 의식과 몸을 통제하기가 매우 힘든 원인을 알고 싶었기 때문에 친척 여동생의 제안을 수락하였다.

나를 만난 여동생은 다짜고짜 내가 현재 귀신에게 빙의된 상태이니 퇴마 의식을 거행해야 한다고 말했다. 그리고 지금 퇴마하지 않으면 이번 삶은 빙의된 채로 평생 동안 괴로운 경험을 하면서 살아가야 한다고 주장하면서, 무조건 자신의 말만 믿고 따르라고 주장하였다.

나는 친척 여동생에게 나에게 빙의한 귀신이 누구인지를 물어보았고, 친척 여동생은 우리 집안의 조상령과는 전혀 상관이 없는 일본에서 건너온 강력한 영적 힘을 가진 신령이라고 대답했다. 또한 내가 목에 걸고 있는 벽조목과 집에 걸어 둔 탱화는 나를 빙의한 영혼이 거주하는 집이라고 말해 주었다.

친척 여동생의 말을 들은 나는 일전에 0000 사찰에 계시는 선생님이 나에게 말한(중편 29장 성유물 편 참조) 영이 담겨 있는 벽조목을 내가 오랫동안 지니고 있으면, 벽조목의 영과 내 영의 기(氣)가 합쳐지게 되어 강력한 무가(巫歌)로 탄생한다는 말이 생각났다.

나는 친척 여동생에게 친척 형과 동거하기 전부터 동거를 끝냈던 상황들을 전반적으로 이야기해주면서, 무슨 이유 때문에 형이 나에게 벽조목 안에 있는 신이라는 영혼을 모시도록 한 것인지를 물어보았다.

친척 여동생은 나에게 영이 육체 안에 있는 세계가 현세계이고, 육체를 벗어나 있는 세계가 사후세계라고 말하면서, 현세계와 사후세계는 사실상 동일한 세계라고 말했다.

현세계에서도 각 국가나 민족마다 영토 분쟁을 하여 영토를 확장하는 것처럼, 사후세계에서도 영혼들마다 자신들을 따르는 영혼들을 모아 다른 영혼들과 전쟁을 하여 자신들이 지배할 영토를 확장하는 행위를 하고 있다고 말했다.

그런 연유로 인류의 초창기에는 민족마다 후손들이 각기 자기 조상령들을 믿었으며, 사후세계에서 후손들이 믿고 있던 조상령들을 지배하고 보호해주는 신이 바로 민족신이라는 것이다.

사후세계에서 민족신들과의 전쟁에서 패배하게 되면, 지배하고 있던 영토가 축소되거나 지배할 곳이 사라지게 되어, 패배한 민족신은 더 이상 사후세계나 사후세계의 영적 지배를 받는 현세계에서도 존재하지 못한다고 말했다.

권력의 태양 시대에 사후세계를 지배하던 민족신들을, 현재 우리가 살고 있는 시대인 행복의 달 시대에 새롭게 탄생한 종교령들이 거의 괴멸시킨 후 일시적으로 사후세계를 지배하였다고 말했다. 그러나 이후 영계를 지배하고 있던 공룡 영들이 신계의 신들에게 처단되면서, 영계는 지배자가 없는 텅 빈 공간으로 남게 되었고 이 틈을 타고 사후세계를 지배하고 있던 종교령들이 영계로 진입하여 터를 잡게 된 것이며, 현재 사후세계는 민족신들의 패잔병들인 무속인들이 모시는 신이라고 주장하는 영혼과 영계로 이주한 종교령들이 남겨 놓은 소수 종교가의 영혼들이 남아 있는 상태라고 말했다.

그래서 지금 현세계는 영토에 살고 있는 민족과 민족이 믿고 있는 종교가 일치하지 않는 것이라고 말하면서, 현세계에서 믿고 있는 사상의 영토가 사후세계에 거주하는 영혼들의 영토라고 주장했다.

사후세계에서 영과 영의 전쟁은 현세계에서 발생한 전쟁보다 치열하고 치명적인 사상 전쟁으로 사후세계에서 발생한 영토 전쟁의 결과가 나중에는 현세계의 종교 분포 지역으로 실현된다고 하였다.

사후세계에서 커다란 권력을 가지고 싶어 했던 친척 형은 일본 지역에 속한 사후세계에서 제일 큰 영향력을 행사하고 있던 영혼과 연합하여 세상 사람들에게 사상 전파의 사명을 가지고 태어난 신가(神家)인 나를 찾아내 자신들의 영토 확장에 이용하려고 하였다는 것이었다.

초창기 대한민국 땅에서 제사장을 지냈고, 영적 지도자나 권력자를 많이 배출했던 우리 집안의 조상령들의 일부가 현재 대한민국 지역에 속한 사후세계에 남아 커다란 영향력을 행사하고 있었지만, 시간이 흘러갈수록 외국에서 온 종교령들에 의해서 많은 영토를 빼앗겨 급격하게 힘이 축소된 상태라고 말했다.

외국에서 온 종교령과 일본 영들의 영토 확장을 견제하고 있던 우리 조상령들이 진짜 신들이 보낸 신가(神家)를 발견하고 즉시 무가(巫歌)를 파견하였지만, 아쉽게도 이미 일본에서 온 신이라고 주장하는 영혼(靈魂)이 친척 형을 파견하여 나를 먼저 찾았고 이후에 나와 함께 살고 있었다고 말했다.

우리 조상령들은 나를 되찾아오기 위해 나의 주변을 계속 서성거리며 기회를 엿보고 있었는데, 그 모습이 형이 나에게 말했던 반대편 신이라 주장하는 불빛(상편 20장 살(煞) 편 참조)이라고 말했다.

도저히 나를 되찾아올 기회를 포착하지 못한 우리 조상령들은 신들의 천벌을 받을 각오를 하고, 사후세계의 대한민국 영토에 일본 영들의 영토 확장을 막기 위한 특단의 대책을 수립하였다고 한다.

내가 친척 형에게 계속 장악되어 종교가로 성장하게 된다면, 현세계에서 권력과 소망을 쟁취하는 기복 사상을 가진 일본 밀교를 믿고 따르는 영적 지도자가 되어서, 같은 기복 사상을 가진 대한민국 무속을 급속도로 붕괴시키고 영적 영토를 크게 확장할 것이라고 말했다.

일본 영들의 영적 영토를 크게 확장시킬 종교가의 탄생을 막기 위해 부득이하게 나에게 테러를 기획하고 자동차 안에 살(煞)을 만들어 보냈는데[상편 20장 살(煞) 편 참조], 친척 형과 일본 영의 방해로 실패하게 되었다는 것이다.

그리고 여러 가지 방법을 동원하였음에도 나를 제거하지 못한 우리 조상령들은 무속이 지배하고 있던 일부 지역 영토를 일본 밀교에게 넘겨주는 조건으로 일본 영에게 협상을 제안하게 되었고, 일본 영이 우리 조상들의 제안[상편 23장 명상(冥想), 운명(運命)의 조합과 시간편 참조]을 받아들였기 때문에 영적 싸움은 휴전에 들어가게 되었다는 것이다.

현세계에 살고 있는 사람들의 의식과 신체를 장악하기 위하여는 일본 영이 직접 내 몸 안으로 들어오는 신내림의 형식을 취하여야 하지만, 영적 면류관을 머리에 쓰고 있는 진짜 신들이 보호하는 대상인 나의 몸으로는 직접 들어 올 방법이 없어서, 일단 벽조목으로 먼저 들어온 후에 기(氣)의 교환으로 점차 나의 의식과 몸을 통제하려고 했다는 것이다. 그러나 한때 일본 밀교 수행자였다가 일본 영을 배신한 0000 사찰 주지가 들려준 이야기[중편 31장 방황하는 영(靈)들의 서식처] 때문에, 내가 벽조목 안에 거주하는 신에 대한 의심을 품고 있다는 사실을 알아내고 그들도 특단의 계획을 세웠다고 말했다.

일본 영은 친척 형과 함께 나의 의식과 육체를 장악할 계획을 꾸민 후에 벽조목 안에 있는 영혼을 관성제군이라고 믿게 하고, 퇴마 의식을 빙자하여 친척 형이 마치 다른 영혼에게 자신의 의식을 점령당한 것처럼 나를 믿게 했다는 것이다[중편 34장 귀접(鬼接) 편 참조].

그리고 내가 직접 일본 영을 모실 수 있도록 탱화를 건네주었고, 사후세계에서 귀신들과 싸우게 하고, 가위눌림을 하는 귀신들도 보내고, 성인 여자들과 귀접도 하게 만들어서, 결국에는 일본 영에게 의식과 신체의 통제권을 일부 상실한 빙의된 상태로 만들었다는 것이다.

그러나 친척 형과 나의 이별은 우리 조상령들이 다시 직접 개입할 수 있는 절호의 기회를 만들어 주었다고 하면서, 지금 일본 영을 퇴치하여 빙의 상태인 나를 구해주겠다고 말했다.

나는 친척 여동생에게 모시고 있는 신이 누구인지를 물어보았고, 친척 여동생은 대신(大神) 할머니라고 대답하면서, 일본 영을 퇴치하는 존재는 자신이 모시고 있는 대신(大神) 할머니가 아니라 작두 장군이라고 말했다.

나와 친척 여동생과의 대화 중에도 나의 미간에는 황금색 빛의 존재가 반짝반짝 빛나고 있었다.

나는 친척 여동생에게 나에게 지금까지 한 말을 증명할 수 있는 방법이 있는지를 물어보자, 친척 여동생은 내 스스로 나의 의식과 육체를 대신(大神) 할머니에게 개방하여 준다면, 대신(大神) 할머니가 사후세계에서 꿈의 형식으로 나에게 자세하게 보여주겠다고 제안하였다.

나는 어떻게 신이라는 존재가 사람의 허락을 받아야만, 비로소 사람들의 의식과 몸 안으로 들어올 수 있느냐고 되묻자, 친척 여동생은 사람들이 살고 있는 집도 주인이 허락하지 않은 상태에서 방문하게 되면, 집주인에게 심하게 저항을 받지 않느냐며 나에게 발끈하였다.

사후세계에 거주하는 영혼이 현세계에 살고 있는 사람들의 의식과 몸에 침입하려면, 영혼의 침입을 막는 있는 보호막을 뚫는 과정에서 많은 힘이 소진되지만, 영혼의 침입을 막고 있는 보호막인 차크라를 사람들 스스로 열어주게 되면, 사후세계에 거주하는 영혼이 침입하는 데 아무런 힘도 들지 않는다고 주장하였다[상편 10장 영(靈)을 사로잡는 방법 편 참조]. 그래서 종교가들과 무속인, 영능력자들은 사후세계에 존재하는 영혼들이 사람들의 육체인 영체 안으로 침입하는 상황을 쉽게 하기 위한 사전 작업으로, 신도들에게 의심하지 말고 무조건 종교 지도자의 말만 믿으라고 교육할 뿐만 아니라, 나를 버리고 자신들이 모시고 있는 신을 영접하도록 세뇌시킨다는 것이다.

사후세계에 귀신이 항상 존재하는 것은 사실이지만, 귀신을 믿는 사람에게만 귀신은 막대한 영향을 미칠 수 있으며, 귀신을 믿지 않는 사람에게는 귀신이 막대한 영향력을 행사하기 어려운 이유가 바로 영혼들의 침입을 막고 있는 보호막의 존재 때문이라는 것이다.

나는 내일 밤 꿈에, 여동생이 모시고 있다는 대신(大神) 할머니가 나의 의식과 몸 안에 들어오는 것을 허락하겠다고 답변했다.

친척 여동생과 만난, 그날 밤 꿈에 온통 깜깜한 장소에서 처음에는 황금색으로 밝게 빛나던 빛이 나타나 힘이 매우 센 신의 형상으로 변하면서, 나에게 무속인의 말을 절대 믿지 말라고 하였다. 자신은 세상을 구원할 종교령이라고 주장하면서, 자신과 함께 이 세상 사람들을 고통의 세계에서 구원하자고 나에게 제안하였지만, 보이는 형상에는 어떤 의미도 부여하지 않던 나는 단호하게 거절하였다.

다음날 밤 꿈속에서 친척 여동생이 모시고 있는 대신(大神) 할머니를 만나 환영으로 나의 미래를 보게 되었지만, 대신(大神) 할머니는 자신의 어떤 형상도 보여주지 않고 오직 마음속으로 울리는 음성만 나에게 들려주었다. 나의 미래 모습을 환영으로 모두 보여준 친척 여동생이 모신 대신(大神) 할머니가 마지막으로 나에게 말한 "이대로 빙의된 채 살다가는 골로 간다."라는 내용은 내가 꿈을 깬 이후에도 강하게 뇌리 속에 남아서 잊혀지지 않고 있었다.

다음날 나는 여동생에게 퇴마 능력을 가진 작두 장군을 데리고 오라고 요청하였고, 여동생은 나도 퇴마 의식에 적극 동참하고 도와야 한다는 조건으로 자신이 아는 젊은 무속인과 함께 내가 사는 집으로 방문했다.

내가 퇴마 과정에서 있었던 수많은 일들은 영능력자들이 실제 사용하는 행위이므로, 분신사바 놀이처럼 성숙하지 못한 의식을 가진 청소년들이 책을 읽고 재미로 활용할 수 있어 생략하겠다.

빙의된 사람이 퇴마 되었다는 사실을 알아내기는 참으로 쉽다. 의식에 자리 잡고 있던 빙의령이 진짜 퇴마 되었다면 퇴마된 의식 속에 빈 공간이 생긴 것을 본인 스스로도 느끼게 되고, 육체에 자리 잡고 있던 빙의령이 퇴마 되었다면 빙의 되었다가 퇴마된 육체 장소가 허하다는 느낌을 인식하게 된다. 의식과 육체의 허한다고 느끼는 자리에 또 다른 영혼들이 침입하지 못하도록 기(氣)로 메워야 한다고 주장하는 영능력자들도 있지만, 베인 상처가 저절로 아물 듯이 의식과 육체의 빈 공간은 시간이 지나면 저절로 메워지게 된다.

지금 생각을 돌이켜 보면 빙의령 퇴마 의식도 본인의 의지가 있어야만 가능한 행위였으며, 본인의 강한 의지가 있으면 빙의령을 퇴마 시키는 행위에 영능력자들의 도움은 필요 없다고 생각한다.

사실 영능력자들의 역할은 빙의된 사람이 자신의 의식과 육체를 빙의령에게서 다시 되찾기 위한 영적 싸움을 옆에서 보조하는 역할만 수행한다고 생각한다.

퇴마 의식이 끝난 후 나는 방안에 걸려 있던 탱화는 발로 밟아서 길거리에 설치되어 있던 쓰레기장에 가져다 버리고, 목에 걸고 있던 벽조목은 친척 여동생이 데리고 온 젊은 무속인에게 알아서 폐기하라고 건네주었다.

퇴마 의식이 끝난 후부터는 두 눈을 감고 있어도 반짝반짝 황금색으로 밝게 빛나는 존재가 더 이상 내 눈에는 보이지 않았다. 나는 친척 여동생에게 대신(大神) 할머니를 모시게 된 사연을 물어보았다.

» 친척 여동생이 무속인이 된 사연

친척 여동생은 서울에 살고 있는 남편에게 시집을 가게 되었고, 대출을 받아 서울에 있는 아파트를 구입하였다. 당시 대출 이자가 높은 상태였기 때문에, 조기에 대출금 상환을 앞당기고자 아파트에 있던 방들 중 하나를 젊은 여자에게 월세로 빌려주게 되었는데, 월세로 들어온 젊은 여자는 신기(神氣)가 있는 사람이었다.

월세로 들어온 지 3개월이 경과하지 않은 어느 날, 젊은 여자는 신내림을 받아야만 자신이 살 수 있는데, 지금 당장 돈이 없어서 죽어야 한다며 친척 여동생 앞에서 펑펑 울었다. 젊은 여자를 불쌍히 여긴 친척 여동생은 자신의 명의로 은행에서 대출을 받아서 젊은 여자에게 신내림

비용으로 사용하라고 돈을 빌려주게 되었고, 나중에 무당이 되면 제일 먼저 갚아 달라고 부탁하였다.

젊은 여자는 친척 여동생이 빌려준 대출금으로 신내림은 받았으나, 이번에는 신당(神堂)을 구할 돈이 없어, 신당을 월세방에 차리고 싶다고 요청하였고, 남편의 극심한 반대에도 불구하고 친척 여동생은 젊은 여자의 요청을 받아주었다.

평소에도 행동이 게을렀던 젊은 여자는 아파트 방 안에 신당을 차려 놓고도, 신당 관리를 전혀 하지도 않고 놀러만 다니기를 좋아하여, 대출금 상환이 아주 급했던 친척 여동생이 젊은 여자 대신 신당을 관리하여 주었다.

신당을 대신 관리하던 몇 달 뒤부터, 평소 몸에 차크라가 많이 열려 있었던(다른 말로 '신가물'이라고도 한다) 친척 여동생은 이상한 현상들을 경험하기 시작했다.

신당에 걸려 있던 탱화 속에 그려진 할아버지가 자신에게 말을 걸기도 하고, 그림들이 움직이기도 하며, 심지어는 신당 안에 놓여 있던 종에서 아무도 건들지 않는데 종소리가 울리기도 하였다.

월세를 살던 젊은 여자는 여동생에게 술집에서 돈을 벌어 빚을 갚고자 지금 일본으로 떠나야 한다며, 다시 되돌아올 때까지 신당을 보관하여 달라고 부탁하였고, 그날부터 친척 여동생은 젊은 여자 대신 혼자서 신당을 관리하게 되었다. 그로부터 몇 달도 되지 않은 시점에, 친척 여동생에게 신병이 찾아왔고, 신병으로 인하여 신을 받고 무속인이 되었다.

무속인이 되고 일정 시간이 흐른 뒤, '신가림' 의식 행위로 비로소 우리 집안의 조상령인 대신(大神) 할머니가 친척 여동생에게 오게 되었다고 한다.

나는 친척 여동생에게 보통 사람들이 무속인이 되는 과정과는 다른 특이한 과정을 거친 기구한 운명이라고 말하면서, 대신(大神) 할머니가 여동생을 위해 무엇을 해주겠다고 주장하냐고 물어보았다.

　친척 여동생은 대신(大神) 할머니가 우리 집안을 다시 일으키고 잘 살게 만들어 주실 것이며, 흩어졌던 자손들도 모두 모아줄 것이라고 대답하였다. 그리고 내가 친척 여동생이 모시고 있는 대신(大神) 할머니를 따르게 되면, 대신(大神) 할머니는 사후세계에서 큰 영향력을 발휘하는 존재가 되어 우리 후손들을 더 많이 도와줄 수 있다고 말했다.

　나는 친척 여동생에게 사후세계에서 정무가 바쁘신 신이라는 존재가 현세계에 살고 있는 사람들을 쫓아다니는 것이 상식적으로 말이 되느냐며 콧방귀를 뀌었다. 그리고 우리나라 인구 5,000만 명 중에 800만 명 정도는 적거나 많다는 차이가 있을 뿐 누구나 영적 고통을 받으면서 살아가고 있으며, 자신들의 집안에서 사돈에 8촌까지 찾아보게 되면 무속인과 연관이 없는 집안이 없다고 말해주면서, 친척 여동생도 사후세계에 살고 있는 귀신에게 휩쓸리지 말고 나처럼 퇴마하라고 말해 주었다.

　내 말에 격분했는지 여자 동자신(童子神)이 갑자기 친척 여동생의 입을 통해 자신들은 사후세계를 떠돌아다니는 잡신이 아니라 영향력이 막강한 높은 신들이라고 주장했다.

　나는 친척 여동생의 동자신에게 네가 능력이 출중하다면, 나의 미래를 맞춰보라고 말하자 동자신이 그 정도는 자신에게는 아무것도 아니라고 주장하면서 무엇이든 자신에게 물어보라고 대답했다.

나는 먼저 지금은 형의 파산 때 금전적인 지원을 많이 하게 되어, 빚이 많은 상태인데 어느 시점이 되어야 내가 빚을 완전하게 갚을 수 있을 것인지 물어보았다.

동자신은 빚은 금방 갚게 될 것이며, 10년도 안 되어 몇 억 정도는 소유하게 될 것이라고 말해 주면서, 더 중요한 사실은 말년에는 엄청난 권력과 부를 가지게 될 것이라고 대답했다.

나는 동자신에게 불행한 사건으로 인하여 여자 친구와 헤어지게 되었는데 결혼을 할 수 있는지 그리고 언제 결혼을 하게 되는지도 알려 달라고 했다. 동자신은 아주 늦게 예쁜 언니와 결혼하게 될 것이라고 말하면서, 더 이상은 아무것도 자신에게 물어보지 말라고 하였다.

동자신과 함께 있는 할아버지와 할머니가 영계에서 우리들을 인정 사정 보지 않고 처벌하는 무서운 존재라고 주장하면서, 나하고는 말도 섞지 말라고 하였다는 것이다.

나는 동자신에게 착한 마음을 소지한 사람일 뿐이라고 주장하면서, 무속인의 도움을 받아 내가 빙의를 퇴치하게 되었는데 도움받은 은혜를 무슨 사연 때문에 원수로 갚는 사악한 사람이 되겠느냐고 동자신에게 다시 되물었다. 때마침 동자신의 빙의에서 벗어난 친척 여동생이 나는 사악한 사람이 아닌 용서를 하지 않는 잔인한 사람이라고 대답했다.

현세계에서 죽음을 맞이한 후에 신계로 되돌아가지 않고, 영계에 남아 무속인들과 종교령 그리고 영능력자들을 신의 심판대에 세우고, 신의 이름으로 강력한 처벌을 강행하는 선봉장이 될 것이라고 말했다.

나는 '삶에 대해 모르는데 어찌 죽음에 대해 알 수 있겠는가'라는 공자의 말씀을 인용하면서 이상한 소리는 집어치우고 내가 궁금해하는 질문에 대한 해답인 점사만 봐 달라고 요구하였다. 친척 여동생은 나에게 영화 〈친구〉[2]를 보았냐고 물어보면서, 유호성과 장동건의 사이가 바로 자신이 모시고 있는 대신(大神) 할머니와 나와의 사이라고 말했다. 신계의 신들이 과거에 현세계와 사후세계 그리고 영계를 지배하고 있던 공룡들의 영들을 몰살시켜, 사람들의 영들이 현세계와 사후세계 그리고 영계를 지배할 수 있는 기회를 제공하였다고 말했다.

그리고 영계를 지배하고 있던 제사장 출신의 무속령들을 몰아내고자 종교의 탄생과 철학의 시작이었던 '축의 시대'라는 기간 동안 수많은 종교와 철학을 탄생시켜, 그 사상으로 무장한 종교령들을 배양하여 지금 영계의 실질적인 지배자로 만들었다고 주장하였다. 그러나 이제는 다시 신들이 현재 영계의 지배자인 종교령들을 몰아내고자 이성적인 철학과 과학적 탐구력을 지닌 인문철학자인 정도령들을 탄생시키고, 영계의 지배권을 종교령에서 정도령으로 넘겨주고 신계로 되돌아간다는 사실을 우리는 잘 알고 있다고 말했다.

신계의 신들이 영계나 사후세계를 정벌하는 시기에는 우리 무속령들이 이길 승산이 없겠지만, 신들이 신계로 되돌아가게 되면, 사후세계와 영계는 무속령과 종교령 그리고 정도령의 삼파전으로 분파되어

---

2) 2001년 곽경택 감독이 만든 한국에서 흥행한 조폭영화. 의리로 함께했던 친구 사이가 성인이 되어 서로에게 죽음을 불사하는 칼을 겨누는 사이로 변한다.

치열한 영적 전쟁을 치루게 될 것이며, 이때에는 신계에 거주하는 신들도 관여하지 않기 때문에 무속령들에게도 승산이 있다고 말했다.

지금으로부터 수천 년이 흐른 뒤 삼파전의 거대한 영적 전쟁이 발발할 때 내가 직접 참여하지 않고, 신계에서 영적 싸움의 결과만을 지켜보기를 부탁한다고 말했다. 나는 친척 여동생에게 영이라는 존재는 신계로 되돌아가기 전에는 끊임없이 윤회하는 존재이므로, 어떤 때는 한국에서 태어나고, 어떤 때는 일본에서 태어나는 것인데 무엇 때문에 윤회할 때마다 바뀌고 있는 장소와 인종, 조상과 자녀 그리고 국가와 민족을 중요하게 생각하는지 물어보았다.

자신의 후손만을 사랑하는 조상도, 자신들만의 믿음으로 영생(永生)을 살겠다는 종교가도 더 이상의 윤회를 원하지 않아 영적 성장이 멈춘 끊임없는 고통 속에 살게 되면서, 신으로 되돌아갈 수 없는 존재일 뿐인데, 그것을 믿고 동조하는 친척 여동생이 매우 불쌍하다고 말해주었다. 또한, 이미 사후세계에 거주하는 영혼들을 너무 많이 경험하였기 때문에 친척 여동생이 말한 내용과 모시고 있는 신들을 철저하게 무시했지만, 지금 다시 돌이켜보면 동자신이 예언한 금전에 대한 점사는 정확하게 맞았기 때문에, 나는 점사와 예언의 구조를 이해하기 위하여 사후세계와 영계를 다녀오게 되었다.

자신이 모시고 있는 대신(大神) 할머니를 끊임없이 무시하는 나와 친척 여동생은 심하게 다투게 되었고, 대신(大神) 할머니가 자신을 유명한 무속인으로 만들어 줄 것이라고 굳게 믿고 있던 친척 여동생에게 나는 진짜 신에 의하여 대신 할머니는 멸망할 것이며, 너 또한 별 볼

일 없는 존재로 현세계에서 이번 생을 살아가게 될 것이라고 예언하여 주었다. 내 말을 몹시 기분 나쁘게 들은 친척 여동생은 나와의 인연을 끊겠다면서 나를 떠났다.

점사(占辭)와 예언(豫言)

에피소드 1 : 점사와 예언에 대한 일반적인 사람들의 생각

사람들이 자신과 관련된 개인적인 궁금한 미래를 알 수 있는 방법은 사주명리학자들에게 자신의 사주팔자를 알려주고 운명에 대한 해석을 부탁하는 방법과 영능력자들에게 신점(神占)으로 자신의 영을 투사시켜 운명을 알아보는 방법이 있다. 그러나 사주명리학자들이 풀어준 사주팔자에 대한 해석과 영능력자들이 자신의 영을 투사시켜 본 신점의 내용들을 살펴보면, 과거에 발생했던 일들에 대하여는 대부분 정확하게 맞추었으나 미래를 이야기한 내용들은 맞추지 못한 경우가 많다고 생각한다.

그리고 미래를 못 맞추는 이유가 사주명리학자들의 경우에는 사주팔자를 정확하게 해석하는 공부를 덜 배웠기 때문이라고 생각하고, 영능력자들의 경우에는 그들이 모시고 있는 신들이 영능력자들에게서 떠났기 때문이라고 생각한다.

자신이 살고 있는 사회와 국가에 대한 궁금한 미래를 알 수 있는 방법은 사주명리학자들과 영능력자들이 자신들 나름대로 어떤 특정한 목적을 가지고 세상 사람들에게 공표하는 예언으로 살펴보는 방법이 있다. 그러나 사주명리학자들과 영능력자들이 세상에 공표하는 예언은 세상 사람들이 알기 쉽거나 이해하기 쉬운 방법으로 알려주는 것을 선택하지 않고, 대부분 천기누설이라고 주장하면서 코에 걸면 코걸이 귀에 걸면 귀걸이의 형식으로 말을 만들어 세상에 공표한다. 그러나 자신의 말한 예언이 실현되었다고 주장하면서 자신이 말한 예언을 해석하는 내용마저도 세상 사람들이 납득할 수 없거나 이해할 수 없는 내용들이 대부분이다.

그런 사람들의 대부분은 자신이 알고 있는 사실 그대로 천기누설을 하게 되면, 하늘이 미리 정한 일들에 변화를 줄 수 있는 큰 죄를 짓게 되어 부득이한 방편으로 예언을 하였다고 주장한다.

그러나 미래가 천기누설로 변할 수 있다는 것은 확정되지 않았다는 뜻으로, 확정되지도 않는 미래를 마치 확정된 것처럼 예언을 하는 것은 잘못된 행위이며, 미래가 천기누설과 관계없이 확정된 것이라면 방편으로 예언할 필요가 없기 때문에 나는 천기누설이라며 국운(國運)을 예언하는 사람들을 대부분 사이비로 본다.

대부분 일반 사람들도 국운에 대한 예언을 가십거리 정도로 무시하고 있으며, 내가 납득할 정도로 국운에 대한 예언이 정확하게 맞았다는 사례를 알고 있지 못하기 때문에, 가까운 국가의 미래를 정확하게 알려주는 예언은 존재하지 않는다고 생각하고 있다. 이러한 사실에도 불구하고 사주명리학자들과 영능력자들은 자신들이 풀이한 사주팔자의 해석과 신점(神占)으로 사람들의 운명을 정확하게 알 수 있다고 계속해서 주장하고 있다.

에피소드 2 : 사주명리학자들의 주장에 대한 나의 반문

세상에서 일어나는 모든 현상에는 현상들이 발생하게 된 원리가 당연히 존재하며, 그 원리를 모르면서 현상을 해석하려는 것은 무지(無知)한 사람의 어리석은 행위라고 생각한다.

사주명리학자들은 현세계에 사람이 태어날 때 하늘로부터 좋고 나쁜 사주팔자의 기운을 부여받아 태어났다고 주장하지만, 사주팔자를 깊이 공부한 사람이라면 좋고 나쁜 사주팔자는 세상 어디에도 존재하지 않는다는 사실을 잘 알고 있다. 그 예로 대한민국에서 하루에 태어나는 인구수가 평균 1,300명이며, 태어난 시(時)까지 같은 사람의 수는 대략 54명이 된다.

예전에 TV 프로그램에서 사주팔자가 동일한 쌍둥이를 찾아 그들의 운명을 추적하였는데, 한 사람은 많은 사람들의 존경을 받는 교수가 되었고, 다른 한 사람은 많은 사람들이 경멸하는 무속인이 되어 있었다.

이런 이야기를 들은 사주명리학자들은 사주팔자도 중요하지만 자신을 둘러싼 환경도 매우 중요하다고 다시 주장한다.

그러한 사주명리학자들의 주장이 사실이라면 한날한시에 태어나서 사주팔자가 같은 사람들의 운명의 귀천(貴賤)이 너무 크게 차이가 나기 때문에 처음부터 좋고 나쁜 사주팔자는 존재하지 않는다고 주장할 수 있다.

대한민국에서 한날한시에 태어나 사주팔자가 자신과 똑같은 사람들을 찾아봐라! 직업과 귀천(貴賤)이 정말 다양하다는 사실을 알게 될 것이다.

일부 사주명리학자들은 사람들이 태어날 때 결정되는 사주팔자가 어떤 이유로 부여된 것인지 원리를 전혀 모르고, 단지 하늘이 태어난 사람에게 부여한 것이라고 오해하고 있기 때문이다. 단순한 사주팔자의 풀이로는 태어난 사람의 정확한 운명을 절대로 알 수 없는데 그 이유는 다음과 같다.

　우리나라 속담에 '세 살 버릇은 여든까지 간다'라는 말이 있는데 이 속담은 습관의 중요성을 강조한 격언이다. 미생물부터 사람에 이르기까지 우리들의 영이 윤회를 거듭하면서 자연스럽게 자신들 나름대로의 습관을 가지게 되고, 그 습관을 활용하여 현세계와 사후세계, 영계 그리고 심지어는 신계에서도 살아가게 된다. 습관은 거듭될수록 재능이 되고, 재능은 거듭될수록 신의 경지에 오르며, 경지는 거듭될수록 음악의 신, 전쟁의 신, 재물의 신처럼 신이 되는 기반인 근본이 된다. 셀 수 없이 많은 윤회 과정에서 습득된 영의 습관이 형성된 기운을 풀이한 것이 바로 사주팔자이다.

　전생(前生)에 많은 사람들을 만나 재물을 모으는 습관을 지닌 사람들은 윤회를 하여, 다음 생을 살아갈 때에도 많은 사람들을 만나기 좋아하고 재물을 모으기 좋아하는 습관을 가지고 있어 부자로 살아간다.

　반면에 전생(前生)에 홀로 지내기를 좋아하고 재물에 욕심을 부리지 않았던 사람들은 윤회를 하여, 다음 생을 살아갈 때에도 홀로 지내기를 좋아하고 재물에 욕심이 없는 습관을 가지고 있어 가난한 삶을 살게 된다.

영은 윤회할 때 습관에 맞는 시기를 정하여 태어나게 되는데, 사주명리학자들은 하늘이 태어난 사람에게 부여한 사주팔자라고 부르지만, 태어난 시기를 결정한 것은 하늘이 아니라 태어난 본인 자신의 결정이었다. 수많은 윤회를 하여 형성된 습관을 가지고 태어났지만, 태어난 곳의 환경에 따라 헤쳐가야 할 운명의 길은 크게 달라진다.

예를 들면 수많은 윤회 과정에서 다양한 음악과 춤추기를 좋아하고 잘하는 능력을 가진 영으로 성장했지만, 독실한 이슬람이 지배하는 지역에서 여자로 태어나게 되면 자신의 능력을 발휘할 수 없을 뿐만 아니라 출세할 수도 없고, 행복한 삶을 살 수도 없는 운명일 것이다.

반면에 다양한 음악과 춤을 인정하는 서유럽 국가에서 태어났다면, 자신이 좋아하는 일을 하면서 능력도 인정받고 출세도 하여 행복한 운명을 맞이할 것이다.

물론 영이 수많은 윤회에서 습득한 습관은 바꿀 수가 없지만, 태어날 장소와 시기는 영계에서 결정할 수 있기 때문에, 자신의 운명을 설정하고 태어나는 것이라고 말한 것이다.

사주명리학자가 갓 태어난 아이의 사주팔자만을 보고 중년과 말년의 운명을 이야기하는 것은 매우 어리석은 것이며, 절대로 맞을 수도 없다.

아이가 갓 태어났을 때에는 가정과 사회, 그리고 국가 등 아이를 둘러싼 환경이 아이의 사주팔자에 유리한 상황이기 때문에 말년에 대통령이 될 수 있을 것이라고 아이의 사주팔자를 풀이하여 줄 수 있지만, 불행히도 중년과 말년의 환경이 계속적으로 아이에게 유리한 상황으로 전개되지는 않아 아이의 미래를 알 수 없는 것이다.

이런 까닭으로 사주명리학자들이 도움을 구하는 사람들에게 성품이나 특징 또는 고쳐야 하거나 더 발전시켜야 하는 능력들을 상담하여 주는 행위는 옳은 것이지만, 맞출 수도 없는 미래의 일을 상담하여 주는 점사 행위를 하는 것은 옳지 않은 일이다.

에피소드 3 : 영능력자들의 주장에 대한 나의 반문

영능력자들은 자신이 모시고 있는 신의 능력으로 사람들의 미래를 정확하게 맞출 수 있다고 주장하지만, 자신이 모시고 있는 신이라고 주장하는 영이 어떤 방식으로 다른 사람들의 과거와 미래를 맞추고 있는지에 대한 원리를 알지도 못하고 있는 무지(無知)에서 나온 어리석은 말이다.

영능력자들이 모시고 있는 신이라고 주장하는 영혼은 영계에 살고 있는 영도 아니고, 더더욱 신계에 살고 있는 신이 결코 아닌 존재로, 현세계에서 죽음을 맞이하여 육체를 벗어나 사후세계에 거주하고 있는 영혼일 뿐이다.

영들과 영혼들은 모두 기(氣)를 방출하는 능력[살(煞)이 대표적]과 기(氣)를 흡수하는 능력[점사(占辭)가 대표적]을 가지고 있는데, 발산하는 기(氣) 속에는 영계에서 현세계로 환생할 때 자신의 운명을 설계한 설계도가 들어있다. 운명의 설계도는 현세계에서만 필요로 하며, 사후세계나 영계에서는 계획된 운명으로 살지 않기 때문에 필요하지 않다.

운명의 설계도는 현세계에서 지식과 경험을 바탕으로 한 정보를 영속에 축적하기 위하여 만들었으며, 설계도 안에는 인생을 획기적으로 전환시키는 변곡점(사건 또는 이벤트라고도 함)이 발생하는 시점과 사유 그리고 장소들도 설계되어 있다.

영능력자들에게 사람들이 점사를 의뢰하게 되면, 영능력자들이 모시고 있는 사후세계에 거주하는 신이라 주장하는 영혼이 현세계에 살고 있는 사람들이 발산하는 기(氣)로 영이 가지고 있는 운명의 설계도를 투사하게 된다.

이때 의뢰한 사람들의 영은 운명의 설계도 부분 중 지난 과거의 설계도는 이미 지식과 경험을 습득하여 정보를 영 안에 축적하여 더 이상의 보안이 필요 없기 때문에, 사후세계에 살고 있는 영혼에게 조건 없이 투사시켜 주게 된다. 그래서 점사를 의뢰하게 되면 과거에 일들을, 영능력자들이 모시고 있는 신이라고 주장하는 영혼이, 정확하게 모두 맞출 수 있는 것이다.

그러나 현세계에 살고 있는 의뢰한 사람들의 영이 가진 운명의 설계도 부분 중에서 미래 설계도를 알기 위해 사후세계에 살고 있는 영혼이 의뢰한 사람들의 영이 발산한 기(氣)로 흡수하려고 하면, 운명의 설계도 안에서 자신의 인생에 커다란 변화를 발생시킬 수 있는 변곡점 이전까지만 영의 기(氣)가 흡수되는 것을 허락한다.

사람들의 영이 운명의 설계도 안에서 인생을 획기적으로 변화시키는 변곡점(사건 또는 이벤트)이 노출되게 되면, 현세계에서 심각한 위험해 빠질 수 있기 때문이다.

영능력자들에게 미래에 대한 점사를 의뢰하게 되면 어떤 사람에게는 가까운 미래만을 알려주고, 어떤 사람에게는 약간 먼 미래까지도 알려줄 수 있는 이유가 모두 운명의 설계도 안에 설계되어 있는 변곡점과 깊은 관련이 있다.

변곡점의 기간이 많이 남아 있으면 먼 미래도 알려 줄 수 있지만, 변곡점의 기간이 얼마 남아 있지 않으면 가까운 미래만 알려줄 수 있는 것이다. 그러나 영능력자들이 신이라고 모시고 있는 사후세계에 존재하는 영혼의 힘보다 현세계에서 살고 있는 사람의 영의 힘이 더 센 경우가 있다.

보통 영의 힘이 센 사람들을 만나게 되면 권위가 느껴진다고 말하거나 기(氣)가 세다고 말하며, 그 사람들의 대부분은 현세계에서 권력자, 재벌가, 종교가 또는 사상가로 종사하고 있다. 그리고 사후세계에 존재하는 영혼에 자신의 영이 발산하는 기(氣)가 다른 존재에 의하여 흡수되는 것을 특별한 사유가 없는 한 무의식적으로도 원하지 않아 흡수되는 것을 방해한다. 그래서 영능력자들에게 점사를 봐도 이러한 영들의 미래가 하나도 맞지 않는 것이다.

정리해서 말하면 영능력자들에게 점사를 봐서 자신의 미래가 잘 맞는다면 의뢰한 사람의 영은 점사를 봐 준 사후세계에 존재하는 영혼보다 힘이 약한 것이고, 미래가 거의 맞지 않는다면 의뢰한 사람의 영은 점사를 봐 준 사후세계에 존재하는 영혼보다 힘이 센 것이다. 따라서 영능력자들이 모든 사람들의 미래를 맞출 수 있다고 주장하는 것은 잘못된 것이다.

에피소드 4 : 사주명리학자와 영능력자들의 예언에 대한 나의 반문

일부 어리석은 사주명리학자들과 영능력자들은 국운(國運)이라고 주장하면서 사회나 국가에 대하여 예언을 공표하고 있다. 그러나 영들과는 다르게 국가와 사회는 윤회하는 존재도 아니고, 영계의 '영적정화소'에서 자신의 운명을 설계하는 주체도 아니며, 주체가 될 수도 없는 실체 없는 개념일 뿐이다.

만약 어떤 영능력자가 선몽을 꾸고 북한의 연평도 도발의 모습을 본 후 2010년에 대한민국에서 북한의 선제공격으로 전쟁이 발발한다고 예언한다면 얼마나 우스운 일인가?

사회와 국가는 생기가 있는 생명체가 아니며, 셀 수 없이 많은 생기들이 만들어가는 조직일 뿐이며, 사회와 국가의 운명은 한 사람 생기의 활동 결과가 아닌 셀 수 없는 많은 생기들의 활동의 결과로 결정되는 것이다. 또한 현재 살고 있는 사람들의 영이 설계한 운명과 새롭게 태어나는 후손들이 설계한 운명들의 복합적인 작용으로 사회와 국가의 운명이 변한다. 끊임없이 변하는 무상(無常)의 개념을 생각하면 된다.

그리고 한 나라의 사회와 국가를 지배하는 권력층의 영은 사후세계에 존재하는 영혼보다 힘이 센 경우가 많아서, 자신의 운명의 행방을 결코 노출시키지도 않는다. 또한 권력층의 모임이 이끌어가는 방향이 한 나라의 사회와 국가의 중심적인 움직임으로, 일부 어리석은 사주명리학자들과 영능력자들이 권력층 한 사람 한 사람의 정확한 미래의 운명도 알지 못하면서 자신이 국운(國運)을 알고 있다고 예언을 공표하는 행위는 매우 어리석은 행동이다.

그렇기 때문에 사주명리학자와 영능력자들이 공표한 국운의 내용을 보면, 하나같이 애매모호하고, 정확히 맞는다고 인정되는 것이 하나도 없는 것이다.

에피소드 5 : 점사(占辭)의 긍정적인 면과 부정적인 면

점사의 긍정적인 면은 인생에서 도약할 수 있는 기회를 놓치지 않을 수 있다는 것과 나쁜 재앙을 미리 알고 예방할 수 있다는 점이다. 점사의 부정적인 면은 모든 것이 결정되어 있다는 잘못된 믿음으로 인하여 자신이 만들어가는 미래를 미리 포기하는 절망감을 가지고 노력도 하지 않아 피해를 더 크게 입을 수 있다는 것이다.

에피소드 6 : 점사(占辭)는 슈뢰딩거의 고양이와 같다.

어떤 고양이가 원소로 구성된 독약과 연결된 밀폐된 상자 안에 갇혀 있다. 그 원소는 10분에 1/2의 확률로 자동으로 붕괴되는데, 원소가 붕괴되면 독약이 깨지면서 밀폐된 상자 안에 있던 고양이는 죽게 되고, 원소가 붕괴되지 않으면 밀폐된 상자 안에 있던 고양이는 살게 된다.

10분 뒤에 밀폐된 상자 안에 갇혀 있던 고양이는 살았을까 혹은 죽었을까에 대한 두 가지 해석이 있다.

첫 번째는 고양이는 죽었거나 살았거나 둘 중에 하나이며, 상자를 열어 관찰하든지, 안 하든지 상관없이 고양이의 운명은 결정되어 있다(결정론).

두 번째는 밀폐된 상자 안에 있는 고양이에게는 죽은 세계와 살아있는 세계가 동시에 존재하며 상자를 열고 관찰했을 때만 결과를 알 수 있다(중첩론).

보통 사람들은 결정론을 지지하지만 물리학자들은 중첩론을 지지하는데, 이유는 바로 결과는 항상 관찰에 지배를 받고, 관찰을 통해서만 결과가 의미를 갖기 때문이라는 것이다.

사람들은 점사를 통해 자신들의 운명을 알고 싶어 하고, 불행하게 전개된다면 기도나 굿 등을 통해 운명을 바꿔보려고 시도하지만, 그러한 행위는 고양이의 운명은 이미 결정되었다는 결정론처럼 마음의 위안만 얻을 뿐이다. 그러나 중첩론처럼 현세계에서 마지막 삶을 다 산 후에 자신의 운명에 대한 결과를 관찰했을 때만이 살아왔던 전체 삶에 대한 평가를 올바르게 할 수 있다는 사실을 깊이 인식하고, 제삼자가 말하는 운명의 결과로 자신이 살아왔던 삶을 평가하지 말라.

김수환 추기경은 말년에 소유한 재물은 형편없었지만, 그분이 살아온 인생은 커다란 재물을 소유하고 있는 어떤 재벌가보다 훌륭했다고 평가되기 때문에, 김수환 추기경의 삶처럼 운명의 결과보다는 과정이 훨씬 더 중요한 것이다.

　마지막 삶이 끝나는 그날까지 정해진 운명의 결과를 아름답게 장식할 수 있도록 하기 위하여, 자신이 살아온 삶의 과정을 풍성하게 만들어 주는 많은 지식과 경험을 쌓아, 지나온 삶을 하나씩 채워갈 수 있는 끊임없는 노력과 새로운 일에 대한 도전으로 자신에게 부여된 미래를 하나씩 개척하길 진심으로 바란다.

제36장

명다리(명교:命橋)

친척 여동생과 다시 헤어지게 된 나는 내 주변 사람들의 이야기가 아닌 객관적인 현세계, 사후세계, 영계와 신계를 설명하여 줄 수 있는 종교 지도자들을 만나 그분들의 생각과 조언을 듣고 싶었다.

내가 보지 못하고 알지 못한 정신적인 세계에 대하여 알고 싶어 하는 나의 갈망은 나와는 연고가 없는 상태임에도 불구하고, 나에게 종교 지도자와의 독대를 요청하는 배짱을 소유하게 만들어 결국 만남도 성사되었다. 그러나 애석하게도 내가 만난 종교 지도자들은 죽음 후의 세계에 대하여 문헌에서 볼 수 있는 정도의 수준만을 알고 있거나 잘 알지 못하는 상태였으며, 자신들이 체험한 내용은 전혀 없고 자신들이 믿고 있는 종교 교리만을 반복적으로 말하는 앵무새에 불과했다.

어릴 때부터 세상에 존재하는 모든 종교와 신들의 이야기를 매우 좋아했었고, 수많은 종교를 짧은 기간이지만 깊게 믿었던 경험이 있었던 나는, 일반 사람들의 경우에는 사회생활을 충실하게 해야 하는 것처럼, 종교가들은 세상 사람들을 지도할 수 있는 영적 세계를 충실하게 탐구하는 생활을 하여야 한다는 생각을 가지고 있었다.

하지만 나의 기대와는 다르게 내가 만난 다양한 종교 지도자들은 자신들이 믿고 있는 교리만을 잘 알고 있었으며, 자신이 믿고 있는 신이 자신이 소망하는 수많은 기도에 응답하여 주었다는 근거와 객관성이 전혀 없는 주관적이고 일방적인 말만 되풀이하고 있었다.

그리고 더욱 심각한 것은 세상 사람들의 영적 수준을 도약시키는 신의 응답이 아닌 단순한 신자들의 문제 해결(치료의 기적, 신이 자신들을 돌봐준다는 깨달음 등)에 대한 답변들뿐이었으며, 자신들이 믿는 신에게서 영적 세계로의 초대도 받지 못하였기 때문에, 내가 궁금하여 질문한 내용에 대한 답변은 거의 하지 못했다.

지금 돌이켜 생각해보면 영계에 거주하는 종교령들이 사후세계와 현세계 사이에 존재하는 차원의 장벽을 뚫고 직접적으로 자신들의 생각과 지식인 영감(靈感)을 현세계에서 자신을 믿고 있는 종교가들에게 직접 전달하기는 쉽지 않았을 것이라는 사실을 알게 되었지만, 상담할 당시에는 이러한 상황을 전혀 몰랐던 나는 종교 지도자들을 면담한 후 마음속으로 그들의 영적 활동에 대한 게으름만을 질타했던 것 같아 미안한 생각이 들었다.

나는 영적인 세계에 대하여 직접 알 수 있는 사람에게 나의 궁금증을 해결하여야겠다고 생각하고 다시 고심 끝에 선택한 것이 사후세계에 거주하는 영혼들과 매일 만나는 무속인이었다. 도인들도 있었겠지만 영적으로 뛰어난 도인을 빠른 시간 내에 찾아내고 만난다는 것은 현실적으로 어렵기 때문에, 궁여지책으로 무속인을 선택할 수밖에 없었다.

외부에서도 내가 확인할 수 있는 두 가지 기준을 선정한 후, 나에게 영적 세계를 이야기해 줄 수 있는 새로 만나게 될 무속인을 내가 선택하기로 결정하였다.

첫 번째는 무속인이 자신이 살고 있는 집에 설치한 홍백의 깃발과 함께 있는 대나무 깃대가 외부에 얼마나 높이 솟아 있는지 여부였다.

예전에 0000 사찰에 계신 선생님이 머리카락은 사후세계나 영계의 기운을 받는 도인들의 피뢰침이고, 무당집 밖에 설치된 깃대는 사후세계로부터 기운을 받는 무속인들의 피뢰침이라고 말한 것이 생각났기 때문이었다[상편 11장 잡귀(雜鬼) 사냥 편 참조].

나는 무속인 집 밖에 설치된, 영적 기운을 받아오는 피뢰침 역할을 하는 깃대가 높이 솟아 있을수록 사후세계의 영혼과 영적 소통을 잘 할 수 있다고 생각했다.

두 번째는 깃대에 붙어있는 홍백의 깃발이 얼마나 깨끗하게 관리되고 있는지 살펴보는 것으로, 깃발을 깨끗하게 관리하는 무속인일수록 마음도 깨끗한 상태일 것이라고 판단했기 때문이었다.

:: 무속인의 대나무 깃대와 설치된 홍백 깃발의 의미

무속인들은 자신들이 거주하는 집에 대나무 깃대와 홍백 색깔의 깃발을 함께 설치하고 있는데, 애석하게도 일부 무속인들은 설치한 뜻도 모르고 심지어는 배우려고도 하지 않는다. 대나무 깃대를 사용하는 이유는 대나무 속이 비어 있는 것처럼 무속인들이 신이라고 주장하며 믿고 있는 영혼의 기운이 무속인에게 내려올 때, 무속인의 몸과 마음을 깨끗하게 비우라는 뜻과 함께 일직선의 대나무 모양처럼 다른 곳을 돌아서 오지 않고 하늘에서 일직선으로 바로 무속인에게 내려오겠다는 의미를 가지고 있다.

붉은색의 홍색기는 소원을 성취하는 의미를 가지고 있는 재수기로서, 불을 상징하는 붉은색은 부정한 것이나 잘못된 것을 태워 없앨 수 있다고 믿어, 과거에는 전쟁에서 승리를 기원할 때 많이 사용했다.

흰색의 백색기는 영계나 사후세계에서 도(道)를 닦아 맑거나 깨끗해진 영혼이나 조상들과 연결되어 있다는 의미와 다른 뜻으로는 영혼이나 조상들의 직접 지배를 받아 모시고 있다는 뜻도 가지고 있다.

백기가 홍기 위에 놓여 있는 이유는 무속인에게는 영혼이나 조상을 모시는 것(백기의 의미)이 우선이고, 그분들의 원력으로 다른 사람들의 소원을 성취(홍기의 의미)하여 주는 것이 차후이기 때문이다. 백기만 걸어 놓은 무속인은 자신들의 조상인 대신(大神) 할머니의 도움으로 점사만 볼 수 있는 사람을 뜻하며, 홍기만 걸어 놓은 무속인은 천상에 있는 신의 도움으로 마을과 사람들의 소원 성취와 문제들을 해결하여 주는 굿만 주관하는 사람을 뜻하였다.

며칠 동안 시내를 돌아다니던 중 높게 솟아 있는 깃대와 깨끗한 상태인 홍백의 깃발을 발견하고 무속인의 집을 방문했다. 나는 무속인의 능력을 확인하기 위하여 몇 가지 점사를 보았는데 집주인인 무속인은 내가 근무하는 직장과 궁금했던 점에 대하여 명쾌한 답변을 하였다. 또한, 무속인은 나에게 잡귀들이 붙어 왔다며, 무료로 신장 칼을 들고 무속 의식을 행하여 주기도 하고, 인생 이야기도 해주면서 자신을 어머니로 생각하여 달라고 요청하였다.

사후세계에 대하여 많은 정보를 알고 싶었던 나는 무속인에게 여러 가지를 물어보았지만, 의외로 무속인은 사후세계에 대하여는 알고 싶어 하지도 않았으며, 잘 알지도 못했다. 단지 자신의 조상인 대신(大神) 할머니가 시키는 일만 충실하게 따르고 있다는 말에, 나는 대신(大神) 할머니의 능력을 알고 싶다며 능력에 대하여 검증할 수 있는 과거 일화를 이야기해 달라고 요청하였다.

무속인은 자신이 신을 받은 지 1년이 지나지 않은 시점에 포클레인 중장비 기사를 하고 있던 사람이 찾아와 거만하게 행동하며 자신의 직업이 무엇인지를 알아맞혀 보라고 말했다. 그 말은 들은 대신(大神) 할머니가 의뢰인에게 평생 땅이나 파면서 살게 될 것이라고 대답해 주었고, 그 대답을 듣고 깜짝 놀란 의뢰인은 자신의 거만함에 대하여 대신(大神) 할머니에게 용서를 구한 뒤, 거금을 주면서 자신의 긴급한 부탁을 들어달라고 요청하였다.

중장비 기사가 부탁한 내용은 오늘 밤에 엄청난 돈을 걸고 큰 도박을 하게 되었는데, 돈을 딸 수 있게 만들어 줄 수 있느냐는 의뢰였다. 대신(大神) 할머니는 중장비 기사에게 새벽 4시까지만 도박을 하면 엄청난 돈을 따지만, 4시 이후에는 딴 돈을 모두 잃을 것이라고 알려주면서 어떤 일이 있더라도 4시 이후에는 도박을 멈추고 딴 돈을 가지고 집으로 되돌아가라고 알려주었다.

그다음 날 이른 아침에 초췌한 모습을 한 중장비 기사가 다시 찾아와 대신(大神) 할머니에게 한 번만 더 부탁을 하고 싶다고 말했다. 무속인이 중장비 기사에게 대신(大神) 할머니를 만나야 하는 이유를 물어보자, 오늘 새벽 4시까지 엄청난 돈을 도박장에서 따고 있었는데 아내에게서 집으로 빨리 되돌아오라는 전화가 왔다고 말했다.

대신(大神) 할머니의 예언도 있고 해서 도박을 멈추고 자리에서 일어나려고 하고 있었는데, 옆에서 같이 도박을 하던 친한 친구가 아내에게 꼼짝 못 하는 팔불출이라고 놀리는 바람에 화가 나 다시 자리에 앉아 도박을 계속하게 되었다고 하였다. 그 결과 한 시간도 지나지 않아 지금까지 도박에서 벌었던 돈을 모두 잃어버렸고, 지금은 커다란 빚까지 지게 된 상태로 대신(大神) 할머니가 한 번만 더 도와주면 평생 은혜를 잊지 않겠다고 말했다.

중장비 기사의 말이 끝나기도 무섭게 대신(大神) 할머니가 무속인에게 빙의되어 말하기를, 평생 땅만 파면서 살아야 하는 운명이라고 호통치면서 이 집에서 당장 꺼지라고 말했다는 일화를 들려주었다.

무속인의 일화를 들은 나는 대신(大神) 할머니라는 존재가 의뢰한 사람을 위해 완벽한 방책을 계획하여 도와주지 못한 것이 더 큰 문제였다고 생각하면서, 0000 사찰 선생님의 말처럼 무속인들이 모시는 신이라고 주장하는 영혼들은 사람들의 운명을 알 수는 있어도 절대로 바꿀 수는 없는 것이 아닐까 하는 의구심이 들게 되었다.

나는 무속인들이 사람들의 운명을 바꿀 수 있는 능력을 정말 가지고 있는지 몹시 궁금하여 당분간 무속인의 집을 방문하면서 내가 가지고 있던 많은 궁금증을 천천히 해소하기로 결정하였다.

무속인의 집을 자주 방문하던 어느 날, 무속인은 나에게 많은 도움이 되고 싶다고 말하면서 최근에 있었던 굿판에서 일어난 신비한 일화를 나에게 들려주었다.

많은 무속인들과 합동으로 커다란 굿판을 벌이고 있던 도중에 일어난 이야기로, 작두를 타고 있던 무속인에게 공수를 주던 자신들이 모시는 신이라는 존재가 내 이름을 거명하면서 너희들 무속인들이 몸과 마음을 올바르게 쓰고 있지 않으니 진상현 때문에 우리들까지 죽게 생겼다며 호되게 혼을 냈다는 것이다.

진상현이라는 이름을 모르고 있던 많은 무속인들은 그 사람이 대체 누구냐고 서로에게 물어보게 되었고, 이곳 무속인이 나의 신도(信徒) 같다고 대답해 주었다고 한다.

그 말을 듣고 굿판을 벌이고 있던 무속인들이 그 자리에서 나에 대한 점사를 보게 되었는데, 말년에 영적으로 큰 영향력을 행사하는 사람이라는 사실을 알게 되었다고 말했다. 무속인은 나에게 나중에 무엇을 하고 싶은지 물어보았지만, 나는 현재까지는 특별하게 계획한 것이 없다고 대답하여 주면서, 다음에 굿판이 있으면 나도 한 번 데리고 가 달라고 부탁하였다.

며칠 뒤 무속인은 나에게 커다란 굿판이 열릴 예정이니 나에게 올 수 있느냐고 물어보았고, 나는 굿판이 열리는 장소로 찾아가겠다고 대답하였다. 많은 땅을 소유하고 있던 어떤 남자가 자신의 땅을 팔기 위해 벌인 굿판으로 여러 명의 무속인들이 합동으로 함께 동참하는 큰 규모였다. 여러 명의 무속인들이 차례로 돌아가면서 굿을 행한 후에 어느새 이곳 무속인이 굿을 하는 차례가 되었다.

무속인은 자신이 모시고 있는 신이라는 주장하는 영혼의 존재를 통해 굿을 의뢰한 남자에게 여러 가지 공수를 주다가, 갑자기 되돌아서서 나에게로 다가오더니 원하는 것이 있으면 모두 들어줄 터이니 자신들을 신으로 모시라고 제안하였다.

나는 신이라고 주장하는 존재에게 나에게 무엇을 줄 수 있느냐고 되묻자 세상에 있는 모든 권력과 재물을 줄 수 있다고 대답하였다. 그 말을 들은 나는 지금 현재 자신을 신으로 모시고 있는 무속인에게도 나라의 좋은 자리도 주지 못하면서 어떻게 나에게 세상에 있는 모든 권력과 재물을 줄 수 있다고 큰 소리를 치느냐며 따져 물었다. 그러자 이번에는 신이라고 주장하는 존재가 자신들을 모시는 것을 더 이상 바라지 않을 테니 신을 너무 상세하게 분석하지 말라고 나에게 경고하였다.

나는 드라마 허준의 스승 유의태라는 사람도 제자의 발전을 위하여 자신의 몸을 해부하도록 내어주는데, 깨달음을 얻었다는 신이라는 존재가 사람들에게 숨기고 싶은 내용이 도대체 무엇이냐고 반발하였다.

194

2013년 MBC에서 방영된 '구암 허준'이라는 드라마에서 허준의 스승이라는 허구의 인물 유의태가 등장한다. 허준은 스승 유의태가 대장간에서 여러 종류의 칼을 만들어 갔다는 사실과 내달 초이레까지 천황산에 있는 동굴로 오라는 유의태의 전갈을 받게 된다. 천황산 동굴 안에서 동맥을 끊고 죽은 유의태를 발견한 허준은 자신을 해부하여 의술 정진의 계기로 삼으라는 내용인 유의태가 남겨놓은 유서와 해부용 칼을 발견한다. 유의태의 시체를 해부한 허준은 스승님의 은혜와 가르침을 절대 잊지 않겠다고 굳은 결심을 한다.

신명 나던 굿판은 갑자기 찬물을 끼얹은 듯이 조용해졌고, 무속인들은 자기들끼리 서로 수군거리고 있었다. 나는 남의 굿판을 망치는 것 같아 자리에서 조용히 일어나 굿판을 떠나 집으로 되돌아왔다.

며칠 뒤 무속인이 자신이 모시고 있는 신이라고 주장하는 존재가 사과하는 의미로 자신보다 더 높은 신을 소개하여 주고 싶다며, 대관령 산신령과 팔공산 산신령 중에서 만나보고 싶은 신을 선택하라고 제안하였다.

나는 각각 산신령의 능력을 무속인에게 물어본 후에 만나보고 싶은 상대로 팔공산 산신령을 선택하게 되었는데, 선택한 사유는 팔공산 산신령은 자신에게 소원을 비는 누구에게나 한가지 소원을 꼭 들어준다고 말했기 때문이었다.

일주일 뒤 나는 여자 무속인과 함께 대구 팔공산을 올라가면서 영적 세계에 대한 많은 질문을 또다시 던져 보았지만, 나에게 돌아온 대답은 잘 알지 못한다는 대답뿐이었다.

나는 무속인도 종교가들처럼 자신만의 생각과 의지를 갖지 않고 자신이 모시고 있는 신이라는 존재의 말과 교리만을 의심 없이 믿고 따르기만 하는 영적 좀비들임을 알게 된 것 같아 너무 안타까웠다.

팔공산 꼭대기에서 내가 원하는 단 한 가지 소원을 빌어보라는 무속인의 말을 듣고, 한 시간 동안 팔공산 신령에게 내가 성취하고 싶어 하는 소원 한 가지를 빌었다. 팔공산 신령이 내가 빌었던 소원을 들어주었는지에 대한 결과를 알기 위해서는 큰 바위 옆에 동전을 붙여보면 된다고 무속인이 알려 주었고, 나는 10원짜리 동전을 꺼내 몇 번이고 큰 바위에 붙여 보려고 시도 하였지만 모두 실패하였다.

바위에 동전을 붙여보려는 계속된 나의 시도를 무심히 바라보던 무속인이 나의 손을 잡고 10원짜리 동전을 바위에 붙이자 신기하게도 동전은 자석처럼 바위에 붙어버렸다. 나는 무속인에게 고맙다는 인사를 하고, 팔공산 꼭대기에서 입구까지 한 시간 거리를 서로의 인생사에 대한 대화를 나누면서 같이 천천히 걸어서 내려왔다.

팔공산 입구에 다다랐을 때 무속인은 나에게 팔공산 신령에게 어떤 소원을 빌었는지를 나에게 물어보았지만, 나는 대답하기 싫다고 말했다. 그러자 무속인은 지금 현재 신이 권력, 재물, 여자 중 한 가지를 나에게 준다고 하면 무엇을 고르겠냐고 다시 물어보았고, 나는 헤어진 여자 친구와의 옛 추억을 떠올리며 주저 없이 예쁜 여자라고 답변해주었다. 자신이 사랑하는 여자와 함께 사는 것은 세상을 살아갈 때 가장 큰 힘이 될 수 있다는 나의 변함없는 신념을 담은 대답이었다.

그러자 무속인은 나에게 권력과 재물도 없이 자신이 좋아하는 여자를 얻어서 살아가게 된다면 그 생활이 얼마나 지속될 수 있을 것 같냐고 나에게 되물었다. 그리고 재물이 아무리 많아도 세상 사람들이 알아주는 권력 또는 권위가 없다면 그 많은 재물을 유지하지도 올바르게 활용할 수도 없을 것이라고 말했다. 그러나 권력 또는 권위가 있다면 재물과 예쁜 여자는 반드시 뒤따라오게 되어 있다고 말하면서, 동전이 바위에 붙지 않은 이유는 내가 팔공산 신령에게 빌었던 단 한 가지 소원의 내용이 바로 예쁜 여자를 얻게 하여 달라고 요청하였기 때문이라고 말했다.

팔공산 신령이 무속인에게 내가 빌고 있는 소원을 들어주어야 하느냐고 물어봐서 예쁜 여자 대신에 권력이나 권위를 갖게 하여 달라고 수정하여 부탁드린 후에, 무속인이 내 손을 잡고 바위에 동전을 가져가자 비로소 동전이 바위에 붙었다는 것이다.

무속인의 말을 들은 나는 세상을 근시안적으로 바라본 나를 마음속으로 크게 질책한 후, 무속인에게 팔공산 신령에게 빌었던 나의 소원을 변경하여 주어서 고맙다고 인사했다. 그리고 무속인도 종교인들처럼 현세계에 살고 있는 사람들을 인도하여 줄 영적 지식은 미천(微賤)하면서, 다양하고 많은 사람들과 상담하는 과정에서 습득한 지식을 바탕으로 영적 세계가 아닌 현세계에서 잘 살아갈 수 있는 기교만큼은 충분히 습득하고 있다는 생각을 더욱 굳히게 되었다.

나는 무속인의 신당에서 삼배의 절을 할 때마다 마음속에서 엄청난 분노가 솟구쳐 오르고 있었지만, 간신히 내 마음을 통제하고 있었다. 무속인은 나에게 자신이 모시고 있는 신에게 명다리(명교:命橋)를 걸면, 대신(大神) 할머니와 신들의 도움으로 위험에도 빠지지 않을뿐더러 바라는 모든 일들을 더 빨리 성취할 수 있다고 자랑하였다.

나는 어떤 위험에서 구해줄 수 있는지와 내가 원하는 대로 성취할 수 있는지를 구체적으로 알려달라고 요청하였다. 무속인은 내가 몇 년 안에 직장에서 징계를 받을 것이라고 예언하면서, 징계의 원인은 직장에서 도장을 함부로 찍은 결과지만 자신이 모시는 신에게 명다리(명교:命橋)를 걸게 되면, 징계받는 상황이 발생하지 않도록 예방하여 줄 수 있다고 주장하였다.

당시에 나는 승진을 하여 군 지역에 있는 직장으로 발령을 받아 금융과 관련된 팀장 직무를 맡고 있었다. 나는 직장 직인(職印)인 도장을 잘 간수할 테니, 무속인도 모시고 있는 신에게 열심히 기도하여 내가 징계를 받는 일이 없도록 하여 달라고 부탁하고, 00군에서 다시 00시로 되돌아오게 되면 명다리(명교:命橋)를 걸겠다고 답변하여 주었다.

나는 직장 동료들이 나도 모르는 사이에 직인(職印)을 함부로 찍지 못하게 하기 위하여, 내 자리를 잠시 비울 때에도 직인이 담겨 있는 도장 통을 잠그고 다닐 정도로 조심스러운 직장 생활을 하고 있었다. 주어진 임무에 책임을 지우는 직인을 잘 간수했음에도 불구하고, 나는 자금을 담당하는 동료 직원 횡령 사건의 관련 책임자로 결국 징계를 받게 되었다.

나도 모르는 사이에 자금 담당 직원이 금고에 있던 돈을 횡령하였고, 나는 직장 내 금고에 있어야 할 돈을 확인하지도 않고 자금을 확인한 직인을 계속 찍어준 것이었다. 나중에 징계의 원인이 직장에서 도장을 함부로 찍은 결과라는 사실을 듣게 된 나는 무속인의 말을 떠올렸다.

내 도장을 함부로 찍어 사건을 일으키게 될 사람은 내가 아닌 동료들일 것이라는 나만의 착각으로, 항상 남의 탓을 하는 생각을 가지고 직인을 잘 간수하면서 나의 직장 생활을 하고 있었지만, 결과적으로 내 도장을 함부로 찍은 사람은 동료 직원이 아닌 바로 나였고, 무속인이 모시고 있는 신이라는 존재도 나의 운명 속에 숨겨져 있던 징계는 막을 수가 없었던 것이다.

나는 징계를 받는 과정에서 인생의 허무함을 크게 느끼고, 징계를 막아줄 수 있다고 호언장담한 무속인에게 아무리 신이라고 주장하는 존재도 사람들의 운명을 제삼자는 절대 바꿀 수 없다는 사실을 인식하라고 말해주었다. 또한, 사람들의 운명을 바꿔줄 수 있는 방법이 있다며 사람들을 현혹하는 일을 더 이상 하지 말라고 무속인에게 호통치면서, 내가 명다리(명교:命橋)를 걸지도 않을뿐더러 더 이상 방문과 만남을 하지 않을 것임을 통보하여 주었다.

나의 말에 격분한 무속인은 자신이 모시고 있는 신이라는 존재는 다른 신들과는 차원이 다른 엄청난 능력의 소유자라고 주장하였지만, 나는 무속인과 종교인들 모두는 자신이 모시고 있는 신만이 특별하고 뛰어난 능력을 가지고 있다는 잘못된 생각을 한다고 반발하면서 미래에 반드시 나의 생각이 맞는다는 것을 입증해 보이겠다고 말했다.

사람들에게 주어진 운명을 알아내는 능력은 특정한 종교나 신을 믿는 사람들에게만 가지고 있는 능력이 아니며, 특정한 종교나 신을 믿지 않는 사람에게도 존재하는 능력임을 얼마 지나지 않아 확인할 수 있었다.

징계 사유에 대한 약간의 억울함을 가지고 있었던 나는 대응책을 모색하기 위하여 미래를 알려준다는 배너를 보고 난생 처음으로 타로 상담을 받게 되었다. 징계를 받았기 때문에 다른 지역으로 다시 발령을 받아야 했던 나는, 먼 지역으로 발령를 받게 된다는 타로 선생님의 상담 내용을 듣고 몹시 실망하였다.

왜냐하면 내가 징계받은 사실을 불쌍하게 여긴 영향력이 있는 국장님께서 나를 인근 지역으로 보내주기 위하여 부단히 노력하고 있다는 것을 미리 알고 있었기 때문이었다. 예견된 운명은 결코 변하지 않고 실현되었다.

영향력이 있는 국장님이 나에게 전화를 걸어 말하기를, 인근 지역으로 보내주려고 노력하였으나 갑자기 육아 휴직으로 복직한 직원이 자신을 인근 지역으로 보내달라고 하소연하여 부득이하게 나를 먼 지역으로 발령 내야 한다며 미안하다는 내용이었다.

사전에 발령나는 장소를 타로 상담을 통해 이미 알고 있었던 나는, 나를 위해 노력해 주신 국장님께 감사한 마음을 표하였으며, 예견된 운명은 변화지 않으며 예견된 운명을 아는 것은 특정한 신이나 종교를 믿는 사람에게만 국한되는 것이 아니라, 운명의 기운을 읽어낼 수 있는 사람들은 모두 알 수 있는 것이라는 진리의 사실을 다시 한 번 확인할 수 있게 되었다.

명다리(명교:命橋)

에피소드 1 : 사람들이 알고 있는 명다리(명교:命橋)에 대한 일반적인 상식

수명이 짧은 단명살(短命煞)이나 질병, 사고, 우환이 자주 발생하는 악살(惡煞)이 많거나 목에 탯줄을 감고 출생한 자녀들은 신의 기운이 세다고 말한다. 신의 기운이 센 자녀가 일반적인 부모의 손에서 성장하게 되면, 자녀의 나쁜 기운의 영향으로 인하여 부부 사이가 급속도로 나빠지거나 혹은 부모가 일찍 사망하기도 하고, 심지어는 집안이 몰락하기도 한다고 말한다.

자녀의 나쁜 기운을 막기 위해서는 7살 이하의 어린아이 시절일 때 신당에서 신을 모시고 있는 무속인에게 자녀를 파는 행위인, 다시 말하면 무속인의 수양자로 입적하는 행위인 명다리(명교:命橋)를 걸어야 한다. 명다리(명교:命橋)를 걸 때에는 자녀의 생년월일시, 주소, 이름을 적어 무속인에게 주면, 무속인은 발언문과 함께 자신이 모시고 있는 신에게 아이를 바친다.

무속인에게 팔린 어린아이는 무속인의 수양딸 또는 수양아들이 되고, 무속인은 수양 어머니인 수양모가 되며, 자녀를 판 진짜 부모는 무속인의 단골이 된다.

수양모는 수양자에게 도지재생(桃枝再生)이라는 의식을 행하는데, 도지(桃枝)란 여자를 상징하는 복숭아 나뭇가지를 입에 물게하고, 재생(再生)이란 아기가 다시 태어난다는 뜻으로 수양모가 벌린 양쪽 다리 사이로 수양자가 기어 나오게 하는 의식이다. 그리고 수양자에게 개똥이나 못난이 등 다른 사람들이 듣기에 아주천(賤)한 이름을 새로 지어 주는데, 천(賤)한 이름으로 인하여 남에게 수난을 받으면 오래 살기 때문이라고 주장한다.

무속인은 수양자의 무병장수(無病長壽)와 일신(一身)의 안녕을 자신들이 모시고 있는 신들에게 기원하며, 신들은 수양자를 돌보고 각종 액운을 물리쳐 준다고 말한다.

명다리(명교:命橋)와 관련된 단골들의 숫자는 대외적으로 무속인의 힘과 능력을 알리는 표식이 되며, 무속인이 타 지역으로 이사를 가게 되면 명다리(명교:命橋)를 다른 무속인에게 팔 수도 있고, 무속인이 사망하게 되면 자신의 무계(巫系)를 계승 받는 제자 무속인에게 명다리(명교:命橋)를 전수하기도 한다. 수양모와 수양자 사이의 수양 관계를 맺은 증서인 명다리(명교:命橋)는 수양자가 장성하여 결혼을 하게 되면 끝난다고 한다.

에피소드 2 : 명다리(명교:命橋)에 대한 나의 반문

• 단명살(短命煞)과 악살(惡煞)에 대한 잘못된 사람들의 인식

사람들이 수많은 윤회 과정을 통하여 익힌 습관은 점차 그 사람을 상징하는 정형화된 기운으로 고착화되어, 과거 삶에서 전쟁이나 권력을 좋아하는 사람이 그 품성을 고치지 않는 한 다음 삶

에서도 타인과의 싸움과 경쟁을 좋아하는 기운을 가지고 태어난다. 반면에 과거 삶에 평화와 일상적인 평범한 삶을 좋아하는 사람이 그 품성을 고치지 않는 한 다음 삶에서도 평온하고 가정적인 삶을 좋아하는 기운을 가지고 태어난다.

사주명리학자들은 사람들이 태어난 기운을 오행이라 부르며, 싸움과 경쟁을 좋아하여 변화무쌍한 삶을 살게 되는 기운을 가지고 태어난 사람들을 오행이 편향되었다고 말하고, 일상적인 평화로운 삶을 좋아하여 평범한 삶을 살게 되는 기운을 가지고 태어난 사람들을 오행을 고루 갖추었다고 말한다.

오행을 고르게 갖춘 사람은 주변과의 다툼이 거의 없는 평범하고 중간적인 삶을 살게 되지만, 오행이 편향되게 구성된 사람은 주변과의 다툼으로 크게 성장하거나 망하게 되는 삶을 살게 된다.

오행의 편향은 위대한 삶을 사는 사람이 될 수도 있고, 비참한 삶을 사는 사람이 될 수도 있지만 오행을 고르게 갖춘 사람은 평범한 삶만을 산다는 뜻이다. 또한, 평화로운 시대는 오행을 고르게 갖춘 사람들에게 좋은 시대이지만 급변하는 시대는 오행이 편향된 사람들에게 좋은 시대가 된다. 그런 이유로 사주팔자는 좋고 나쁨이 없기 때문에 사람들이 태어난 기운을 어떻게 활용하고 살아가느냐가 중요한 문제가 될 뿐이라는 것을 이미 뛰어난 사주명리학자들이나 영능력자들은 알고 있다.

오행 구성에서 나오는 구체적인 기운이 살(煞)이며, 단명살(短命煞)과 악살(惡煞)이 많다는 것은 오행의 기운이 편향되어 태어났다는 의미로 지금처럼 급변하는 시대에는 오히려 살아가는 데 유리한 사주팔자를 가졌다고 나는 생각한다.

• 신의 기운이 세다는 의미

무속인들이나 일부 영능력자들은 신의 기운이 센 사람들(신가물이라고 함)이 신을 모시지 않으면, 집안이 몰락하거나 단명(短命) 또는 많은 불행한 일들을 겪는다고 주장하지만 신의 기운이 세다는 의미를 전혀 모르면서 하는 말일뿐이다.

신의 기운을 자주 접하는 신가물이라는 뜻은 육체를 보호하는 보호막이 약하여 주변의 기운으로부터 영향을 쉽게 받는다는 뜻으로 사후세계 영혼들의 기운을 쉽게 받아 영적 장애를 겪을 수 있다는 단점을 가지고 있는 반면에 사람들의 감정과 생각을 금방 알아차릴 수 있는 느낌이라는 촉이 발달한 장점도 가지고 있다.

신의 기운이 센 장점을 살린다면 시대의 흐름을 완벽하게 읽고 실천하여 권력가나 재벌가가 될 수 있지만, 단점을 살린다면 사후세계 영혼들의 침입을 받아 빙의된 채 비참한 삶을 살 수도 있다.

신의 기운이 세다는 것은 기(氣)가 세다는 뜻일 뿐, 운명의 귀천(貴賤)을 의미하는 것이 아니어서 권력가와 재벌가, 사회 지도자 그리고 종교가, 무속인들도 기(氣)가 세지만 사람들은 전혀 다르게 그들을 평가하고 있으며, 무엇이 되어 살아갈 것인가는 본인들의 선택에 달려있다.

• 7살 이후의 어린아이에게 명다리(명교:命橋)를 거는 이유

성인들처럼 스스로 판단할 수 있는 능력인 자아가 아직 형성되

지 않았고, 무속인에 의한 세뇌 교육으로 인하여 맹목적인 충성과 비이성적인 사고를 가질 수 있는 어린아이들을 대상자로 수양자로 삼는 것은 당연한 것이다.

수양자가 장성하여 결혼하게 되면 명다리(명교:命橋)가 끝나게 되는 이유도 스스로 판단할 수 있을 만큼 자아가 성숙되었으며, 특히 결혼으로 인하여 부부에게서 새로운 정보들을 습득하게 되어 비이성적인 사고에서 벗어나게 되고, 더 이상 무속인에게 맹목적인 충성을 하지 않기 때문이다.

• 명다리(명교:命橋)를 걸 때의 여러 가지 의식들

명다리(명교:命橋)를 걸 때 자녀의 생년월일시, 주소, 이름을 적어 무속인에게 주고, 무속인은 발언문과 함께 자신이 모시는 신에게 바치는 행위는 노예계약을 작성하여 현세계에 살고 있는 어린아이의 영을 사후세계에 거주하는 영혼에게 파는 행위이다.

:: **노비 계약서**

조선시대 노비 계약서에도 노비가 태어난 연도, 노비의 이름 그리고 노비가 살고 있는 주소가 기재되어 있다. 객관적으로 구분할 수 있는 물건과는 다르게 객관적으로 구분할 수 없는 사람의 경우에는 구체적으로 판매되는 사람이 누구인지 제삼자가 객관적으로 확인할 수 있도록 특정하는 표식(태어난 연도, 이름과 주소 등)을 적어 놓는다.

실제로 사후세계에서는 현세계에서 죽음을 맞이한 무속인과 명다리(명교:命橋)를 걸었던 사람들이 노예계약 체결로 인하여 영계로 가지 못하고 사후세계에 남아 많은 세월을 노예로 살고 있었다.

무속인이 타 지역으로 이사를 가게 되면 명다리(명교:命橋)를 다른 무속인에게 팔거나, 수양모인 무속인이 사망하게 되면 무계(巫系)를 계승 받는 제자 무속인에게 명다리(명교:命橋)를 승계하여 주는 것도 체결한 문서에 의해 노예를 팔고 사는 현세계의 행위와 비슷하다.

무속인과 명다리(명교:命橋)를 걸었던 사람들이 영계로 가지 못한 이유도 현세계에서 살았을 때 수양모인 무속인과 자신의 부모들로부터 신이라는 주인이 노예인 아이를 평생 보살펴준다는 잘못된 교육을 어릴 때부터 계속해서 세뇌받았기 때문이었다.

수양모가 수양자에게 행하는 도지재생(桃枝再生)이라는 의식을 살펴보면, 복숭아 나뭇가지를 입에 물게(도지:桃枝) 하여, 신과 무속인에게 복종하는 수동적인 여자들의 삶을 강조하고, 수양모가 벌린 양쪽 다리 사이로 수양자가 기어 나오게(재생:再生) 하여 신이나 무속인에게 어떠한 경우라도 대적할 수 없다는 정신적인 치욕을 마음속에 심어준다.

도적의 가랑이 사이를 지나간 한신 대장군의 치욕에 관한 일화처럼 남의 가랑이 사이를 기어서 지나가는 행위는 양반들이 노비들에게 시켰던 상징적인 천한 행위였다.

206

:: 한신 대장군의 일화

소년 시절 한신은 비천한 출신에 가정형편도 매우 어려웠지만 항상 가슴에 큰 뜻을 품고 무술을 익히면서 보검(寶劍)을 차고 다녔다. 이러한 한신을 못마땅하게 여긴 백정 출신의 젊은이가 여러 사람들이 보는 앞에서 한신에게 '체격은 건장하지만 마음은 겁쟁이'라고 놀리며 '그렇게 생각하고 있지 않다면 차고 있던 보검(寶劍)으로 나를 베어서 죽이고 내 말이 맞는다면 내 가랑이 밑으로 기어가라'고 말했다.

한신은 한참 동안 그 젊은이를 바라보다가 천천히 몸을 숙여 젊은이의 가랑이 사이로 기어나갔고, 이 장면을 본 많은 사람들은 한신을 겁쟁이라고 놀렸다. 남의 다리 사이로 기어나간다는 것은 자신의 몸은 살아 있지만 정신적으로는 이미 사망하였음을 의미하는 것이다.

그리고 수양모는 수양자의 기(氣)를 꺾기 위하여 다른 사람들도 자신의 수양자를 천(賤)하게 대우할 수 있도록 개똥이나 못난이 등의 이름을 지어준다[중편 30장 작명(作名)과 개명(改名) 편 참조].

어릴 적부터 천한 이름을 듣고 자란 아이는 자신의 의지를 상실한 채 타인의 지배를 쉽게 받고 무조건 따르는 천한 어른으로 성장한다.

에피소드 3 : 명다리(명교:命橋) 행위에 대한 결론

사주팔자를 구성하고 있는 오행 원리에서 파생된 살(煞)에 대하여 자세하게 살펴보지 못하고, 자녀의 행복한 삶을 바라는 마음만으로 무속인의 말만 믿고 자신의 자녀를 팔아버린 명다리(명교: 命橋)를 거는 행위는 사후세계에 거주하는 영혼에게 자녀를 노예로 팔아버리는 노예계약을 체결한 것임을 부모들은 알기 바란다.

급변하는 시대에 위대한 업적을 남길 수 있었던 기(氣)가 센 아이는 명다리(명교:命橋)인 노예계약의 체결로 인하여 기(氣)를 펴지 못하는 나약한 영이 된다는 사실도 절대로 잊어서는 안 된다.

사후세계에 존재하는 영혼들의 지배욕에 관한 집착에 대하여 내가 경험한 일화를 이야기해주겠다. 2남 2녀를 낳은 가난하지만 마음씨 착한 부부가 있었는데, 그 지역에 사는 유명한 무속인이 단명(短命)할 수 있다며, 부부의 장남을 자신이 모시고 있는 신에게 바치면 잘 살게 만들어 주겠다고 제안하였다.

당장 입에 풀칠을 하기도 어려웠던 부부는 장남이 7살이 되면 신에게 바치겠다며, 그보다 먼저 잘 살게 만들어 말라고 무속인에게 요청하였다. 그로부터 몇 년이 지나지 않아 엄청난 재물을 모은 부부는 장남이 7살이 되면 무속인에게 빼앗긴다는 생각으로 인하여 큰 고민을 하면서 살게 되었다.

장남을 무속인에게 잃고 싶지 않았던 부부는 막내딸을 장남 대신 무속인을 통해 신에게 바쳤지만, 무속인이 모시고 있는 신은 뜻을 굽히지 않고 장남을 원했다. 결국 부부는 장남도 무속인이 모시는 신에게 바치게 되었다.

어린 시절 무속인이 모시고 있는 신에게 명다리(명교:命橋)를 걸었던 장남과 막내딸은 성인으로 자란 후 무속인이 되어 비참한 삶을 살게 되었고, 명다리(명교:命橋)를 걸지 않았던 첫째 딸과 셋째 아들은 평범한 삶을 살고 있다. 신이 자신의 자녀를 보살펴 주기를 바라는 마음에서 행한 명다리(명교:命橋)를 거는 행위의 결과는 비참한 노예의 삶을 자녀에게 선물하는 것일 뿐이다.

에피소드 4 : 명다리(명교:命橋) 행위의 영적인 이야기

영능력자들이 보는 명다리(명교:命橋) 걸기는 사후세계에 존재하는 영혼들이 현세계에서 살고 있는 사람들의 몸을 사용하기 위한 속임수에 불과하다고 본다.

무속인들이 신을 받는 행위와 일반 사람들이 명다리(명교:命橋)를 거는 행위는 동일한 것으로 무속인들이 일반 사람들에게 명다리(명교:命橋)를 걸게 되면 자신을 지켜주는 수호령(守護靈)을 가지게 된다고 주장하지만, 실제로는 하나의 육체에 두 개의 영혼을 구성하는 행위일 뿐이다.

또한 무속인들은 큰 사고를 당해도 수호령 때문에 살아남을 수 있다고 주장하지만, 진짜 큰 사고를 당하여 몸 안에 있던 진짜 영이 몸 밖으로 튕겨져 나오게 되면, 몸 안에 같이 살고 있었던 무속인이 말한 수호령이라는 가짜 영혼이 진짜 영의 몸을 지배하여 남아있는 삶을 살게 된다. 이것의 예로 우리는 죽다 살아난 사람이 전혀 딴사람이 되었다고 말하는 것을 종종 들을 수 있다.

사후세계에 존재하는 영혼이 출입하기 쉬운 무속인의 몸은 신이라고 주장하는 영적 존재가 사용하고, 사후세계에 존재하는 영혼이 출입하기 어려운 명다리(명교:命橋)를 걸은 일반 사람들의 영은 신이라고 주장하는 영적 존재의 부하들이 사용한다.

처음 사후세계에 존재하는 영혼이 현세계에 살고 있는 사람들에게 침입할 때 몸 안에 있는 진짜 영의 극심한 저항을 받게 되지만, 무속인이 명다리(명교:命橋)을 걸은 사람들에게 자신을 지켜주는 수호령이라고 속여 사후세계에 존재하는 영혼의 침입을 쉽게 만든 경우나 반감과 반항을 쉽게 제압할 수 있는 어린아이의 영일 경우에는 사후세계에 존재하는 영혼이 침입할 때에도 심한 저항을 받지 않는다.

제37장

신전(神殿)

이제 내 주변에는 영적 세계로부터 나를 도와주거나 지켜줄 수 있는 영능력자나 무속인이 전혀 없이 나 홀로만 남게 되었고 불행하게도 나의 몸에 차크라가 많이 열려 있는 상태였기 때문에 밤마다 나를 찾아오는 귀신들로 인하여 큰 고통을 당하고 있었다.

밤마다 찾아오는 귀신들은 예전에 나를 찾아왔던 예쁘거나 잘생긴 선남선녀(善男善女) 모습을 하고 있는 귀신들과는 전혀 다른 험악한 모습이거나 거인 형태였으며, 싸움을 매우 좋아하는 호전(好戰)적인 성향을 가지고 있었다. 나는 밤마다 나를 찾아오는 호전적인 성향을 가진 귀신들과 혈투를 벌이게 되었지만, 좀처럼 승부가 나지 않을뿐더러 나에게 불리한 상황이 계속 전개되고 있었다.

나는 손에 어떤 영적 무기도 가지고 있지 못했지만, 상대방 귀신은 내가 상상하지도 못한 무기들을 가지고 나를 찾아다녔고, 막상 마주쳐 대결하게 되면 무기가 없는 내가 귀신들과의 싸움에서 매번 도망치게 되거나 지게 되어 영적 고통을 받는 것이었다.

매일 밤 만나는 귀신들과의 싸움에서도 지쳐가고 있었는데, 설상가상으로 친척 형이 과거 모셨던 관성제군(關聖帝君)이라는 일본 밀교(密敎)의 수장(首長)인 영과 친척 여동생이 모시고 있는 한국 무속의 대신(大神) 할머니의 영혼들마저도 나를 찾아와 내 머리에 씌여져 있던 황금색 고리의 영적 면류관을 벗기려고 날마다 시도하였다.

그러나 다행스러운 것은 일본 밀교의 영혼과 한국 무속의 대신(大神) 할머니의 영혼이 내 머리에 씌어 있던 황금색 고리의 영적 면류관을 벗기기 위하여 영적 면류관을 잡으려고 시도하면, 황금색 고리인 영적 면류관은 저절로 윙~~ 소리와 함께 용암과 비슷한 붉은 색으로 변화면서 잡으려는 영들의 손을 계속해서 통과시켜 버렸다. 황금색 고리 형태의 영적 면류관은 영혼들도 도저히 잡을 수 없는 신비스러운 물건이었고, 엄청나게 많은 수의 귀신들을 데리고 나를 찾아왔던 일본 밀교의 영혼과 한국 무속의 영혼은 마침내 나에게서 영적 면류관을 벗겨내는 것을 포기하고 철수하였다.

최근 몇 년간 영적으로 받은 고통으로 인하여 정신과 육체가 매우 힘들었던 나는 세상만사가 다 귀찮다는 생각도 들었고, 현재 아무것도 가진 것이 없는 비참한 현실을 매우 슬프게 느끼면서 이 세상에 태어난 것을 크게 원망하며 소리 내어 울었다.

그리고 하늘을 향해 아빠~~ 하고 크게 외치는 순간, 내 머리에 씌어 있던 영적 면류관에서 시원한 기운이 돌며 미간 차크라가 열렸고, 동시에 내 머리 중앙에 있는 두정(정수리) 차크라가 열리면서 시원하다는 느낌을 가진 기운들이 계속해서 쑥~쑥~쑥~하는 소리와 함께 정수리를 통해 내 몸속으로 들어오고 있었다.

이때 회색과 흰색의 조합인 늑대개와 황갈색의 커다란 개가 내 눈앞에 기(氣)의 형태로 나타나 나에게 달려왔고, 나는 나에게 달려온 커다란 기(氣)의 형태인 개들의 얼굴을 만지면서 방 안에서 쓰러졌다. 나의 영은 시원한 기운을 받으며 끝없이 하늘 위로 올라가 신계의 신전 안 모퉁이에 서 있었다. 내가 본 신전은 종교 서적들에서 이야기하는 금, 은 보석으로 치장된 성전이 아니었으며, 중국 명·청대의 황제가 거주하던 자금성과 비슷한 형태로 만들어져 있었다.

신전의 규모는 엄청나게 컸으며, 신전을 둘러싼 외곽에는 담이, 신전의 내부에는 완벽하게 반듯한 평면으로 구성되어 있었지만 중국 자금성과의 차이점은 신전 안에 큰 건물이나 제단(祭壇)은 전혀 존재하지 않았다는 점이다.

신계의 신전(神殿)에 건물이나 제단(祭壇)이 없는 이유

현세계에 살고 있는 사람들은 사후세계나 영계에 존재하는 영들을 신이라고 생각하고 섬기고 있기 때문에, 그들의 신전인 종교 건물 또는 제단에는 자신들이 모시는 신을 상징하는 십자가나 부처 또는 신령들의 형상을 가지고 있다. 무속령들이 지배하는 사후세계에 있는 신전에도 자기들이 모시는 신의 형상들이 있다.

마찬가지로 종교령들이 지배하는 영계의 신전에도 자기들이 모시는 신들의 형상이 있지만, 진짜 신들이 살고 있는 신계의 신전에서는 모시고 있는 신의 형상이 전혀 없다. 왜냐하면, 신계 신들은 자신 이외의 다른 존재인 신을 섬기지 않기 때문이며, 신계에서 신전의 역할도 다른 신들과의 정보 교류를 하는 장소로 활용되기 때문이다.

영계와 사후세계 그리고 현세계에서 신전이 탄생된 배경은 처음에는 자신들이 좋아하는 신들을 모시고, 모시고 있는 신에게서 정보를 얻기 위함이었으나 나중에는 자신들 스스로를 신격화하는 장소로 변질시켰다.

그리고 신계의 존재하는 모든 색깔은 흐릿한 것이 하나도 없는 완전하게 깨끗하고 선명한 색깔을 띠고 있었다.

눈으로 보는 세계는 먼지 등 우리 눈에 보이지 않지만 시야를 방해하는 요소들이 있지만, 기(氣)로 구성된 신계에서는 영적 시야를 방해하는 요소가 전혀 없기 때문에 찬란하면서 선명하다고 나는 생각한다.

신계(神界)의 모든 색깔이 선명한 이유

과학 시간에 배웠으리라 생각되지만 사람들의 눈이 감지할 수 있는 가시광선이라는 빛의 영역은 380nm에서 780nm 사이라고 말하며 빨간색, 주황색, 노란색, 초록색, 파란색, 남색, 보라색 등 일곱 가지 색이 있다고 한다.

380nm보다 짧은 파장의 것을 자외선, 780nm보다 긴 파장의

것을 적외선이라 부르며 사람의 눈으로는 볼 수 없다고 한다. 그러나 육체를 벗어난 영이 볼 수 있는 시야는 가시광선에 국한되지 않고 능력에 따라 볼 수 있는 범위가 훨씬 넓어진다.

영적 성숙이 높은 영일수록 볼 수 있는 영역이 넓어져 볼 수 있는 색깔들이 더욱 선명해지고, 색이 없는 검은 형상의 밤은 더 이상 존재하지 않게 된다. 이런 이유로 신계에서는 밤이 없고 대낮처럼 색깔이 있는 밝음만 존재하고 있으며, 신이 되면 현세계에 살고 있는 사람들과는 다르게 더 이상 잠도 자지 않는다.

미간 차크라가 열린 사람들은 현세계에서 보는 태양의 색깔로 태양을 인식하지 않으며, 사람들의 눈에는 보이지 않는 존재를 보는 이유도 육체를 벗어난 영이 보는 영역이 육체 안에 있을 때보다 범위가 훨씬 넓어졌기 때문이다.

나는 신전 안에 있던 만화 캐릭터처럼 귀엽게 생긴 조그만 뱀들을 손으로 여럿 잡아 내가 가지고 있던 통속에 집어넣는 행위를 하고 있었다.

신계(神界) 신(神)들의 형상

범아신으로부터 나온 정보가 전혀 없던 생기는 생기를 덮은 영으로 출발하여 미생물로부터 식물, 동물을 거쳐 사람으로 윤회 (필요할 경우에는 다른 혹성에서 다른 형태의 생물로 윤회를 거쳤다)하였고, 마침내 영을 깨트리고 의식체를 가진 생기 즉 신이 되었다.

현재 지구의 생물 종은 3,000만 종으로 추산된다고 하는데 미생물을 제외하고도 영이 한 번씩만 윤회하여도 3,000만 번을 윤회하였다고 본다(사람 하나로도 수백 번 이상 많이 윤회하듯이 실제로는 숫자를 세는 것이 무의미할 정도로 많이 윤회). 그러나 의식체를 가진 신이 된 생기는 모든 윤회를 기억하고 있으며, 대부분의 신은 본래 신의 모습인 무형의 형태를 가지고 있는 것을 선호하는 반면에, 윤회 과정에서 자신이 가장 좋아한 특별한 사연을 잊고 싶어 하지 않는 신은 자신이 가장 좋아했던 그때 그 형상을 가지고 있기를 좋아한다.

예를 들면 뱀으로 윤회할 때 가장 행복함을 느낀 신은 뱀의 형상으로 유지할 때가 있고, 개로 윤회할 때 가장 행복한 시절을 보낸 신은 개의 형상을 유지할 때가 있었지만 신전에서 본 대부분의 신은 무형상이었으며, 일부는 사람의 형상을, 아주 극히 일부가 각종 동물들의 형상을 하고 있었다.

신계와는 다르게 영계나 사후세계에서는 사람들의 모습을 하고 있는 장소에서는 사람들의 영들이 대부분이며, 동물들의 모습을 하고 있는 장소에서는 동물들의 영들이 대부분이다.

사람들이 잠을 잘 때에는 영이 육체를 벗어나 사후세계를 여행하면서 지식과 경험을 통한 정보를 습득하는데 그 정보가 꿈으로 투영되며, 꿈에서 만나는 대부분의 존재가 일부 동물의 영들을 제외하고는 다른 사람들의 영들일 수밖에 없는 이유가 영적 성장도가 같은 무리끼리 몰려서 같이 살고 있기 때문이다.

대학교에서 가르치고 있는 교수들의 식탁에 배우고 있는 학생이 같이 앉아 식사하기가 매우 부담스러움을 느끼듯이, 영들도 영적 성장도가 높은 사람들의 영들 무리 속에 영적 성장도가 낮은 동물 영이 함께 있기는 매우 힘들다.

단지 꿈에서 나를 해치려는 커다란 뱀이나 다른 무서운 동물들을 만났다면 꿈에서 만난 뱀이나 동물들은 일반적으로 사람들이 만나게 되는 뱀이나 동물들의 영이 아닌 사람들의 영보다 영적 성장도가 높은 특별한 존재임을 알아야 한다.

내가 신전에서 잡은 만화 캐릭터처럼 귀엽게 생긴 조그만 뱀은 영계나 사후세계 또는 현세계에 내려오게 되면 용 등으로 섬김을 받는 존재로 엄청난 영적 능력을 가지고 있다.

그때 아주 귀엽게 생긴 뱀들이 나에게 왜 자기들만 잡느냐며 불만을 이야기했고, 뱀의 형상에 대하여 일종의 알 수 없는 트라우마를 가지고 있던 나는 뱀들에게 너의 마음만 있는 것이 아니라 내 마음도 있다고 대답하면서 계속해서 내가 가지고 있던 통속에 뱀들을 잡아서 집어넣고 있었다.

영계(靈界)나 신계(神界)에서의 대화

사람들의 기(氣)의 흐름이 물질로 막혀 있는 현세계에서는 물질을 통과할 수 있는 형태의 물질을 만들어서 이용해야 하는데 바로 소리이다. 사람들이 자신의 생각을 다른 사람에게 전하기 위해서는 소리라는 물질을 만들어 입으로 내보내고 소리라는 물질을 귀로 듣는다.

그리고 육체를 벗어난 영만이 존재하는 사후세계나 영계에서는 생기에서 나오는 기(氣)가 생기를 감싼 영체로 인하여 한번 굴절되거나 왜곡될 수 있기 때문에 약간 불완전하지만 소리를 만들지 않고도 자신들의 생각을 다른 영들에게 전할 수 있다.

그러나 영체가 없는 생기만이 존재하는 신계는 생기가 발산하는 기(氣)를 막고 있는 물질과 왜곡할 수 있는 생기를 둘러싼 영체가 없기 때문에 생기가 자신의 생각을 전달하려고 할 때, 듣기를 원하는 주변의 다른 생기들도 모두 그 생각을 읽을 수 있어 소리를 만들 입과 소리를 들을 귀도 필요로 하지 않는다. 생기가 자신이 말할 내용을 생각하면 상대방 생기의 대답이 생각 속에 저절로 들어오기 때문이다.

귀여운 뱀들이 왜 자기들만 잡느냐고 나에게 이야기할 때에도 뱀이 말한 것이 아니고 내 생각 속에 저절로 뱀이 말한 이야기가 들어온 것이었고, 내가 뱀들에게 너의 마음만 있는 것이 아니라 내 마음도 있다고 대답할 때도 내가 소리 내어 말한 것이 아니라 대답을 생각했을 뿐이며 상대방 뱀이 내 생각을 읽은 것이었다.

생기에서 나오는 기(氣)의 흐름을 막는 물질이 없는 신계에서는 원하는 모든 생기들의 생각을 읽어낼 수 있기 때문에 남을 돕거나 위하여 주는 행위는 마음대로 생각할 수 있으나, 반대로 남을 해치거나 나쁜 일을 계획하는 행동은 특별한 경우가 아니면 쉽사리 생각할 수 없는 아주 평화로운 장소이다.

이때, 멀리서 신전의 중심부로 오라는 소리가 생각 속에 들렸고, 내 몸을 틀어 신전의 중심부로 가려고 하였으나 움직이는 속도는 엄청나게 느렸다.

신계(神界)에서의 움직임 속도

육신을 가지고 있는 현세계에서 움직임은 육체를 동반한 움직임의 속도이지만 육신이 없고 영만 존재하는 사후세계나 영계에서는 기(氣)를 동반한 움직임으로 우리의 상상을 초월할 정도로 빠르게 움직일 수 있다. 물론 움직임의 속도는 영이 가지고 있는 기(氣)의 세기이므로 영마다 크게 차이가 난다.

영계를 체험한 일부 사람들이 영계에서 살고 있는 영들은 모두 잘 움직이지 않고 멈추어 있다고 말하는데 그러한 현상은 영 안의 생기에서 발산하는 기(氣)의 세기인 힘의 차이 때문에 발생한다. 현세계에서는 영이 장착된 영체에 의하여 움직임의 크기가 결정된다.

예를 들면 사람의 영체에 장착된 영은 10분 안에 100M 거리도 충분히 이동할 수 있지만 미생물에 장착된 영은 100년이 걸려도 1M를 이동하기 어려울 수도 있다.

장착된 영체가 없는 영계에서는 오직 생기에서 발산하는 기(氣)의 세기인 힘으로만 움직일 수 있기 때문에 성숙한 영은 빠르게 이동할 수 있으나, 미숙한 영은 조금도 자리를 이동하기 어렵다. 신계에서 영의 움직임은 나무늘보의 움직임보다 훨씬 느렸다(나는 영체를 가진 상태에서 신계로 가서 신전을 보았기 때문에 영체를 깨뜨리고 신이 된 생기들의 움직임과 영체를 가진 나의 움직임을 비교할 수는 없다고 생각한다).

영계 또는 사후세계와 차이점이 있다면 조금만 움직였는데 내 주변에 있는 많은 정보를 저절로 습득한다는 점이었다. 그 당시를 돌이켜본 내 생각으로는 만약 빨리 움직였다면 아마 나의 영체가 엄청난 양의 정보를 갑작스럽게 습득함으로 인하여 터져버렸을 것이라고 생각한다.

나는 신전의 중심부로 이동하는 순간에 내가 원했던 많은 정보를 어떤 생각의 인식도 없는 상태로 얻게 되었다.
나는 그것을 선지식(先知識)이라고 부르고 싶다. 당연히 불교에서 말하는 어떤 일을 판단하거나 실천하는 본보기가 된다는 선지식(善知識)과는 한자도 틀리고 내용도 전혀 다르다. 내가 말하는 선지식(先知識)은 생각한 순간과 동시에 정답이 머릿속에 이미 들어오는 지식을 말함으로 먼저 선(先) 자를 사용한 것이다.

그리고 신전의 중심부로 이동하려는 순간 나의 영은 현세계로 되돌아와 의식을 회복했다. 5분간 의식을 잃고 쓰러진 상태에서 일어난 나는 10분 동안 온몸에 있는 살들이 두꺼비처럼 돋아나 있었고, 미간 차크라와 두정 차크라가 계속해서 열려 있었다.

신계에 있는 신전의 중심부로 몸을 한 번 틀었을 뿐인데 엄청난 정보를 습득하게 된 나는 영계나 사후세계에서 어떤 존재를 만난 후부터 신비한 힘이 생겨났다는 사람들이 말이 거짓이 아님을 알게 되었다.

영계에서 유명한 음악가를 만난 사람이 갑작스럽게 음악에 재능을 보이거나 어떤 존재를 만나게 된 후부터 수학에 재능을 보이는 것이 나의 경험과 비슷하다는 생각이었다. 나는 신계에서 1초 동안 신전에 있는 중심부를 보았기 때문에 다음과 같은 많은 정보를 알게 되었던 것이다.

신계에서 신전을 본 후 내가 알게 된 정보들

※ 지금은 제목만 뒤에는 기초적인 내용만 기술하겠고, 기회가 있다면 아주 상세한 내용은 다음에 집필하는 책에서 좀 더 상세하게 기술하겠다.

1. 윤회(輪廻)의 원인
2. 복자(福者)의 탄생과 영(靈)이 신(神)이 되는 과정
3. 인류의 영(靈)적 발전 과정(3대 과정)
4. 사주팔자(四柱八字)의 원리
5. 생기(生氣)의 중요성
6. 영(靈)적 세계의 계층 구조 및 영(靈)적 삶
7. 진짜 신(神)들이 사람들의 영(靈)에게 바라는 사항 등
8. 무속령(巫俗靈)과 종교령(宗敎靈) 그리고 도인(道人)들의 문제점

그리고 무엇보다 중요한 것은 불교 경전 『반야심경』의 내용처럼 사람들의 영은 어떤 경우에도 없어지지도 않고 새로 생겨나지 않는 불멸의 존재이면서 절대적 평등의 존재들(상편 22장 텔레파시와 『마하반야바라밀다심경』 편 참조)로, 우리가 곧 범아신에게서 나온 신의 일부인 신으로서 사후세계나 영계에 거주하는 영혼이나 영들을 섬기는 것이 아닌 신계의 의식체를 가진 신으로 되돌아가야만 하는 존재임을 알게 되었다는 것이다.

또한 귀신들은 영적 힘이 현세계에 살고 있는 사람보다 강하여 사람들의 의식과 생각을 읽을 수 있어 대단한 존재처럼 보이지만, 현세계에 살고 있는 사람들과 직접적으로 격돌하게 되면, 영적인 힘뿐만 아니라 물리적인 힘을 가지고 있는 사람이 의식과 생각만 강하게 가지고 있다면 누구나 쉽게 물리칠 수 있는 존재임을 알게 되었다.

또한 현세계에서 살고 있는 사람도 육체를 벗어난 영계나 사후세계에서는 자신의 영에서 나오는 기(氣)로 원하는 무기를 모두 만들 수 있다는 사실도 처음으로 알게 되었다.

사후세계에 존재하는 귀신들의 괴롭힘을 종교나 타인인 영능력자들에 기대서는 절대 해결할 수 없는 이유는, 종교나 타인인 영능력자의 힘에 의지하려는 생각 자체를 사후세계에 존재하는 귀신은 이미 알고 있기 때문이다. 육체를 가지고 있다면 나약한 어린아이도 육체가 가진 물리적 힘 때문에 사후세계에 존재하는 귀신들의 영혼을 얼마든지 찢을 수 있는 능력을 가지고 있다.

나는 이러한 나의 생각이 옳은지 시험하기 위하여 다시 내 방의 모든 불을 끄고 잠자리에 들었고, 며칠 뒤 수많은 귀신들이 나의 집으로 몰려와 다시 나를 찾아왔다.

나는 귀신들이 무섭다는 생각을 완전히 버리고 귀신들에게 내가 너희들에게 공포의 대왕으로 영원한 이름을 남겨놓겠다는 강한 생각과 의지를 가지고 물리적 힘을 다해 '가위눌림'하는 귀신들의 영혼이 가지고 있던 손들을 찢어 버렸고, 영만이 육체를 벗어나 사후세계를 돌아다니는 꿈에서는 내가 원하는 무기를 생각하고 만들어서 귀신들을 찾아다니며 찢어 죽였다.

나에게 영혼의 일부가 찢겨 나간 귀신 중 한 명이 "넌 도대체 누구냐?"고 물었고 나는 "관세음보살이 신들을 공경하라고 보낸 사람"이라고 대답해 주었다. 나는 꿈에서 나하고는 일면식(一面識)도 없는 관세음보살이 나를 보냈다고 말한 이유를 생각해내려고 노력하였으나 그 당시에는 전혀 알 수 없었고, 최근에 비로소 사후세계에서 관세음보살을 만난 후에야 내가 그렇게 말한 이유를 명확하게 알게 되었다.

이 사건 이후로는 거의 8년간 나는 단 한 명의 귀신도 내 집에서 만나지 못했고, 귀신들 또한 더 이상 나의 집으로 나를 찾아오지 않았다. 나는 신계에 계신 신들에게 더 이상 영적 세계에 대하여 관심이 없음을 천명(闡明)하자 영적 면류관, 미간 차크라 및 두정 차크라, 후광과 기도할 때 온몸에 돋는 소름 등이 나의 몸에서 완전히 사라지게 되었고, 나는 다시 다른 사람들과 같은 평범한 삶을 살 수 있게 되었다.

제38장

독서와 기도(祈禱)에 대한 응답

다시 보통 사람들처럼 평범한 일상생활을 즐길 수 있게 된 나는, 현세계에서 영적 세계와 관련된 사람들의 도움 없이 내게 주어진 삶을 스스로의 힘으로 올바르게 살아가기 위한 가치관 정립과 열악한 재정에 관한 관심을 가져야 한다고 생각하게 되었다.

가치관 정립에는 독서만 한 것이 없다는 주변 사람들의 이야기를 듣고 나는 곧바로 지역 유지인 소상공인들이 참여하는 새벽 독서모임에 가입하였다.

독서

• 현세계에서 독서의 영향

일부 사람들은 독서의 중요성이 실제보다 과장되어 있다고 주장하면서 그 이유로 현재에는 사람들이 독서로 얻는 정보보다는 커뮤니티, 트위터나 페이스북 등에서 더 많은 정보를 얻을 수 있으며, 세상이 빠르게 변함에 따라 그에 따른 정보도 급변하게 되는데, 책은 그러한 변화를 따라갈 수 없기 때문에 독서를 하게 되면 오히려 최신 정보에 어두워진다는 것이다. 그러나 나는 이러한 주장에 절대 동의할 수 없다.

첫째, 사람들이 책을 읽는 독서만으로도 외모 지상주의나 물질 만능주의를 추구하는 삶보다 다른 사람들과의 소중한 관계를 더 중요하게 여기게 되는 기반을 습득할 수 있는, 다시 말하면 인생을 올바르게 살아가는 가치관이나 심지어는 큰돈을 벌어다 줄 수 있는 전문적인 지식까지도 얻을 수 있다.

책 속의 쓰인 글은 사람들이 직접 체험을 하지 않고 글을 읽는 간접 체험만으로도 다른 사람들의 다양한 삶을 알고 이해하게 되며, 정확한 정보뿐만 아니라 세상을 새로운 시각으로 바라볼 수 있는 창의력과 풍성한 상상력도 우리에게 함께 전달하여 준다.

그 이유는 작가가 자신의 주변에 있는 데이터를 잘 정제된 정보로 가공하여 글로 표현하였기 때문이다. 그러나 커뮤니티, 트위터나 페이스북 등에서 더 많이 얻는 내용은 덜 정제된 정보나 정보와 유사한 데이터들로서, 사람들은 다시 한 번 이곳에서 얻은 덜 정제된 정보를 가지고 다시 정제된 정보로 만들어 활용해야 하는 과정을 추가로 거쳐야 한다.

:: 데이터와 정보

데이터란 현실에서 단순히 관찰하거나 측정하여 얻은 사실이나 값으로

225

자료라고 하며, 정보란 데이터를 의사결정에 유리하게 사용할 수 있도록 처리하여 체계화시킨 것을 말한다. 예를 들면, 우유 가격은 1,500원이고 빵 가격은 1,000원이라는 것은 데이터이다. 내가 현재 배가 고파서 먹을 것을 사야 하는데 내 수중에 1,000원밖에 없다고 가정한다면, 우유는 1,500원이라서 내가 사 먹지 못하지만, 빵은 1,000원으로 내가 살 수 있다는 판단을 할 수 있도록 돕는 것이 바로 정보이다. 내 수중에 있는 1,000원으로 빵을 구입할 수 있다고 판단한 후 돈을 주고 빵을 구입하는 것은 정보의 활용이다.

둘째, 책은 급변하는 세상 정보의 변화에 즉시 따라가는 반응을 하지 못하지만, 안정화된 정보를 사람들에게 줄 수 있다. 성공적인 삶을 살았다고 생각되는 사람들의 삶의 과정을 보면, 주위 변화에 즉시 반응하여 살아온 사람들보다 시간적 여유를 갖고 정확하고 올바른 반응으로 적응하며 살아온 사람들이었다.

즉각적인 반응으로 커다란 실수를 하게 되면, 커다란 실수를 다시 회복하기 위해서 수많은 시간과 정신 및 물질이 많이 소요되기 때문이다. 독서는 다른 사람들의 풍요로운 삶을 글을 통한 간접 체험으로 자신의 가치관과 자기계발을 할 수 있는 최고의 수단이라고 생각한다.

• 영적 세계에서 독서의 영향

사람들이 윤회하는 이유는 영계, 사후세계와 현세계에서 삶을 살아가면서 지식과 경험을 쌓아 영 안의 생기 속에 정보를 축적하기 위해서이다. 영 안의 생기 속에 정보를 축적하는 방법은 직접 체험만 가능한 것이 아니라 간접 체험으로도 충분히 가능하다. 그리고 간접 체험으로 많은 다른 사람들의 삶을 체험할 수 있는 연극, 영화와 독서 등 여러 가지 방식 중에서도 시간과 돈에 장애를 덜 받는 것이 독서이다.

도(道)를 추구하거나 종교를 믿는 사람들 중의 일부가 신을 만나보겠다고 하거나 자신이 신이 되겠다고 하면서 자신의 몸과 마음을 혹사시키는 수련을 하는 것은 현세계에서 자신에게 주어진 소중한 삶의 시간들과 몸을 헛되게 낭비하는 매우 어리석은 행위이다.

도(道)를 깨우치겠다고 신과 가까워지겠다고 수련하는 것보다 영화나 연극 또는 책을 한 권 읽고 깊이 생각하는 방법이 오히려 영 안의 생기 속에 더 다양한 고급 정보를 축적하게 함으로 주어진 삶을 훨씬 풍성하고 효과적으로 만들어 주기 때문이다. 그리고 독서를 많이 하게 되면 모든 일에 합리적인 의심을 하게 되는 능력이 생겨나 사후세계나 영계에 존재하는 귀신들과 영들의 감언이설과 유혹에 속아 자신의 영을 팔거나 사로잡히는 일들이 더 이상 발생하지 않게 된다.

영계나 사후세계에 존재하는 귀신들과 영들의 말과 행동을 듣거나 보고 '왜'라는 합리적인 질문을 먼저 던질 수 있는 능력을 스스로 가질 수 있기 때문이다.

인류의 중간 시대인 행복의 달 시대는 무지(無知)로 인하여 사후세계나 영계에 거주하는 귀신들이나 영들에 의해서 현세계에 살고 있는 사람들이 고통받고 지배받는 시대였다. 그러나 권위의 별 시대에는 현세계에 살고 있는 사람들이 사후세계나 영계에 대하여 많은 지식들을 가지게 되어, 영계의 지배도 받지 않을뿐더러 오히려 사후세계를 계도하여 주는 시대가 될 것이며, 이러한 계도자를 사람들은 정도령(正道靈)들이라 부를 것이다.

권위의 별 시대를 보내면서 정신세계를 장악하고 지도할 수 있는 셀 수 없이 많은 정도령(正道靈)들은 현세계에 살고 있으면서도 끊임없는 지식 추구와 무한탐구의 정신으로 사후세계에 거주하는 귀신이나 영들을 진리의 세계로 인도하는 인문철학자이며 현자(賢者)들이다.

권위의 별 시대를 이끌어 가는 정도령(正道靈)들이 이러한 일을 할 수 있었던 첫 번째 원동력인 무기가 종교 서적이 아닌 바로 인문과 과학 서적의 탐독에서부터 출발한다.

말로 하는 언어를 문자로 만들고, 다시 문자를 책으로 만든 후 그 책을 읽어 지식을 습득하는 독서는 사람들이 간접 체험을 통해서도 영적 성장을 이룰 수 있도록 함과 동시에, 권위의 별 시대 기간에 활약하는 현자(賢者)이며 인문철학자인 정도령(正道靈)들을 탄생시키기 위해 지구라는 혹성에는 동물들에게는 주지 않고 오직 사람에게만 준 진짜 신들이 숨겨놓은 또 하나의 소중한 선물이었다.

새벽 독서 모임은 일주일에 한 번씩 아침 6시에 개최되었으며, 매주 새롭게 선정된 책을 읽고 토론하는 형식이며, 분야는 주로 자기계발이었다. 처음에는 새벽 독서모임에 참가하기 위하여 새벽에 일찍 일어나는 일이 매우 귀찮았지만, 매주 새로운 책을 한 권씩 읽고 느낀 점을 발표해야 하는 것은 나에게 더 괴로운 일이었다.

나는 사람들의 눈에는 보이지 않지만 사후세계나 영계에 거주하는 영들이 현세계에 살고 있는 사람들의 정신을 사로잡기 위하여 매일 서로 싸우는 모습도 매우 치열한 전쟁의 시간들이었다고 생각하지만, 현세계에서 자신의 내면을 남들보다 좀 더 멋있게 가꾸려고 노력하는 사람들의 모습 또한 눈에 보이지 않는 매우 치열한 전쟁과 같다고 생각했다.

새벽 독서 모임에 참가한 사람들은 30대 후반인 나보다 훨씬 연세가 많으신 분들이었고, 나름대로 사회에서 많은 사람들에 의하여 자신의 삶을 인정받고 성공했다고 여겨지는 분들이었다. 독서 모임 활동을 통하여 나는 내면에 많은 지식들을 쌓고 있었지만 좀처럼 나의 경제 형편은 나아지지 않았고, 열악한 나의 경제 형편 또한 내가 나의 미래에 대한 계획을 설계하는데 커다란 장애가 되고 있었다.

자기계발서에 있는 내용들은 대부분 주변 사람들과 소통하고, 많은 것을 경험하고, 두려움 없이 용기를 가지고 도전해 보라는 내용이었지만 그러한 활동들은 모두 약간의 돈이 더 필요한 일들이었고 나의 재정상태를 더욱 악화시키고 있었다.

독서 모임을 활발하게 다니고 있던 어느 날, 나는 텔레비전에서 독서를 엄청나게 좋아하는 40대 무직자가 읽고 싶은 책을 소유하고 싶은 욕망으로 서점에서 책을 훔치다 경찰서에 연행된 사연을 시청하게 되었다. 40대 무직자는 중학교 학창시절에 자신이 존경하는 선생님으로부터 독서의 중요성에 대한 이야기를 듣고 깊은 감명을 받아, 그 이후로 줄곧 독서를 취미 삼아 지금까지 살아왔다고 했다.

물론 엄청난 독서량을 가진 40대 무직자의 장점은 자신이 읽은 책의 줄거리를 거의 알고 있다는 점이었고, 단점은 독서를 하는 시간이 부족하여 경제 활동인 직장 생활을 단 한 번도 한 일이 없다는 사실이었다.

돈을 벌어 본 일이 없었던 40대 무직자는 부모의 집에 함께 기거하면서 용돈을 얻어 생활했지만, 계속해서 경제생활은 하지 않고 독서에만 열중하고 있었고, 읽고 싶은 신간이 있으면 서점을 방문하여 독서를 하다가 결국에는 책까지 훔치게 된 것이었다.

독서를 좋아하는 40대 무직자가 경찰서에 연행되는 나락까지 떨어지게 된 진짜 이유는 어려운 경제적 환경을 극복할 경제 서적을 읽은 것이 아니라 경제적 환경에는 전혀 도움이 되지 않는 소설과 문학 분야의 책만을 좋아하여 독서했다는 점이었다.

소설과 문학 분야의 엄청난 독서량은 40대 무직자에게 꼭 필요했던 직장을 구하거나 경제생활을 할 수 있는 정보를 전혀 주지 못했고, 본인 역시 자신의 환경을 개선할 수 있는 분야가 무엇인지 몰랐기 때문에 최악의 상황인 책을 훔치는 결과까지 초래하게 된 것이었다.

텔레비전에서 40대 무직자의 슬픈 사연을 보게 된 나는, 나에게 지금 당장 필요한 것이 무엇인지를 진실되게 고민하였고, 내가 지금 당장 필요한 것은 정신적 수양을 쌓는 자기계발이 아니라 당장의 빚을 청산하기 방법을 찾아내는 것이라고 생각했다.

나는 물질적으로 성공한 사람들이 그 성공을 유지하기 위하여 정신력 강화를 도모하는 자기계발 분야를 강조하는 독서모임의 참가를 즉시 그만두고 도서관에서 경제에 관한 책들을 찾아 읽기 시작했다.

사업가나 장사꾼들에게는 많은 수익을 창출하는 방법을 아는 것이 중요하지만, 봉급생활자에게는 많은 수익을 창출하는 방법보다 낭비하는 지출을 방지하는 것이 빚을 청산하는 가장 좋은 방법임을 깨닫게 되었다.

나는 빚을 청산하기 위해 낭비를 방지하는 방법들을 찾게 되었고, 낭비를 방지하는 가장 중요한 역할은 가계부를 작성하여 할 수 있다는 사실을 알게 되었고, 그때부터 가계부에 관한 책들을 엄청 많이 탐독했다. 그러나 내가 읽은 가계부에 대한 책들은 모두 지출한 내용을 모아서 분석하고 반성하고 다시 계획을 수립하는 방식이었지만, 나는 탐독한 책들의 내용을 채택하지 않고 공무원의 특성을 살린 나만의 방식으로 가계부를 작성하고 실천했다.

먼저 한 달간 내가 지출하는 내용들을 항목별로 분리하였는데, 예로 식비, 의류비, 주거비, 자동차, 경조사, 통신비, 생활비, 외식비, 잡비 등이었다. 우선 내 월급의 50%를 무조건 저축한 후 나머지 50%의 돈은 국가의 예산처럼 한 달 동안 사용할 예산을 수립하여 배정하였고, 배정된 금액 내에서만 내가 사용하도록 하였다.

처음에는 배정된 예산이 턱없이 부족하여 식당이나 커피숍에서 지인들을 만날 수 없었고, 먹고 싶거나 사고 싶은 물건들도 눈으로만 볼 수밖에 없었다. 그러나 끊임없이 나 자신에게 '이것이 최선인가'라는 물음을 던지게 되었고, 그 물음에 대한 나 자신의 답변을 하기 위하여 지인들과의 만남은 식사 시간을 가급적 피하고, 커피숍 대신 편의점 커피를 애용했으며 심지어는 국내 여행도 지방자치단체에서 운영하여 거의 돈이 들지도 않으면서 관광 지도사의 도움으로 많은 지식도 함께 쌓을 수 있는 시티투어를 이용했다. 또한, 합법적인 돈을 추가로 벌기 위해 각종 마케팅 활동도 열심히 하여 내가 받는 월급의 70% 이상을 저축하게 되었고, 내가 가지고 있던 빚도 금방 청산했으며 10년도 되지 않아 수중에 몇 억을 소유하게 되었다.

몇 억을 소유하게 된 나는 절약했던 방식을 다시 접고, 사고 싶은 물건을 사고 해외여행도 다니면서 인생을 즐기는 예전의 여유로운 생활로 다시 되돌아왔다. 그러나 필요하다고 생각하면 언제든지 다시 절약할 수 있는 상태로 되돌아갈 수 있는 마음의 준비는 항상 하고 있었다.

지금도 나는 0000 사찰 주지인 선생님의 말씀을 명확하게 기억하고 있다[상편 6장 운명(運命)을 바꿀 수 있는 능력 편 참조].

"세상 이치를 깨달은 도인(道人)이라면 권력을 가지고 싶을 때 권력을 가질 수 있고, 재물을 가지고 싶을 때 재물을 가질 수 있어야 한다."

"진짜 도인(道人)은 가질 수 있는 능력을 언제든지 발휘할 수 있는 사람이지만 가짜 도인(道人)은 가지고 싶어도 가질 수 없는 사람이다."

재물은 하늘에다 빈다고 떨어지는 것이 아니고 땅을 판다고 발견되는 것이 아니라, 모을 수 있는 방법을 본인이 직접 터득하는 것이며, 터득한 방법인 능력 또한 항상 발휘할 수 있도록 소지하고 있어야 한다.

권력도 마찬가지로 하늘에다 빈다고 주는 것이 아니고 땅에 거주하는 다른 사람들에게 구걸한다고 가질 수 있는 것이 아니라, 다른 사람들이 스스로 자신에게 모이고 따르도록 하는 방법을 본인이 직접 터득하는 것이며, 터득한 방법인 능력 또한 항상 발휘할 수 있도록 소지하고 있어야 한다.

도인들이 돈을 벌려고 하면 벌 수 있고, 권력을 잡으려고 하면 잡을 수 있다는 말은 하늘에서 신이라는 존재가 돈이나 권력을 도인에게 내려주는 것이 아니라, 도인 스스로 돈을 벌거나 권력을 잡을 수 있는 아이디어를 끊임없이 생산할 수 있다는 뜻으로 그러한 능력은 숲 속에서 도(道)를 닦는 세상 공부를 하지 않는 도인들에게는 없으며, 끊임없이 세상 공부를 한 도시에 사는 도인들에게만 있는 것이다.

진짜 도인은 숲 속에 있는 것이 아니라 바로 도시에 있다는 선생님의 말이 나에게 실감 나게 다가왔다.

기도(祈禱)와 응답

에피소드 1 : 기도(祈禱)와 응답에 대한 일반적인 신자들의 생각

기도란 신이나 초월적 존재와의 소통을 목적으로 행하는 종교의례를 말하며, 바라는 소망을 신에게 기도의 형식을 빌려 행하면 신이 응답하여 준다고 사람들은 생각하고 있다.

특정한 종교의 예를 들면 과거 구약시대에는 하나님께서 사람들의 기도에 응답하여 물질적 축복을 많이 주셨는데, 지금 시대에는 사람들의 기도에 하나님께서 잘 응답하지 않는다고 생각한다.

그 이유는 솔로몬의 기도처럼 자신이 바라는 소망보다 먼저 하나님의 나라와 그 의(義)를 구하면 하나님께서 응답을 하시지만, 바리새인처럼 자신만을 위한 기도는 하나님께서 응답하지 않는다는 것이다.

솔로몬의 기도처럼 행하였음에도 불구하고 기도가 응답되지 않았다면 소망을 이루고자 하는 간절함이 부족했거나, 포기하지 말고 꾸준하게 수천 번에서 수만 번까지 반복하여 기도하지 않았거나, 하나님의 능력과 역사하심을 믿지 않고 의심하였기 때문이라는 것이다. 또한 친절하게도 기도할 때 사용할 수 있는 주문(주기도문)도 알려주면서 하나님을 만날 시간을 정하고 기도하면 응답의 효과가 더 빠르게 나타날 것이라고 생각하고 있다.

에피소드 2 : 신자(信者)들의 생각에 대한 나의 반문

신자들은 바라는 소망을 기도의 형식을 빌려 행하면 신이 더 빨리 응답하여 준다고 생각하고 있겠지만, 신에게 기도를 통하여 바라는 소망을 응답받는 확률과 자신에게 믿음을 주고 바라는 소망을 응답받는 확률의 차이가 전혀 없다는 통계학적 사실이 엄연히 존재한다.

유사한 환경과 지식을 가지고 있는 사람들을 대상으로 한 모의실험에서 자신이 바라는 소망을 20가지 적은 후 신에게 기도하여

응답받은 확률과 자신에게 할 수 있다는 믿음을 주고 응답받은 확률의 결과가 거의 차이가 없다는 사실이 이미 증명되었다.

신에게 바라는 소망을 기도라는 행위를 통해 응답받은 특혜를 받고 싶어 하는 욕망은 충분히 이해하지만, 현실은 전혀 다르다는 사실을 인식하기 바란다.

만약 신자(信者)인 여러분이 즐겁게 시내를 걸어가고 있는데, 전혀 알지 못하는 낯선 사람이 찾아와 신자인 여러분을 자신은 이미 알고 있고 따르고 있다고 주장하면서 자신이 바라는 소망을 일방적으로 말한 뒤에 무조건 들어달라고 요청하고 있다면, 낯선 사람이 신자인 여러분을 알고 있다는 반가운 사실보다 이유 없이 무조건 들어달라고 요청하는 기분 나쁜 사실 때문에 시내에서 만난 낯선 사람을 오히려 싫어하게 될 것이다.

신을 한 번도 만나보지도 못했고, 신에게서 직접 자신의 소망을 들어준다는 약속의 보장도 받아내지 못했으면서 제삼자인 종교가의 주장을 제외하고는 무슨 근거로 신자(信者)인 여러분이 신을 믿고 따른다는 사실만으로 아무런 조건 없이 신에게 자신의 소망을 들어달라고 요청할 수 있겠는가?

또한 엄청 많은 신자(信者)들의 소망을 이루어주어야 하는 신이 유독 여러분의 소원을 들어줄 만큼 서로 각별한 관계에 있는지도 나는 의문스럽다. 그래서 자신이 믿고 있는 신과 각별한 관계에 있지 않은 99.99% 이상인 대부분의 신자(信者)가 행하는 기도에 대한 응답 확률은 신을 믿지 않는 일반 사람들이 자기 자신만을 믿고 행하여 이룬 응답 확률과 동일한 것이다.

과거 구약시대에는 하나님께서 사람들의 기도에 응답하여 물질적 축복을 많이 주셨다고 주장하지만, 나는 그 당시에도 기도에 대한 응답 확률은 지금과 동일했다고 생각한다.

사람들이 말로 전하는 구전(口傳)은 많은 사람들의 입을 거치면서 거대하게 과장되기 때문이며, 그 당시에 물질적 축복을 주신 하나님이 어떤 사유인지는 모르지만, 지금은 현세계에 오지도 못하고 심지어는 자신을 증명하지 못하는 것이 안타까울 뿐이다.

솔로몬의 기도처럼 자신이 바라는 소망보다 먼저 하나님의 나라와 그 의(義)를 구하면 하나님께서 응답하신다는 주장을 들으면, 위대한 하나님이 사악한 종교가들 때문에 아주 수준 낮은 존재로 전락한 것 같아 매우 슬프다.

온 세상이 신이 지배하는 땅이고, 신의 의(義)를 실천하는 장소인 줄 나는 이미 알고 있는데, 종교가들의 이와 같은 주장이 맞는다면 현실은 그렇지 않다고 들리기 때문이다. 현직 장관은 어느 장소를 가더라도 사람들은 그를 장관이라고 부른다. 그러나 현직 장관이 아닌 사람은 어느 장소를 가더라도 내가 장관이었다고 말해야 한다.

진짜 신은 자신을 믿는 신도(信徒)들에게 내가 신이라고 말하거나 주장하지 않지만, 가짜 신은 자신을 믿는 신도들에게 내가 진짜 신이라고 말해 주어야 하고 신도들의 입에서 자신이 진짜 신이라고 말하도록 해야 한다.

세상 사람들 중에는 범크리스트교의 신을 믿지 않는 사람들이 70%, 범이슬람교를 믿지 않는 사람이 78%, 힌두교를 믿지 않는 사람이 87%, 불교를 믿지 않는 사람이 94%라고 말하는데[중편 31장 방황하는 영(靈)들의 서식처 편 참조], 세상을 지배하고 있다는 진짜 신이 이들 중에서 도대체 누구인지 나는 진실로 되물어보고 싶다.

자신은 장관이라고 주장하는데 장관이라고 믿는 사람들보다 당신은 장관이 아니라고 주장하는 사람들이 더 많이 존재하듯이, 자신은 진짜 신이라고 주장하는데 진짜 신이라고 믿는 사람들보다 당신은 진짜 신이 아니라고 주장하는 사람들이 어째서 더 많이 존재하는지, 그리고 아주 오랫동안 자신이 신이라고 주장하는 존재가 왜 믿어주지 않는 사람들을 계속해서 방치하고 있는지 생각해 보아야 한다.

솔로몬의 기도처럼 행하였음에도 불구하고 기도가 응답되지 않았다면, 소망을 이루고자 하는 간절함이 부족했거나, 포기하지 말고 수천 번에서 수만 번까지 끊임없이 반복하여 기도하지 않았거나, 하나님의 능력과 역사하심을 믿지 않고 의심하였기 때문이라는 주장한다.

여러분은 자녀가 부탁하는 일을 자녀가 간절하게 구하지 않았다고, 수천 번 부탁하지 않았다고, 반복해서 말하지 않았다고, 부모의 능력을 의심했다고 들어주지 않고 거절한 적이 있는가?

만약 그러한 이유로 자녀의 부탁을 거절했다면 여러분은 부모로서의 자격이 없는 사람이다. 부탁을 들어줄 능력이 있는 올바른 정신을 가진 부모라면 자녀가 부탁하는 일의 내용과 들어준 일이 자녀에게 어떤 방향(긍정 또는 부정)으로 영향을 끼치는지를 판단하지, 간절하게 매달리거나 반복 또는 의심 여부에 중점을 두지 않는다.

하물며 사람보다 월등하다는 신이 신자(信者)들의 소원을 위와 같은 잣대로 결정하지 않을 것이라 나는 생각한다. 어떤 사람들은 자신이 믿고 있는 신에게 수만 번의 간절한 기도를 드렸더니 결국에는 신이 자신의 소원을 들어주셨다고 주장한다.

나는 그렇게 주장하는 분이 믿고 있는 신보다 훨씬 더 소원을 잘 들어주는 신을 그분에게 소개하여 드리고 싶다. 내가 소개하여 드리고 싶은 신은 인디언들이 기우제 때 모시는 인디언들의 소원을 100% 들어주는 신이다.

:: 인디언 기우제

황량한 애리조나 사막에서 생활하는 미국 호피 인디언들은 비가 오지 않으면 기우제를 드린다고 한다. 인디언들이 한 번 기우제를 드리기 시작하면 100% 비가 내리는데, 그 이유는 비가 올 때까지 기우제를 드리기 때문이다.

처음 기우제를 지내던 추장이 도중에 사망하게 되면 비가 올 때까지 다음 추장이 되는 사람이 바통을 이어받아 기우제를 드린다. 그리고 비가 내리기 시작하면 비로소 기우제 의식은 끝이 난다.

자신이 바라는 소망이 이루어질 때까지 신자(信者)가 신에게 드리는 기도의 행위는 인디언이 기우제를 드리는 행위와 동일한 것이다.

자신들이 모시고 있는 신을 만날 시간을 정하고 기도와 주문 등을 외우는 수행 등을 하면 신의 응답 효과가 더 빨라진다고 주장하지만 불행하게도 그러한 일들은 전혀 일어나지 않을 것이다.

대통령을 직접 만나보고 싶은 사람들이 대통령을 만날 때 사용하는 공문(公文)에 만나달라고 글을 쓴 후, 대통령과 협의도 하지 않고 일방적으로 하루 중에서 매일 일정한 시간에 읽는 행위를 한다고 해서 정무에 바쁜 대통령이 여러분을 만나주려고 찾아오지는 않기 때문이다. 만약 대통령이 이러한 행위를 한 사람을 찾아온다면, 그 사람은 대통령보다 더 힘 있고 능력 있는 진짜 비선 실세라고 할 수 있다.

신이 만나줄 때 사용한다는 기도문이나 주문 등의 내용을 주었다고 하여도 하루 중 매일 일정한 시간에 기도하고 주문 수행을 한다고 하여도 대통령보다 더 위대하고 바쁜 신이 특별한 사유가 없는 한 절대로 특별하지 않은 일반 신자를 찾아오지 않는다.

만약 신이 이러한 행위를 한 신자를 찾아온다면, 차라리 그런 능력으로 신에게 부탁하지 말고 본인이 바로 소망을 이루게 조치하는 것이 더 현명하다고 생각한다. 따라서 기도와 주문 수행은 자신에게 주어진 소중한 시간을 낭비하는 행위일 뿐이다.

또한 영계나 사후세계에 거주하는 진짜 신들의 부하인 신장(神將)들도 특별한 목적이 없는 한, 현세계에 살고 있는 사람들과 직접 만남을 갖는 행위를 하고 있지 않는데, 온 세상을 돌보기 위해 정무에 무척 바쁜 진짜 신들이 특별한 목적이 없는 한 자신들과 깊은 관련이 없는 일반 사람들을 만나 주지도 만나려고 하지도 않을 것이다.

자신이 만나달라고 요청하면 신이 무조건 만나 주어야 한다는 주장은 자신의 입장대로 신들이 움직여야 한다고 생각하는 아주 건방지고 욕심 많은 행위이며, 폭우가 내리는 다리 밑에 약속한 사람을 기다리다가 황당하게 사망한 사람의 이야기처럼 그러한 노력을 한 결과는 아무것도 이룬 것이 없는 허망한 상황을 맞이하게 될 것이다.

제39장

선지자(先知者)

어느덧 영적 체험을 시작한 지 10년, 마지막 영적 체험을 한 지 8년의 시간이 지난 2016년 4월이 도래하였다. 나의 경제적 재정은 어느새 튼튼하고 안정화되었으며, 영적 고통을 받지 않은 정신은 매우 평안한 상태였지만, 나의 마음속 한구석에는 흔히 영능력자들이 말하는 '10년의 담금질 법칙'이 계속 맴돌고 있었다.

영능력자들이 말하는 '10년의 담금질 법칙'이란 어떤 분야에서 전문가가 되고 싶어 하는 일반 사람들이 잘 알고 있는 '10,000시간의 법칙'과 매우 유사하지만 작동원리는 큰 차이가 있었다.

:: '10,000시간의 법칙'과 '10년의 담금질 법칙'

'10,000시간의 법칙'의 뜻, 어떤 분야에서 전문가가 되기 위해서는 근면과 성실을 바탕으로 열정적으로 노력해야 하는 10,000시간이 필요하다는 것이다. 그 이유로 각 분야에서 큰 성공을 거둔 탁월한 사람들의 공통된 특징은 10,000시간(매일 3시간씩 10년의 기간이 소요)을 투자했다고 말콤 글래드 웰이 『아웃라이어』의 저서에서 심리학자 앤더스 에릭슨의 말을 인용했다.

심리학자 앤더스 에릭슨은 베를린 음악 아카데미에 재학 중인 학생들 중에서 세계적인 솔리스트와 음악교사를 꿈꾸는 학생들의 연습시간을 비교해 보았더니 4,000시간의 연습시간을 투자하면 음악선생 수준, 8,000시간의 연습시간을 투자하면 훌륭한 연구자, 10,000시간을 투자하면 전문가 수준이 된다고 주장하였다. 노력 없이 최상위급이 된 학생도 없었고, 열심히 노력하였는데 상위급이 되지 못한 학생도 없었다는 것이다. '10,000시간의 법칙'은 어떤 분야의 전문가가 되고 싶어하는 사람들의 훌륭한 이정표가 되었다.

— '10,000시간의 법칙'에 대한 비판

잭 햄브릭 미시건 주립대 연구팀이 노력과 선천적 재능의 관계를 연구한 결과 노력한 시간과 실력의 차이를 결정짓는 비율은 4%에 불과하다는 연구결과를 발표하였다. 다시 말하면 선천적인 재능이 없으면 아무리 노력하여도 그 분야에서 최고가 될 수 없다는 것이다. 한 분야의 전문가가 되기 위해서는 꾸준한 노력이 필수적이지만 선천적인 재능이 없다면 절대로 전문가가 될 수 없다는 주장이었다.

이러한 연구결과는 재능이 없는 분야에 시간을 투자하지 말고, 자신에게 재능이 있는 분야를 찾아 시간을 투자하면 그 분야의 전문가가 될 수도 있다는 긍정적인 면도 있지만, 반면에 자신에게 재능이 없다면 자신이 원하는 분야에 절대로 전문가가 될 수 없다는 부정적인 면도 함께 가지고 있다.

— '10,000시간의 법칙'에 대한 나의 견해

수없이 많은 윤회 과정 속에서 형성된 습관은 거듭될수록 재능이 되고,

재능이 거듭될수록 신의 경지에 오르고, 경지가 거듭될수록 음악의 신, 전쟁의 신, 재물의 신의 능력을 발휘하게 되는데, 그러한 결과에 도달하기까지 얼마나 많은 윤회 과정에서의 시간과 노력이 필요했는가 상상해 보기 바란다. 겨우 10,000시간보다 10배나 많은 100,000시간(매일 3시간씩 100년이 소요)을 열정적으로 노력했다고 해도 수많은 윤회 과정에서 노력하여 재능을 얻게 된 시간에 비하면 아무것도 아닌 시간일 뿐이다.

선천적인 재능이 있는 분야를 발견하여 10,000시간을 열정적으로 투자하여 재능 있는 분야에 전문가가 되는 삶도 좋으며, 현재의 삶에서는 이룰 수 없겠지만, 자신이 좋아하는 분야에 지금부터 태어난 삶마다 매년 10,000시간을 투자한다면 어느새 습관이 되고 거듭된 습관이 결국 재능이 되어 아주 먼 미래에는 자신이 지금 원하는 분야의 전문가로 우뚝 선 삶을 살 수 있게 될 것이다. 처음 시작한 모든 일을 바로 이루겠다는 급한 욕심을 버리고, 현재 삶에서 이루지 못했다는 실망감도 절대 가지지 말며, 차근차근 자신이 바라는 미래의 상을 그리면서 긍정적이고 열성적인 마음으로 자신에게 주어진 시간을 투자하기 바란다.

'10년의 담금질 법칙'의 뜻, 일반 사람들은 열성적인 노력을 하지 않는다면 그 분야의 전문가가 될 수 없지만, 영적인 일과 관련된 사람들은 최초 수기(受記)를 받은 지 10년이 지나면 본인의 노력 여부와 전혀 상관없이 수기(受記)를 받은 일을 자동으로 실천하게 된다는 뜻이다. 10년의 세월 동안 자신의 주변에 일어난 일 자체가 바로 영적 담금질의 기간이라는 것으로 수기(受記)의 실천은 본인의 의사와 관계없이 자동으로 실현된다.

나는 나의 주변에 일어나게 될 커다란 변화에 대하여 마음의 준비를 단단하게 하기 위해 경치와 주변 환경이 좋은 곳으로 2016년 5월 이사를 가게 되었으며, 말로만 듣던 유튜브(YouTube)를 남이 아닌 내가 직접 검색하여 내가 원하는 정보를 찾아보는 행위를 하게 되었다.

유튜브(YouTube)에서 나는 신을 만난 후 홍익인간의 정신으로 세상 사람들에게 도(道)를 전한다는 사람과, 산속에서 도(道)를 수행 중 신선(神仙)을 만나게 되어, 신선(神仙)에게 전수받은 도(道)를 세상 사람들에게 전한다는 사람 그리고 신에게서 능력을 부여받아 퇴마 행위를 하는 사람들을 보게 되면서, 그들이 제자들과 그를 따르는 많은 사람들에게 자신들이 본 신에 대하여 보고, 듣고, 말해주는 내용이 내가 체험한 것과는 다른 점이 너무 많다는 사실을 알게 되었다.

나는 그 사람들이 주장하는 유튜브(YouTube)를 시청하고 몹시 분노하여 이들의 주장을 반박하기 위한 책을 집필하겠다는 결심을 하자 그날 밤 기분 좋은 꿈을 꾸게 되었다.

농부가 경작하는 밭의 깊은 땅속에 다이아몬드가 묻혀 있었다. 땅속에 있는 다이아몬드도 땅 위에 있는 다이아몬드도 그 자체가 다이아몬드라는 사실은 변함이 없었지만, 땅 속에 있던 빛나지 않던 다이아몬드가 농부의 손에 의하여 땅 위로 올라왔을 때 다이아몬드는 비로소 온 세상을 밝게 비추게 되었다.

나는 잠에서 깨어나 내가 신의 사명을 받은 것은 틀림이 없지만 친척 형과 친척 여동생 그리고 선생님 같은 영능력자들과 벽조목 사건이 나의 주변에서 일어나지 않았다면 내가 결코 신의 사명을 알지 못했다는 생각이 들었다.

나는 온 세상을 주관하는 신에게 내 몸이 잃어버린 벽조목이 되겠으니 내가 이전에 소원하였던 '000을 능가하는 실세 장관(將官)이 되면, 신인합의(神人合意) 무한탐구(無限探究)의 정신으로 세상 모든 사람들이 신(神)들을 공경하고, 세상 모든 사람들이 신(神)들의 말씀을 지키며, 세상 모든 사람들이 반듯한 삶을 살아갈 수 있도록 안내하여 줄 수 있는 신(神)들의 제단을 건설하겠습니다.' 라는 말을 실천하게 하여 달라고 기도하였다[중편 25장 신(神)과의 만남과 말씀 편 참조].

내가 기도를 시작한 순간 나의 머리에 영적 면류관이 다시 생성되면서, 미간 차크라와 두정 차크라가 다시 열렸고, 온몸에 기분 좋은 느낌의 시원한 소름이 다시 돋게 되었다. 나는 예전에 신전을 잠깐 방문한 후부터는 영적 세계에 대하여 많은 정보를 이미 알고 있었지만, 나를 도와주고 이끌어주는 신의 존재가 누구인지 아직 알 수가 없어 나를 도와주는 신에 대한 이야기를 전혀 집필하지 못하고 있었다. 그로부터 두 달 뒤 나는 내가 아는 지인과 장사에 관한 일로 전주에 방문할 일이 생겼다.

전주에는 영화나 다큐 등의 촬영에서 간혹 등장하는 관우 장군을 무신으로 모시는 문화재로 지정된 관성제군(關聖帝君) 사당(祠堂)이 한 곳 있었는데, 이곳은 당주(堂主)인 자칭 장군이라는 사람이 방문하는 사람들의 길흉(吉凶)을 알려주는 첨서(添書)로 유명한 곳이었다.

나는 이곳에서 내가 신의 기운을 받았을 때 친척 형이 말해 주었던 관성제군(關聖帝君)이라는 서열 7번째의 신이라는 존재[중편 25장 신(神)과의 만남과 신(神)의 말씀 편 참조]와 나는 어떤 연관이 있을 것이라 생각하고 지인과 함께 그곳을 방문하게 되었다.

처음 사당을 방문했을 때 사당에는 아무도 없어 할 수 없이 내가 발길을 돌리려고 하는 순간 나와 함께 왔던 지인이 주인을 불러보자고 하였다. 우리의 소리를 듣고 어느 여자분이 사당을 열어주었고, 이곳에서 모시는 관우 장군은 다른 어떤 곳에서 모시는 신보다 높다고 주장하면서 세 번이 아닌 네 번을 절하라고 말했다. 지인과 내가 관성제군이라는 신에게 네 번을 절한 후에야 당주인 장군이라는 사람이 사당 안으로 들어왔다. 나와 지인은 각자 소망을 말하고 첨서를 뽑았고 장군은 내가 뽑은 첨서를 해석하여 주었다.

:: 내가 뽑은 첨서(添書)

신 제 삼십일첨
일체 착한 마음이 해돋듯 하면 복은 동해같고 수는 뫼같도다
사시절기 대로 성공한 후에 강남에 물러나 쉬어 도승을 찾으라.

해 왈
착한 마음이 장차 둥글매 공명이 하늘로 조차 일으나니 앉아 태평을 누리며 맑은 복이 다시 남나니라
이괘는 공을 이루고 몸을 물너오는 괘상이니 때를 알아 거취하고 맛을 부쳐 머뭇거림이 가치아니 하니라.

> — 장군의 해석
> 바라고 소망하는 모든 것들이 원하는 대로 모두 이루어진다.

　당주인 장군은 눈썹을 짙게 하고 좀 더 검은 색깔의 안경테를 하고, 호(號)를 사용하라고 이야기해주면서 조상 중에는 무속 세계에서 큰 힘을 발휘하는 대신(大神) 할머니가 존재한다며 그분을 따르라고 말했다.

　장군 옆에 있던 시중을 들던 여자도 나에게 이렇게 좋은 첨서는 자신이 보지 못했다고 하면서 코팅을 해서 집안에 보관하라는 말도 하고 호(號)도 장군에게 의뢰하면 만들어줄 수 있다고 했지만 나는 '신(=道)을 바로 알자(=正)'라는, 정도(正道)라는 호(號)[중편 25장 유명(留名:이름을 남김) 편 참조]가 이미 있었기 때문에 시중드는 여자의 권유를 단호하게 거절했다.

　당주인 장군이라는 사람은 내게서 나오는 기운을 느껴보고 싶다고 말하면서 내 손을 잡고 두 눈을 감았다 다시 뜨고는 지금까지 자신이 해석한 첨서 중에서 제일 좋다고 말했다

　나와 지인은 좋은 내용의 첨서를 받게 되어 기분이 좋다고 말하면서 관성제군이라고 불리는 신에게 4번 절을 하려고 하는 순간, 장군이라는 사람이 2번만 절을 하고 되돌아가라고 우리에게 이야기해 주었다.

　당주의 말을 듣는 순간 나는 이곳 사당에서 모시고 있는 신은 나를 돌보아 주는 신보다 등급이 한참 아래라는 사실을 직감하게 되었고, 내가 찾고 있던 관성제군은 관우 장군이 아님을 깨닫게 되었다.

영적 세계와 관련된 사람에게는 상대방에게 하는 절의 횟수는 굉장히 중요한 의식이며, 두 번의 절은 죽은 사람 또는 자신보다 한참 아래인 존재에게, 세 번의 절은 자신보다 위인 존재에게 하는 행위이기 때문이다.

그날 밤 이후부터 나는 꿈속에서 아름답게 빛나는 일곱 개의 별을 자주 보았고 기묘한 꿈도 꾸게 되었다. 기묘한 꿈을 꾸게 된 나는 2016년 8월 9일에 평소 나에게 많은 도움을 주고 있는 타로 선생님을 찾아가 꿈 이야기를 물어보면서 나를 도와주는 신이 칠원성군(七元星君)인지를 물어보았고, 선생님은 타로를 보면서 나의 말이 맞다고 하면서, 오늘도 바로 음력 칠월 칠일인 칠석(七夕)날이라고 대답해주었다.

친척 형이 숨겨서 이야기한 비밀이 드디어 나에게 드러나는 순간이었다. 관성제군이란 별들의 별인 최고 별을 말하는 것이고 서열 7번째란 7개의 별을 의미하는 것이었다[중편 25장 신(神)과의 만남과 신(神)의 말씀 편 참조].

그날 밤 꿈속에서 일곱 별들과 해와 달이 함께 있었고, 물을 다스리는 형상 없는 용왕도 함께 나타났다. 지구라는 혹성은 다른 혹성과는 다르게 대부분의 생명체는 물과 깊은 관계가 있으며, 물을 다스리는 기운이 바로 용왕인 것이다.

인류가 탄생하기 전 지구에서 가장 고등 동물은 공룡들이었으며, 용왕대신(龍王大神)은 초기 공룡이라는 영체에 장착된 영으로 신의 반열에 오른 존재이자 과거 공룡 영들을 보살펴 온 존재이다. 신과의 만남 하편에 기술되어 있지만 인류는 지구별로 이전한 시리우스 별 B의 영들과 공룡 영들의 후손들이다.

이렇게 나를 도와주는 일곱 별과 해와 달 그리고 용왕이라는 천지 신명들의 기운인 십승(十勝)이 탄생되었고, 나는 드디어 책을 발간하기 위한 집필을 시작하게 되었다.

내가 일곱 별과 해와 달 그리고 물의 상징 용왕인 십승(十勝)을 인정한 순간부터 책을 집필하기 위하여 내가 궁금하게 생각한 것이나 체험이나 경험이 꼭 필요할 때에는 알 수 없는 존재와 함께 밤마다 영적 세계를 마음껏 여행할 수 있게 되었으며, 여행한 내용을 바탕으로 하나씩 하나씩 책의 내용을 채워나가고 있었다.

어느 날 내가 사후세계를 여행하던 도중에 수많은 여자 무속인들이 높은 산의 꼭대기에서 자신들의 소망을 흰 종이에 적어 기원을 하고 불로 태워 하늘로 올려보내는 소지의식(燒紙儀式)을 거행하고 있었다.

나는 소지의식을 행하고 있던 여자 무속인들을 불러 세운 후에 남의 소망을 대신 이루어 주는 행위들은 사람들의 영이 자기 스스로 자신의 문제를 해결할 수 있는 능력을 상실하게 만드는 아주 사악한 행위라고 주장하면서 혼내주었다.

이때 아주 밝게 빛나는 흰옷을 입은 할머니가 내 앞에 나타나서 내가 지금까지 얼마나 너를 사랑하고 예뻐했는데 나의 제자들을 이렇게까지 혼내주고 있느냐고 하면서, 내가 그렇게 싫어하는 소지의식을 할머니가 많이 행하였기 때문에, 오늘날까지 내가 살아남을 수 있었던 것이라고 주장하였다.

그리고 배은망덕한 나와 인연을 끊고자 내 이름이 적힌 흰 종이를 가져다 불에 태우는 소지의식을 행하려고 하자, 나는 할머니에게 내가 나의 영으로 직접 하늘로 가면 되기 때문에 당신들이 행하는 소지의식은 나에게는 전혀 필요 없다고 대답해 주었다.

흉몽에서 깨어난 나는 새벽에 나를 도와주고 있었다는 할머니에게 큰 사죄의 절을 올리고 나중에 할머니를 위한 큰 사당을 지어주겠다고 위로하였다. 그로부터 한 달이 지난 후 사후세계를 여행하던 나는 꿈속에서 만났던 할머니가 바로 친척 여동생이 모시고 있던 대신(大神) 할머니이자, 내가 전주에 관성제군을 모시는 사당에 방문하였을 때 당주인 장군이 말한 나의 많은 조상 중 무속 세계에서 큰 힘을 발휘한다고 말한 바로 그 대신(大神) 할머니였다.

타로 선생님과의 상담을 통해 내가 사후세계에서 대신(大神) 할머니를 만난 일들이 모두 사실이며, 그 할머니로 인하여 친척 여동생이 무속인이 되었다는 사실과 내가 할머니에게 속았다는 것을 재차 확인하게 된 나는 분노가 폭발하였고, 사당은 고사하고 너희들이 너희들을 믿는 신자들에게 항상 말하고 있는 신벌이 무엇인지 진짜로 보여주겠다고 굳게 결심하였다.

그날 밤 나는 신들에게 대신(大神) 할머니에게 진짜 신들의 천벌을 내려줄 것을 소망하는 기도를 드렸고, 대신(大神) 할머니에게는 나의 소망이 이루어지기를 바라지 않는다면 나를 설득할 수 있는 자료를 가지고 사후세계에서 만나자고 하였다.

나의 영적 면류관이 크게 빛났던 그날 밤에 나는 찬란하게 빛나는 영계에서 물기가 하나도 없이 아주 바짝 마른 하얗고 조그만 예쁜 강아지를 발견하였다. 내가 발로 툭 차자 물기가 하나도 없던 하얗고 조그만 강아지는 힘없이 옆으로 밀려갔다.

나는 물을 가져다 바짝 마른 강아지의 몸과 입에 뿌려주었고, 강아지의 몸은 물기를 먹으면서 점점 부풀어 올랐다. 대신(大神) 할머니는 진짜 신들에게 불려가 아무것도 먹지 못하는 엄청난 고통을 받다가 영계의 '영적정화소'로 즉시 끌러 가 현세계에서 부잣집에 하얗고 예쁜 강아지로 다시 환생하게 되었고, 친척 여동생은 자신이 모시고 있었던 능력이 뛰어나다는 신이라고 주장하는 대신(大神) 할머니를 더 이상 만날 수 없게 되어 버렸다.

선지자(先知者)

에피소드 1 : 신에게 선택받았다는 선지자(先知者)들의 주장

선지자(先知者)라고 주장하는 사람들은 신이 자신에게 메시지를 주었으며, 신을 대리하여 사람들에게 신이 준 메시지를 널리 전하는 사명을 수행하고 있다고 말한다.

물론 선지자들 중 일부는 신이 미래에 발생할 일을 알려주는 예언도 함께하고 있다. 또한, 자신이 만난 신은 사람의 모습을 닮지 않은 성스러운 존재라고 주장하지만, 눈으로 볼 수 있고, 귀로 들을 수 있으며, 사랑과 자비로움을 느낄 수 있는 사람 같은 존재로 표현하고 있다. 심지어는 선지자들이 신과 대화하는 형식인 기도를 하면 사람들의 소망도 이루어 주고 있다며, 신의 사고(思考)와 인간의 사고(思考)가 마치 비슷하거나 흡사한 것처럼 이야기한다.

그리고 신께서 선지자들을 통해 미래의 불길한 사건을 미리 알려주는 예언으로 사람들이 갑작스러운 불행으로 맞게 되는 심리적인 불안을 해소시켜 준다고 주장한다.

에피소드 2 : 신에게 선택받았다는 선지자(先知者)들의 주장에 대한 나의 반문

신이란 존재는 선지자들의 도움 없이도 모든 것을 이루어내는 존재이며, 충분한 능력도 가지고 있음을 나는 알고 있다.

선지자들은 현세계에 있는 대통령도 작은 일은 자신에게 소속된 아래 직원에게 시킨다고 주장하겠지만, 높은 신들에게도 선지자들보다 훨씬 뛰어난 능력으로 신이 맡겨 준 일들을 수행하고 있는 신장(神將)들이 존재하고 있음을 알지 못하는 아주 어리석은 주장이다.

영계에 있는 능력 좋은 영들도 아주 중요한 일들은 본인이 직접 행하는 경우가 많은데, 온 세상 사람들을 구원할 수 있는 중요한 메시지를 신이나 신의 부하인 신장(神將)들이 직접 행하지 않고 선지자에게 맡겨 책임 회피성 논란을 발생시키지는 않을 것이다.

신들은 선지자라는 사람들을 활용하여 자신들이 이루고 싶어 하는 메시지를 전한 적은 없지만, 사람들을 동물들과 비슷한 생

252

활양식에서 벗어나 신들이 사는 세계의 양식과 점차 흡사하도록 끊임없이 변화시켜 왔었다.

신들의 생활양식은 사람들의 생활양식과는 전혀 다른데, 선지자들이 흔히 말하는 성스러운 신이라는 존재를 눈으로 볼 수 있고, 귀로 들을 수 있고, 사랑이라는 감정까지 느낀다고 말한다면, 그 선지자는 신을 본 것이 아니라 현세계에 거주하는 사람을 지배하고 싶어 하는 사후세계에 살고 있는 영혼이나 영계에 거주하는 영을 본 것뿐이라고 알려주고 싶다.

마지막으로 세 가지에 대하여 선지자들의 주장을 더 반박하고 싶다.

첫째, 선지자들은 신의 계시를 이루려면 신의 계시를 믿고 따르려는 사람들의 실천이 필요하다고 주장한다. 이 말은 사람들이 선지자들의 말을 실천하지 않는다면 신은 능력을 발휘하지 못한다는 뜻으로 해석된다.

예를 들면 어떤 선지자가 만약 사람들이 하나님을 믿지 않으면 재앙을 내릴 것이고, 하나님을 믿으면 재앙을 내리지 않는다고 주장한다면 그 선지자가 믿고 있는 신은 사람들의 행위에 의하여 신이 행할 수 있는 행위가 속박되는 참으로 능력 없는 존재일 것이다. 최고라는 신이 사람들에게 자신을 믿도록 한 번에 만들 수 있는 자신감도 없는 존재란 말인가?

둘째, 선지자들에게 계시를 주는 신들은 사람들의 의식과 물질 등 미래를 크게 발전시킬 수 있는 발견이나 발명품을 알려주지 않고, 재앙이나 공포, 불안 또는 협박 등인 나쁜 말만 반복해서 말하는 수준이 낮은 악동들뿐인지 모르겠다.

무학대사가 이성계에게 돼지 눈에는 돼지만 보이고, 부처님 눈에는 부처만 보인다고 주장했는데, 선지자들에게 계시를 주었던 신이라고 주장하는 존재가 살고 있는 장소가 바로 신이라는 존재가 항상 보았던 재앙, 공포, 불안 및 협박만이 존재하는 곳 같다는 생각이 든다. 신의 계시를 받은 선지자들이 주장한 예언은 모든 사람들이 객관적으로 인정할 만한 근거도 전혀 없고, 객관적으로 실현된 것이 하나도 없다.

기원전 3,000년 전에도, 기원전 8세기에도 기원후 1,000년에도 기원후 2,000년에도 선지자들은 항상 신이라고 주장하는 존재들이 보낸 곧 멸망할 것이라는 메시지를 사람들에게 전해 주었지만 인류는 멸망하지 않고 아직도 건재하기만 하다.

심지어는 예언이 틀려도 선지자들은 부끄러워하지 않고 당당하게 아직 때가 이르지 않았다고 주장하거나 자신은 단지 신의 말씀을 전했을 뿐이라고 말한다. '늑대다.'라고 거짓말한 양치기 소년은 단 세 번의 연속된 거짓말로 신뢰성을 크게 잃었지만, 수백 번의 거짓말을 한 신과 선지자는 아직도 신자들에게 건재하다.

과거 선지자들이 신의 계시를 받고 예언한 말이 진짜 신이 주신 계시가 아니었다면, 또 다른 인류 멸망의 메시지를 사람들에게 더 이상 던져 주려고 하지 말라.

셋째, 선지자들에게 계시를 주는 신들은 사람들이 스스로 문제를 해결할 수 있도록 도와주지 않고, 도깨비 방망이를 사용하는 것처럼 한 번에 뚝딱 문제를 해결하려는 수준 낮은 신들뿐이다. 신보다 깨달음이 낮은 현세계에 살고 있는 사람들도 부모들이 자녀들을 교육할 때 물고기를 직접 잡아주지 않고 물고기를 잡을 수 있는 낚시하는 법을 가르쳐 주려고 한다.

선지자들에게 계시를 주는 신들은 하나같이 복잡한 상황을 이야기해서 문제를 해결하는 것이 아니라 자신의 말만 믿고 따르면 자연스럽게 문제가 해결된다고 주장한다. 결국, 그러한 신들을 믿고 따르는 사람들은 결국에는 자신들이 본래 가지고 있었던 문제 해결 능력마저도 잃어버린 퇴보된 영이 되고 만다.

에피소드 3 : 영적 세계에서의 신(神)

사람들의 영들은 모두 의식 체계를 가진 신들의 자녀들이다. 생기를 가진 영이 생물에서부터 식물을 거쳐 동물 그리고 사람에 이르는 윤회를 거듭하면서, 최종적으로 신이 되는 과정에서 사람들의 영과 가족 또는 친척, 지인 등 많은 인연을 맺었다.

한 사람의 영을 돕는 행위는 다른 영들을 해할 수 있는 행위이므로 신들은 특별한 관계가 있는 사람들이 아니면 현세계, 사후세계 그리고 영계에 살고 있는 존재들의 일에는 관여하지 않는다. 만약 관여하게 된다면 신이 사람들의 영에게 시킨 행위가 아니라 사람들의 영이 신에게 부탁한 것이다.

신들도 서로 각기 다른 인연을 맺고 있는 사람들이 존재함으로 특정인 한 사람을 선정하여 온 세상 사람들을 구원하는 일은 할 수가 없다. 왜냐하면 신계의 최고 신도 다른 신들을 지배하려는 마음보다는 존중하는 마음을 가진 소유자이며, 다른 신들과 사람들의 인연을 충분히 고려할 수 있는 존재이기 때문이다. 또한 신계 신들은 의식 수준이 사람들보다 훨씬 높아 직접 물고기를 잡아주는 행위를 가르쳐 주기보다는 사람들이 물고기를 쉽게 잡을 수 있는 낚싯대를 선물하려고 한다.

사람이 동물과 같은 야생적 생활 수준에서 의식주를 가진 문화적 생활 수준을 누리게 되었거나, 영적 세계를 인식하는 행위, 문자를 만들어 사용하거나 인문적 사고력을 갖게 되어 동물들과는 확실하게 구별되게 만들어준 행위들처럼, 신들은 사람들의 영적 성장을 돕기 위하여 사람들이 전혀 의식하지 못하는 방법으로 도움을 주는 활동들을 하고 있을 뿐이다. 그리고 최근에 신들은 우리들이 사악한 무속령과 종교령들에게 대항할 수 있는 이성과 논리적 사고를 강화시켜 주려고 노력하고 있다.

제40장

바넘 효과와 영혼(靈魂)의 병(病)

내가 이사한 오피스텔에는 50m 앞이 도서관이었고, 도서관 바로 옆이 00 공원으로 거주하기에는 매우 환경이 좋은 장소였다. 책을 집필하기 시작한 지 얼마 지나지 않아 야간에 내가 거주하는 오피스텔에서 00 공원 앞을 지나가게 되었는데, 허름한 옷차림을 한 50대 중반의 여자 한 명이 휴대폰을 손에 든 채 슬피 울고 있었다.

구슬픈 울음소리에 궁금증이 생긴 나는 발길을 돌려 00 공원에서 구슬피 울고 있는 여자에게로 가서 울고 있는 사연을 물어보았지만, 나를 흘끗 쳐다본 여자는 처음에는 나에게 울고 있는 사연을 묻지 말고 자신을 그냥 지나가 달라고 부탁하였다. 그러나 조용하면서도 슬픈 목소리로 신을 원망하는 내용을 듣게 된 나는 여자에게 인적도 드문 한밤중에 00 공원에 홀로 나와 울고 있는 사연을 다시 한 번 알려 달라고 부탁하였다.

여자는 나 같은 보통 사람은 이해하지 못할 이야기라고 하면서 휴대폰 배경 사진에 있는 자신이 낳은 딸의 해맑은 모습을 나에게 보여

준 후, 자신이 소중하게 여긴 딸이 며칠 전에 암으로 사망했다고 말해주었다. 나는 사람은 이 세상에 태어나면 반드시 죽음을 맞이하는데 무엇 때문에 이렇게까지 슬피 울고 있는지 여자에게 또다시 물어보았다. 여자는 자신이 모시고 있는 신 때문이라고 말해주면서, 나에게 슬피 울게 된 사연을 다음과 같이 들려주었다.

» 여자의 사연(事緣)

여자는 어릴 때부터 원인은 알 수 없지만, 자주 몸이 뻐근하거나 아팠고, 병원에서도 이러한 원인을 찾을 수 없다는 이야기를 들으며 성장했다. 젊은 시절 우연히 만났던 무속인에게서 자신이 '신가물'이라는 사실을 알게 되었으며, 신을 모셔야만 아픈 몸이 낫는다는 이야기를 듣게 되었다.

무속인이 되고 싶지 않았던 여자는 000 종교의 신이 자신을 보호하여줄 것이라고 굳게 믿으면서 000 종교의 열렬한 신자가 되었다. 그러나 몸은 계속해서 굉장히 아프면서 병은 호전되지 않았고, 잘 운영되던 사업마저도 힘들게 되자 000 종교를 버리고 다시 무속인을 찾아가게 되었다. 무속인의 조언대로 신은 직접 모시지는 않았지만, 무속인이 모시고 있는 신을 위하여 많은 굿과 신당에 온갖 재물을 가져다주게 되었다.

처음에는 집안의 가세가 호전된 듯싶었지만, 나중에는 온갖 종류의 굿 잔치 행사와 많은 재물을 소비하게 되어, 집안의 가세가 더욱 어려워짐에 따라 부득이하게 더 이상 무속인이 모시는 신을 찾지 않게 되었다. 그러나 한 달도 되지 않아 자신의 소중한 딸이 암이라는 병에 걸린 사실을 알게 되었고, 급한 마음에 다시 방문한 무속인에게서 자신의 딸이 병을 얻은 이유가 신이 내린 신벌이라는 소리를 듣게 되었다. 여자는 더욱 많은 재물을 무속인이 운영하는 신당에 가져다주고 신에게 자신의 잘못에 대한 용서를 빌었음에도 불구하고, 자신의 소중한 딸은 끝내 암으로 사망했다고 말했다.

신의 신벌로 자신의 소중한 딸이 죽었다는 사실 때문에, 신에 대한 원망과 죽은 딸에 대한 죄책감으로 이렇게 슬프게 울고 있다고 나에게 말해 주었다.

나는 여자에게 '신가물'의 의미를 알고 있느냐고 물어보았지만, 여자는 신이 점지한 사람으로 신을 모시지 않으면 안 되는 사람을 뜻한다는 말도 안 되는 대답을 하였다.

나는 자신을 망하게 하는 것은 신 또는 다른 사람이나 보이지 않는 존재들이 아니라, 무지(無知)로부터 나온 자신의 사상과 행동이라고 핀잔을 주었고, '신가물'이란 사후세계나 영계에 거주하며 자기들을 신이라고 주장하는 영 또는 영혼들을 모시는 행위와는 전혀 상관없는 것이라고 말해주었다[중편 34장 귀접(鬼接) 편 참조].

우리들의 몸에는 사후세계에 존재하는 기운들의 침입을 막는 역할을 하고 있는 보호하는 외부막이 있는데, 외부막이 얇거나 구멍이 많거나 열려있는(보통은 차크라가 열려 있다고 말함) 사람들을 '신가물'이라고 말해 주었다.

장점은 외부에서 느껴지거나 오는 기운을 금방 인지할 수 있는 촉이 매우 좋아서 권력과 재물을 크게 모을 수 있는 유리한 조건을 가졌다는 점이지만, 단점은 사후세계에 존재하는 영혼들의 침입을 자주 받거나, 몸 밖에 있는 사후세계에 존재하는 기(氣)와 몸 안에 있는 기(氣)가 자주 충돌하여 원인 없이 몸이 아플 수 있거나 또는 영적 체험을 할 수 있다는 것일 뿐 무속인들이 말하는 신을 모셔야 하는 행위와는 전혀 상관이 없다고 이야기해 주었다. 그러자 여자는 000 종교를 열심히 다녀도 나의 아픈 몸은 호전되지 않았었지만, 무속인이 모시고 있는 신에게 굿을 하고 재물을 바쳤을 때는 아픈 몸이 다시 많이 호전된 사유는 무엇이냐고 나에게 반문하였다.

나는 무속인들에게는 상대방의 기운을 대신 느끼는 표적인 '지기'라는 말이 있는데, 무속인이 모시는 신을 위해 굿을 하고 재물을 바친 후에는 아픈 몸이 완전하게 나은 것이 아니라 잠시 호전되었다고 느낄 뿐, 다음번에도 '지기'로 인하여 몸은 계속 아프지 않았느냐고 여자에게 되물어보았고, 여자는 내가 말한 사실이 맞다고 대답했다.

일반 사람들이 무속인이나 영능력자들을 통해 굿이나 사후세계에 존재하는 신이라는 영혼을 모시는 행위를 하게 되면, 우리 몸을 보호하는 보호막이 더 얇어지거나 열리게 되어(다른 말로는 차크라가 열렸다고 함) 몸 밖의 기운과 몸 안의 기운이 충돌하는 횟수나 세기가 약해져 일시적으로 아픈 몸이 호전되었다고 생각하지만, 이제는 사후세계에 존재하는 영혼들의 침입을 직접 받게 되어 무속인들처럼 다른 사람들의 나쁜 기운을 대신 받는 표적인 '지기'를 받을 수 있는 몸 상태가 되었기 때문에 사실은 더 좋지 않은 상태가 되었다고 알려주었다.

000 종교를 믿는 행위는 우리 몸을 보호하는 보호막을 여는 영적인 능력이나 행위가 아니기 때문에, 자신의 몸에는 변화가 전혀 없었던 것이라는 사실도 추가로 알려주었다.

　　무속인들이 모시고 있는 신에게 재물을 바치게 되면 사업이 잠시 좋아졌다고 느낄 수 있는데, 주로 쌍방이 체결하는 계약건 등에 한정된 것이지 사람들을 단체로 몰고 올 수 있는 것은 아니라고 말했다 [상편 15장 부적(符籍)과 기적(奇蹟) 그리고 사이비 종교 구별법 편 참조].

　　쌍방이 체결해야 하는 계약건도 일반 사람들이 생각할 때 말도 안 되는 계약 건이 아니라 체결할 수도 있고 안 할 수도 있는 정도의 차이를 보이는 계약건을 말하며, 무속인이 보낸 귀신이 계약 상대방의 마음에 침입하여 일시적으로 마음을 동요시켜 계약을 체결할 수 있는 것만 해당된다고 말했다. 하지만 상대방 계약 체결자가 권력가나 재벌가 또는 소신이 뚜렷한 기(氣)가 센 사람이라면 당연히 귀신의 역할은 완전하게 무력해진다고 말해주었다.

　　무속인을 돕는 귀신이 기(氣)가 약한 사람들의 마음을 움직이는 것도 아주 일시적인 시간에만 가능한 능력이기 때문에, 무속인에게 자신이 좋아하는 남자나 여자를 선택한 후 일주일 안에 결혼시켜 달라고 의뢰하거나 장사하는 집에 구체적인 손님 수를 몇백 명으로 정한 후에 방문을 의뢰하면 불가능하다고 답변을 얻게 될 것이다.

　　만약 내가 말한 사항들이 가능하다고 주장하는 무속인들의 자녀들은 예전에 이미 권력자나 재벌가들의 친·인척이 되어 있었을 것이라고 말해주었다.

문제는 사업이 약간 일시적으로 호전된 것 같은 느낌만으로 각종 굿이나 무속인이 모시고 있는 신당의 신에게 재물이 많이 지출하게 되면, 결국에는 더 어려운 상황을 맞이하게 될 수밖에는 없는데, 대부분 무속인과 신자들의 말년이 좋지 않은 상태로 남는 이유가 바로 모시고 있는 신과는 전혀 관련 없는 큰 규모의 낭비적 지출 때문이라고 알려 주었다.

그리고 무속인이 모시고 있는 신이라는 영혼이 자녀에게 죽음을 내릴 수 있는 신벌을 소유할 정도로 능력이 뛰어난 존재였다면, 벌써 세상을 지배하고 있었을 것이라는 사실도 말해 주었다. 그리고 현세계에 살고 있는 사람들 중에서 기(氣)가 아주 나약한 사람들을 대상으로 천천히 죽음으로 인도할 수 있는 함정은 만들 수 있겠지만, 한 번에 생명을 빼앗을 수 있는 신벌 능력을 가지고 있는 사후세계에 존재하는 영혼들은 없다고 말해주었다.

내 말은 들은 여자는 나의 말이 사실이라고 하여도 사후세계에 존재하는 신이라는 영혼에게도 최소한의 양심이 있을 것이라고 생각한다고 말했다. 그리고 무속인이 모시고 있는 신에게 자신의 자녀를 보살펴 달라고 요청하는 명다리를 걸었으니, 사후세계에서 무속인이 모시고 있는 신이 죽음을 맞이하여 사후세계로 간 자신의 자녀를 잘 돌보아줄 것을 기대한다고 말했다.

나는 여자에게 당신이 기댈 곳은 무속인이 모시고 있는 신이라고 주장하는 영혼이 아니라 본인 자신의 정신줄이며, 정신줄을 놓은 결과가 오늘 발생한 모든 일의 원인이 되었으니 앞으로는 어떠한 환경 속에서도 본인의 정신줄을 절대 놓지 말라고 충고하였다.

그러나 명다리, 즉 노예 계약의 체결로 인하여 혹시 자녀의 영이 사후세계에 살고 있는 영혼들에게 사로잡혀 고통받고 있을지도 모른다는 이야기는 처음에는 차마 여자에게 말하지 못하였다[중편 36장 명다리(명교:命橋) 편 참조].

그러자 여자는 무속인들이 모시고 있는 사후세계에 살고 있는 신들이라는 영혼이 현세계에 살고 있는 사람들을 위해 점사(占辭)로 길흉을 알려주는 능력을 가지고 있지만, 우리들은 그러한 능력이 전혀 없지 않느냐고 반문하였다.

나는 현세계에 육신을 가지고 살아가는 영들도 죽음을 맞이하여 우리가 가지고 있는 육신을 벗어버리고 사후세계나 영계로 진입하게 되면, 사후세계 또는 영계에서 거주하고 있는 영체 없는 다른 영혼이나 영들과 마찬가지로 미래를 알 수 있는 점사를 볼 수 있는 능력이 생긴다고 말해 주었다.

예로 무속인들이 점사에 자주 이용하는 동자신(童子神)이라는 존재는 현세계에서 아주 잠깐 살다가 죽은 어린아이의 영혼임에도 불구하고 미래를 볼 수 있는 점사 능력을 가지고 있다고 말했다.

지금은 현세계에 살고 있는 우리들의 영이 몸 밖에 있는 기운과 사후세계에 존재하는 기운들을 차단하는 보호막에 둘러싸여 있기 때문에, 사후세계에 존재하는 기(氣)와의 교류가 원활하지 않아 점사를 보지 못할 뿐이지만, 죽음을 맞이하여 육체인 영체를 벗어버린 영만 소유한 상태가 되면, 영적 성장도에 따라 미래를 볼 수 있는 기간의 차이만 있을 뿐 누구에게나 생기는 보편적인 능력이라고 말했다.

그리고 외부 기운을 차단하는 보호막이 엷거나, 많이 열려 있는 사람들의 경우에는 외부에 존재하는 기(氣)와의 원활한 교류로 미래에 발생할 일을 미리 알 수 있는 예지몽(豫知夢)이라는 꿈을 꿀 수도 있다고 말해 주었다. 그러면 무속인들이 모시고 있는 사후세계에 살고 있는 신들이라는 영혼이 현세계에 살고 있는 사람들을 찾아오는 이유는 무엇이냐고 여자가 나에게 물어보았다.

나는 현세계에 거주하는 사람들에게 찾아오는 사후세계에 살고 있는 영혼들은 우리들의 조상뿐만 아니라 동물령 또는 불가시한 존재까지 다양하다고 말해 주었다.

사람의 경우를 예로 들면, 영계에서 현세계로 환생하게 되면 영 안의 생기 속에 현세계와 사후세계라는 두 곳의 장소에서 삶을 체험하면서 얻게 되는 지식과 경험의 정보를 습득한 후 영계로 되돌아가야 한다고 말했다.

하루의 일상생활 중에서 18시간 동안 사람의 영은 육체를 가지고 현세계에서 지식과 경험의 정보를 습득하고 있으며, 6시간 동안은 육체를 벗어난 영이 사후세계를 여행하면서 지식과 경험의 정보를 습득하게 되는데 우리는 그러한 행위의 과정을 꿈을 꾸고 있는 것으로 알고 있다고 말했다.

그러나 영계로 진입하지 못했거나 원하지 않아서 사후세계에 거주

264

하는 영혼들의 경우에는 사후세계 정보는 계속 습득할 수 있지만 현세계 정보는 더 이상 습득할 수 없게 된다고 말했다.

그렇기 때문에 사후세계에 존재하는 영혼들은 틈만 나면 현세계에서 살고 있는 사람들의 육체를 소유하기 위하여 부단한 노력을 하고 있으며, 사람들의 육신인 영체를 쟁취하는 대표적인 사례가 바로 신내림과 명다리(명교:命橋) 걸기라고 대답했다[중편 36장 명다리(명교:命橋)편 참조].

또한 사후세계에 존재하는 영혼들이 현세계에 살고 있는 사람들의 육체를 침입할 때 발생하는 기(氣)와 기(氣)의 충돌로 사람들의 몸이 아프게 되는 신병 증세를 겪을 수도 있고 환상과 환영을 볼 수도 있지만, 그러한 현상들은 모두 진짜 신들이 주는 신벌이 아니라, 몸에 차크라가 많이 열린 상태여서 발생하는 현상으로 이해하면 된다고 말했다.

사후세계에 존재하는 영혼이 현세계에 살고 있는 사람들에게 주로 사용하는 무기는 두려움과 공포심을 심어주는 정신적인 것이지만, 물리적 힘도 함께 가지고 있는 사람들이 현세계에 살아 있는 몸에 침입한 영혼들에게 강력하게 저항한다면 어린아이조차도 사후세계에 존재하는 영혼들을 충분히 이길 수 있는 능력이 있다고 말했다.

그리고 진짜 신들은 자신들이 책임지고 있는 정무에 무척 바쁘신 분들로 평범한 일반적인 사람들의 죽음에 절대 관여하지 않는 존재이므로 더 이상 아무 잘못이 없는 신에게 원망하거나 욕하지 말라고 당부하였다.

사후세계나 영계에 존재하는 신들을 믿고 있는 종교인이나 신자들은 자신들이 믿고 있는 신들을 직접 만나보거나 이야기를 들어본 적도 없으며, 신의 실체를 탐구하기 위한 다른 사람들의 노력도 무력화시키고 자기들이 원하는 형상과 생각으로 신을 창조하였고 인류에 도움을 주는 긍정적 역할을 수행하였다고 보기보다는 매우 위협적인 존재로 지속 성장하였기 때문에 하루빨리 '바넘 효과'에서 벗어나길 바란다고 말해주었다.

:: 바넘 효과

대부분의 사람들이 보편적으로 가지고 있는 심리적 특성이나 성격을 자신만이 가진 특성으로 여기는 심리적 경향을 심리학자 버트럼 포러가 성격 진단 실험을 통해 증명하였다. 자기비판적인 경향을 가지고 있다든가 혹은 자신감에 넘쳐 있지만 내면에서는 주저함과 망설임이 있다는 묘사들은 특정한 한 사람인 자신에게만 맞는 내용이 아닌 성격이 완전히 다른 대부분의 사람에게도 적용되는 묘사이지만 점성술, 타로, 점사 등의 운세 상담에서 애매모호한 말로 많이 활용되고 있다.

현재 많은 사람들이 혈액형으로 성격을 구분하고, 실제로도 혈액형별 성격을 믿고 있는데 대표적인 바넘 효과로 과학적인 근거는 전혀 없다.

A형의 혈액형을 가진 사람은 소심하다는 이야기를 들은 A형 혈액형의 소지자는 점차 소심해지고, B형의 혈액형을 가진 사람은 대담하다는 이야기를 들은 B형 형의 소지자는 점차 대담하게 행동하게 되지만, 혈액형이 성격과는 전혀 관련이 없다는 과학적 연구 결과를 믿게 된 순간부터 바넘 효과는 금방 사라져 버린다.

또한 무속령과 종교령들에 의하여 사상을 완전히 사로잡힌 무속인과 종교가들은 자녀가 없는 고통과 자녀가 태어난 후 부모보다 일찍 사망하는 슬픔 등에 신들이 직접 관여하였다는 거짓된 주장으로 진짜 신들의 명예를 추락시킬 뿐만 아니라 사람들에게 신들을 욕먹게 하면서도 정작 거짓을 말하고 있는 자신들은 이러한 행위를 하면서 각종 이득을 챙기고 있다고 말해주었다.

사악한 무속인들과 종교가들의 교리에 속은 신도들도 냉철한 사고와 이성으로 종교 교리에 대한 사실관계를 탐구하지 않고, 오직 무속인들과 종교가들의 일방적인 말만 듣고 진짜 신을 단죄하여 큰 죄를 짓고 있다고 말해주었다.

삶의 과정에서 발생하는 슬픔과 고통은 신들이 사람들을 방치하여 발생한 일들이 아니라 사람들 스스로 영적 성장을 할 수 있는 시기가 도래하였기 때문에 발생했다는 사실과 어려운 시기를 자신 스스로 극복하고 이겨낸 결과 더 큰 영적 성숙을 이루어내는 과정이라는 사실과 시기상의 문제일 뿐 사람으로 태어났다면 누구에게나 찾아오게 되고 경험하게 되는 일이라고 위로해 주었다.

그러자 내 말은 들은 여자는 현세계에서 행복한 삶을 누리지도 못한 채 부모보다 먼저 죽은 자녀를 가진 부모의 입장에서는 내가 한 말이 전혀 위로가 되지 않는다고 대답하였다.

나는 여자에게 죽은 자녀가 영계에서 다시 현세계로 환생하기 전에 여자의 꿈속에서 행복한 모습으로 나타난 모습을 보여준다면 본인과 자녀의 미래를 위해서 자녀를 잃은 슬픔과 고통을 잊을 수 있겠는지를 물어보았고, 여자는 꿈속에서라도 행복한 모습의 자녀를 볼 수 있다면 잊을 수 있도록 노력하겠다고 대답해 주었다.

나는 꿈에서 행복한 모습의 자녀를 보게 되면 지금 앉아 있는 00공원 벤치에 별 7개의 스티커를 붙여달라고 요청하고 여자와 헤어졌다. 그리고 그날부터 여자의 사망한 딸을 찾기 위한 사후세계와 영계의 여행이 매일 밤마다 본격적으로 시작되었다.

바넘 효과와 영혼(靈魂)의 병

에피소드 1 : 바넘 효과의 문제점

우리나라의 운세 시장이 연간 2조 원 이상으로 추정될 정도로 급성장하여 많은 사람들이 사주나 점사 등을 보고 있지만, 우리 주변에는 누구에게나 적용될 수 있는 광범위하고 애매모호한 답변을 듣게 되어 실망하는 사람들이 많다.

바넘 효과에 대하여 모르던 사람들의 경우에는 상담했던 내용이 자신만의 이야기인 줄 알고 처음에는 기뻐하지만, 주변 사람들과의 소통 또는 각종 매체나 책을 통해 누구에게나 맞는 이야기인 바넘 효과임을 알게 된 후에는 크게 실망하게 된다. 그러나 맹종하는 신자들의 경우에는 바넘 효과임을 안다고 해도 자신이 믿고 따르는 종교인들이나 무속인들 또는 전문가들이 말하는 애매모호한 답변을 무조건 신뢰하려고 한다.

이러한 무조건 신뢰하려는 마음은 진실을 알고 있는 마음과 자신이 믿고 따르는 사람을 무조건 신뢰하여야 한다는 마음이 서로 충돌하게 되어 결국 영 안의 생기 속에 정보의 불일치라는 부정적 기운을 심어주는 역할을 하게 된다.

에피소드 2 : 영혼(靈魂)의 병

정보의 불일치로 인한 부정적 기운은 영 안의 생기를 오염시켜 버리고, 생기에서 나오는 기(氣)의 정보를 직접 받고 있던 정신과 마음에 병이 제일 먼저 생기게 된다.

정신과 마음에 생긴 병을 발생시키는 기(氣)는 사람들의 온몸을 돌아다니게 되면서 점차 육체의 질병으로 확장되고, 육체의 질병은 다시 영 안의 생기로 오염된 지식과 경험으로 습득된 정보를 보내게 되어 결국 영(영혼)도 병들게 된다. 이렇게 바넘 효과로 인한 정보의 불일치는 영혼에게도 질병을 일으키게 하는 원인이 될 수 있다.

바넘 효과의 부정적인 문제점을 해소시키기 위해서는 냉철한 이성과 비교 그리고 무한 탐구로 스스로 올바른 판단력을 키워 바넘 효과의 환상에 빠지지 않도록 끊임없이 노력해야 한다.

제41장

임사체험(臨死體驗)

개념 정리

1. 생기(生氣) = (최초)

① 의식체가 없는 범아신으로부터 나온 활기찬 기운을 뜻함.

② 범아신으로부터 나오자마자 영으로 완벽하게 둘러싸인 후 윤회 과정에서 끊임없이 습득한 정보를 축적하여 의식체를 가진 존재로 점차 성장함.

③ 최종에는 생기를 감싼 영을 깨뜨리고 의식체를 가진 신이 됨.

④ 비물질을 통제하는 기운인 정(精)만을 사용한다. 물질 중에서 정신세계를 통제하는 힘인 혼(魂)과 물질세계를 통제하는 힘인 백(魄)은 사용하지 않는다. 따라서 신을 만난 과정을 설명할 때 지금 우리가 경험하고 있는 정신세계와 물질세계에서 만난 것처럼 설명하고 있다면 그는 결코 신을 만나보지 못한 사람이다.

왜냐하면 신이라는 존재가 거주하는 장소와 활동하는 기운은 물질인 정신세계와 물질세계가 아닌 비물질인 우리가 이해하기 어려운 기(氣)의 기운이기 때문이다.

정(精)이란 비물질인 기(氣)를 통제하는 힘을 뜻하며, 정신세계와 물질세계를 초월한 시간과 공간, 운명과 윤회 등의 세계를 관장한다.

2. 영(靈) = 윤회의 주체이며 현세계, 사후세계와 영계에 거주한다. 내 책에는 주로 영계에 거주하는 존재로 한정한다.

현세계는 영(靈)이 육신을 가진 영체(靈體) 상태이며, 정(精), 혼(魂), 백(魄)이라는 힘을 가지고 있다.

사후세계는 영(靈)이 육신인 영체(靈體)를 잃어버린 상태로, 물질을 통제하는 백(魄)이라는 힘을 잃어버렸지만, 정(精)과 혼(魂)이라는 힘은 계속 가지고 있는 상태이기 때문에 나는 영혼(靈魂)이라고 부른다.

영계는 물질 중 정신세계를 통제하는 힘인 혼(魂)을 잃어버리고 비물질인 기(氣)만 통제할 수 있는 힘인 정(精)만 남아 있기 때문에 나는 영(靈)이라고 부른다.

① 범아신으로부터 나온 생기를 보호하기 위하여 둘러싼 물질
② 윤회의 주체임. 신(神)이 되면 더 이상 윤회 하지 않음.
③ 영(靈)이 사용하는 힘은 크게 세 가지임.

(a) 정(精) : 시간과 공간 등 비물질을 통제하는 힘. 육체를 벗어난 영이 시간과 공간을 초월하여 마음대로 이동할 수 있는 근본

적인 힘을 말함(꿈, 예지몽, 유체이탈 등과 직접적인 관련이 있음).

(b) 혼(魂) : 의식과 마음 등 정신세계를 통제하는 힘. 사상 또는 인품을 형성하는 근본적인 힘을 말함(플라시보 효과[3], 노시보 효과[4] 등과 직접적인 관련이 있음).

(c) 백(魄) : 신체와 물건 등 물질세계를 통제하는 힘. 물건을 움직이거나 점유할 수 있는 근본적인 힘을 말함[염력(念力), 사이코 메트리, 세포내 정보 저장 등과 직접적인 관련이 있음].

물건을 움직일 수 있는 능력인 염력(念力)은 물건에 백(魄)이라는 힘이 저장되어 있기 때문이다.

예로 우리 신체 일부인 손을 움직일 때, 영(靈)이 손을 천천히 움직여도 된다고 판단할 때에는 정신을 통제하는 힘인 혼(魂)의 작용으로 손을 움직이지만, 뜨거운 냄비를 만진 손의 경우처럼 빨리 손을 움직여야 된다고 판단할 때에는 물질을 통제하는 힘인 백(魄)의 작용으로 손을 움직이게 된다.

뜨거운 냄비를 잡은 손은 뜨겁다고 느끼거나 생각도 하기 이전에, 백(魄)의 작용으로 빨리 손을 냄비에서 치울 수 있는 즉각적인 반응을 한다.

우리의 신체뿐만 아니라 물건에도 물질세계를 움직이는 힘인 백

---

3) 플라시보 효과란 의사가 환자에게 효과가 좋은 약이라고 속인 후 효과 없는 가짜 약을 처방하여도, 환자의 긍정적인 믿음으로 인하여 병세가 호전되는 현상을 말함

4) 노시보 효과란 의사가 환자에게 효과가 뛰어난 약을 처방하여도, 환자가 효과 없는 약이라고 생각하면 약효가 나타나지 않는 현상을 말한다.

(魄)이 저장되어 남아 있다.

영처럼 객체를 움직일 수 있는 주체가 아닌, 물질 세계를 움직일 수 있고 정보를 저장할 수 있는 성질을 지닌 객체인 백(魄)을 활용하여, 사이코메트리들은 물건을 잡고 백(魄)의 기운을 활용하여 사물에 남겨져 있는 원하는 정보를 습득할 수 있다.

장기이식을 받은 환자가 백(魄)이 많이 저장된 장기를 이식받게 되면 성격이나 취미가 변할 수 있는데, 그 이유는 백(魄)에 저장된 정보가 장기이식 받은 환자의 영(靈)에게 전달되어 영향을 미쳤기 때문이다.

3. 생령(生靈) = 살아있는 생명체를 소유하고 있는 영(靈)

① 현세계(일상생활)와 사후세계(꿈)라는 두 개의 장소에서 지식과 경험을 바탕으로 한 정보 습득으로 영적 성장을 이루고 있는 존재

② 주로 사용하는 힘은 정신세계를 통제하는 힘인 혼(魂)과 물질세계를 통제하는 힘인 백(魄)이다.

유체이탈은 육체를 통제할 수 있는 힘인 백(魄)을 없애는 행위로, 자주 이용하게 되면 육체를 통제할 수 있는 백(魄)의 힘이 점차 약해져, 결국에는 본인의 영(靈)이 더 이상 육체 안으로 되돌아올 수 없게 되어 사망하게 된다.

4. 사령(死靈) = 살아있는 생명체를 소유하지 못한 영(靈)으로 영혼(靈魂), 귀신(鬼神) 또는 잡신(雜神)으로 불린다.

① 사후세계에서 지식과 경험을 바탕으로 한 정보 습득으로 영

적 성장을 이루고 있는 존재.

② 주로 사용하는 힘은 정신세계를 통제하는 힘인 혼이다. 사령
(死靈)들은 생명체인 영체(靈體)를 움직이고 지배할 수 있는 백(魄)
의 힘을 가지기 위하여 끊임없이 생령(生靈)들이 소유하고 있는 생
명체인 영체(靈體) 안으로 진입하기 위한 영적 침입을 시도한다.

사령(死靈)들이 생령(生靈)들의 정신적 힘인 혼(魂)과 육체적 힘인
백(魄)을 모두 장악한 것을 빙의라고 하며, 장악하지 못하고 침투
만 한 경우를 접신(接神)이라고 한다.

5. 영신(靈神) = 종교령(宗敎靈)과 무속령(巫俗靈)이 모시고 있는 진짜
신(神)을 모방한 영(靈).

① 영계의 실질적인 지배자 종교령들과 사후세계의 실질적인 지
배자 무속령들이 모시고 있는 신이라고 주장하는 존재로, 윤회
를 거부하고 신을 모방하면서 영생(靈生)으로 영원한 삶을 추구하
고 있는 존재.

② 사용하고 있는 힘은 비물질을 통제하는 정(精)과 일부 정신세
계를 통제하는 힘인 혼(魂)을 사용하고 있다. 신을 만났다고 주장
하는 사람들이 자신이 본 신을 지금 현재도 우리가 경험하고 있
는 정신세계와 물질세계의 범주에서 설명하고 있다.

그들이 만난 존재는 진짜 신(神)이 아닌 영신(靈神)이란 존재로
신을 모방하면서 어느 정도 특출난 능력을 가지고 있지만, 본질
은 우리와 똑같은 영일뿐이기 때문이다.

신(神)을 만나 예언(豫言)이나 깨달음을 얻었다는 사람들의 증언

을 들어보면 마치 신(神)이라는 존재는 만물을 대표하지 않고 오직 사람만을 대표하는 것처럼 들린다.

눈으로 볼 수 있거나 들을 수 있는 존재이며, 심지어는 사람처럼 행동하는 모습도 보여주는 존재는 진짜 신(神)이 아니라, 과거에 사람으로 살다가 죽은 영혼이라고 생각한다.

신(神)이 선지자(先知者)들에게 들려주었던 예언이나 가르침 역시 인류의 발전에 전혀 도움이 되지 않는다.

신이 전해준 예언들은 인류에게 꼭 필요한 발명이나 발견 등 긍정적인 역할을 하기보다는 불행과 파멸 그리고 자신만을 섬기라는 일방적인 명령 만을 일삼는 부정적인 역할을 하였다. 또한 신(神)이 인류에게 준 사랑과 평화라는 메시지 역시 사람을 위한 메시지일 뿐 모든 생명체를 위한 메시지는 아니었다.

안타깝게도 이러한 사실들은 종교가와 무속인들이 모시고 있는 신(神)이라는 존재가 우리보다 월등하게 영적 성장을 이룬 존재가 아니라 우리와 비슷한 사고를 가지고 있는 영혼이라는 사실을 증명하고 있다.

6. 사람의 영혼(靈魂)과 혼백(魂魄)에 대한 추가 설명

• ① 사람의 영혼(靈魂)에 대하여

정신세계(의식)를 통제하는 힘인 혼(魂)과 물질세계(신체)를 통제하는 힘인 백(魄)을 소유하고 있었던 육체를 가진 생령(生靈)이 더 이상 물질세계(신체)를 통제하는 백(魄)의 힘을 상실하게 되면, 육체에서 자동으로 분리된 우리의 본질인 영(靈)과 정신세계를 통제하는 힘인 혼(魂)을 가진 영혼(靈魂)이 된다.

영혼(靈魂)이 한(恨)이나 미련 등으로 인하여 죽음을 맞이한 자신의 시신(屍身)이나 자기가 좋아하는 물건에 머물러 있는 현상을 영능력자들은 영혼이 깃들었다고 표현한다.

시신(屍身)이나 물건에 머물러 있는 영혼(靈魂)은 정신세계를 통제하는 혼(魂)의 힘으로 영능력자들이나 일반 사람들에게 정신적인 영향을 미치거나 혹은 정보들을 줄 수는 있어도, 백(魄)이라는 물질을 통제하는 힘을 상실했기 때문에 시신(屍身)이나 물건을 움직일 수 있거나 직접 사용할 수는 없다.

• ② 혼백(魂魄)에 대하여

고대 사람들은 사람들이 죽음을 맞이하면 혼(魂)이라는 존재는 사람들의 몸을 빠져나와 하늘로 올라가고, 백(魄)이라는 존재는 묘지에 있는 시체와 함께 있다가 흙이 된다고 하면서 사람의 의식체계를 혼(魂)과 백(魄) 두 개로 분리하여 구분하였다.

현대 사람들은 정신은 뇌에서 작용해서 나오는 어떤 힘이고, 마음은 가슴에서 작용해서 나오는 어떤 힘처럼 묘사하여 정신과 마음이 두 개로 분리되어 존재하는 것처럼 설명하고 있다.

혼(魂)과 백(魄)은 구분된 의식체계가 아니라 영(靈)이 사용하는 힘을 뜻하기 때문에, 사람이 죽게 되면 물질을 통제하는 힘인 백(魄)은 객체이기 때문에 단순히 존재하다가 사라지는 것이고, 주체성을 가진 영혼(靈魂)만이 지속해서 존재할 뿐이다.

정신과 마음이라는 것도 영(靈)이라고 하는 주체가 감정과 의식을 통제하는 혼(魂)이라는 힘을 사용하여 만들어낸 현상이므로, 정신과 마음 두 개는 독립된 것이 아니라 작동하는 원리만 다를 뿐 동일한 하나이다.

동물들도 사람들처럼 죽음을 맞이하면, 순식간에 투명하면서 흰 기운이 하늘로 솟구쳐 올라가는 현상을 볼 수 있지만, 땅 아래로 가라앉거나 스며드는 어떤 기운이나 현상을 볼 수 없었다. 순식간에 하늘로 솟구친 투명하고 흰 기운이 바로 영혼(靈魂)이다.

처음에는 사후세계에 남아 있는 혼(魂)의 힘만 가진 영적 힘이 약한 영혼(靈魂)은 투명한 흰색 먼지처럼 보이지만, 나중에 정(精)과 혼(魂)의 힘을 가진 강력한 영혼(靈魂)이 되면 강력한 빛을 띠게 된다.

나는 사후세계나 영계라는 장소에서 사망한 여자아이를 찾기 위해 저녁에 간단하게 신께 소망을 기원한 후 잠자리에 들었다. 영(靈)만이 사후세계를 다녀오는 꿈이 아닌 생령(生靈)으로 사후세계를 직접 다녀오는 임사체험(臨死體驗)을 경험하게 되었다.

꿈과 임사체험(臨死體驗)의 차이점

사후세계를 경험했다는 점에서 꿈이나 임사체험(臨死體驗)은 공통점이 있다. 하지만 꿈은 정신세계를 움직이는 힘인 혼을 육체에 남겨 놓은 영(靈)만의 여행으로 의식 없는 영적 활동이지만, 임사체험은 정신세계를 움직이는 힘인 혼(魂)을 동반한 영혼(靈魂)의 여행으로 정신적 통제력을 가진 영적 활동이라는 차이점이 있다.

꿈에서는 정신세계를 통제할 수 있는 혼(魂)이라는 힘이 없기 때문에 영(靈)은 자신이 원하는 장소로 이동하거나 의도적인 생각을 할 수 없지만, 임사체험(臨死體驗)은 정신세계를 통제할 수 있는 혼(魂)이라는 힘을 소유한 영혼(靈魂)이 자신이 원하는 장소로 이동하거나, 의도적인 생각이나 의식을 할 수 있다.

임사체험의 첫 단계로 나의 영혼이 신체를 움직일 수 있는 백(魄)의 힘을 점차 상실하게 됨에 따라 신체 조직이나 기능이 점차 저하되고 있음을 스스로 느끼게 되었다.

이러한 느낌은 임사체험과 영혼이 자신의 신체를 빠져나온 상태인 유체이탈(幽体離脱) 현상과 매우 비슷하다.

임사체험(臨死體驗)과 유체이탈(幽体離脱)의 차이점

임사체험은 영혼이 자신과 연결되어 있는 신체 고리를 완전히 끊은 상태로 현세계뿐만 아니라 사후세계나 영계도 볼 수 있도록 영안(靈眼)이 열린 상태가 되지만, 유체이탈은 자신과 연결되어 있는 신체 고리를 완전하게 끊지 못한 상태로 영안(靈眼)이 열리지 않은 상태로 사후세계나 영계는 보지 못하고 현세계만 볼 수 있는 상태를 말한다.

임사체험의 두 번째 단계로 나의 영혼이 물질세계를 통제하는 백(魄)이라는 힘을 완전하게 상실함에 따라, 백(魄)의 힘과 연결된 질병이나 신체적 고통을 더 이상 받지 않는 평온한 상태를 느끼게 된다.

특히 질병 또는 신체에서 수반된 심한 고통을 가지고 병원에 입원한 환자들의 경우에는 질병이 없이 사망하는 일반 사람들보다 상대적으로 더 큰 평온함을 느끼게 된다. 이것은 물질세계를 통제하는 힘인 백(魄)과 영혼(靈魂)이 분리되는 과정에서 느껴지는 현상으로, 완전하게 분리되면 더 이상 신체로부터 수반되는 고통은 느끼지 않는다. 그러나 정신세계를 통제하는 힘인 혼(魂)은 영체(靈體)가 없는 영혼(靈魂)이 아직도 그대로 가지고 있는 상태로, 신체적 고통과 신체적 고통으로 수반된 정신적 고통만 사라지는 것일 뿐, 신체적 고통과 전혀 관련 없는 정신적 고통은 계속해서 여전히 남아있게 된다.

그렇기 때문에 죽음을 맞이한 영혼도 사랑, 기쁨과 행복을 알고 미움, 슬픔과 불행을 느끼며, 심지어는 한(恨)과 욕망을 가진 상태로 사후세계나 영계에 존재하는 것이다.

임사체험의 세 번째 단계로 나의 영혼이 처음 듣는 특이한 소리를 일시적으로 들을 수 있는데, 그 이유는 들을 수 있는 영역 확장으로 인한 소리 인식의 충돌로 나타나는 일시적인 현상일 뿐이다. 육체 안에 갇혀 있던 영이 들을 수 있었던 영역보다 육체를 벗어난 영혼이 들을 수 있는 영역이 갑자기 훨씬 넓게 확장되는 과정에서 발생하는 소리이지만 물질세계를 통제하는 힘인 백(魄)을 완전하게 상실하게 되면 더 이상 이상한 소리를 들을 수 없게 된다.

그리고 유체이탈 현상처럼 자신 또는 사람들을 내려다보는 현상을 경험할 수도 있는데, 그 이유는 아직 영혼과 물질세계를 통제하는 힘인 백(魄)의 힘이 분리되지 않은 상태, 다시 말하면 영혼과 신체가 완전하게 분리되지 않고 연결되어 있는 상태라는 것을 의미한다.

　　임사체험의 네 번째 단계로 나의 영혼이 깜깜한 동굴 속으로 빨려 들어가는 듯한 이상한 현상을 겪게 된다. 사람의 육체에는 영혼이 몸 밖으로 나갈 수 있는 미세한 통로인 열린 차크라들이 많이 존재하고 있으며, 몸 안에 갇혀 있던 영혼이 깜깜한 동굴 안에 있는 것처럼 느끼고 있다가 영혼이 차크라를 통과하여 몸 밖으로 나갈 때에는 몸의 안과 밖의 압력 차로 인하여 욕실에 가득 차 있던 물이 배수구로 빠져나갈 때의 현상처럼 어두운 동굴 속으로 마치 빨려 들어가는 느낌으로 영혼이 인식하게 된다.

　　몸 안에 있던 영혼이 몸 밖으로 나갈 때에는 기(氣)의 충돌로 발생하는 열로 인하여 영혼이 따스함을 일정 기간 느낄 수 있지만, 일정 시간이 지나게 되면 기(氣)의 충돌로 발생한 열이 완전하게 식게 되어 더 이상 따뜻함을 느끼지는 않게 된다.

　　임사체험의 다섯 번째 단계로 몸 밖으로 나온 나의 영혼이 현세계에 살고 있는 사람들과 대화를 시도하려고 노력하여도 대화방식의 차이점으로 인하여 서로 간의 대화가 전혀 불가능하다는 사실을 곧 알게 된다. 사유는 현세계에 살고 있는 사람들은 말이라는 물질을 입으로 만들고 귀로 듣는 대화방식을 사용하지만, 사후세계나 영계는 기(氣)라는 기운을 활용한 대화방식을 사용하기 때문이다.

사후세계에 있는 영혼이 현세계에 살고 있는 사람에게 대화를 하기 위해 기(氣)라는 기운을 보내게 되어도, 현세계에 살고 있는 사람의 몸 외부에 있는 영적 보호막이 기(氣)에서 나온 기운들의 몸 안 침입을 완벽하게 차단하기 때문에 대화가 불가능한 것이다.

임사체험의 여섯 번째 단계로 영혼은 현세계에서 우리가 공통적으로 인식하고 있었던 시간과 공간의 개념을 더 이상 적용받지 않는다. 현세계에서는 몸 안에 갇혀 있던 영은 신체적 제약에 구속되는 주변 환경에 따라 시간과 공간을 인식하지만(예로 높은 산이나 전망대 또는 비행기 안에서 바라보는 시야는 평지에서 바라보는 시야보다 훨씬 넓음), 몸에서 나와 신체적 제약에 구속되지 않은 영혼은 영적 성장도에 따라 시간과 공간을 인식하는 범위가 각각 다르기 때문에 시간과 공간에 대한 개념이 절대적이지 않고 상대적이 된다.

예로 일주일 단위로 시간을 인식하고 10km 단위로 공간을 인식하는 영혼(靈魂)은 일주일 전·후로 다른 영혼들에게 발생하였거나 발생한 일들을 자연스럽게 알게 되며 1초당 10km를 이동할 수 있다. 100년 단위로 시간을 인식하고 수천만km 단위로 공간을 인식하는 영신(靈神)은 100년 전·후로 다른 영혼들에게 발생하였거나 발생한 일들을 자연스럽게 알게 되어, 현세계에 살고 있는 사람들의 운명을 바꿔주지는 못하지만 의뢰한 사람의 운명을 말년까지 예언할 수 있고, 1초당 수천만km를 이동할 수 있다.

신(神)들은 시간과 공간의 분할 능력까지도 가지고 있기 때문에 사실상 우리가 인식하고 있는 시간과 공간의 절대적 개념은 완전하게 사라지고 상대적 개념만 남게 된다.

시간과 공간의 분할(分割)

시간의 분할(分割) 능력이란 1초를 100년으로 느끼게 하거나, 반대로 100년을 1초로 자신뿐만 아니라 주변에 있는 영혼들이 느끼게 하는 능력을 말한다. 공간의 분할(分割) 능력이란 1평을 수천만 평으로 느끼게 하거나, 반대로 수천만 평을 1평으로 자신뿐만 아니라 주변에 있는 영혼들이 느끼게 하는 능력을 말한다.

임종을 맞이하게 되는 사람의 영혼이 자신의 몸 안과 밖을 들어갔다가 나오는 반복된 행위의 과정에서 영혼의 상태에서 시간 단위를 잠깐이나마 인식하게 되어 짧은 시간 내에 발생할 일들을 예언할 수 있는 예언자가 되는 현상을 경험하기도 한다. 예를 들면 자신이 사랑하는 자녀가 자신이 있는 장소 근처에 있다고 말하거나, 자녀를 보고 죽게 될 것이라는 예언의 말들이 현실에서 실현되는 경우가 종종 발생하는 것도 이와 맥락을 같이 한다.

임사체험의 일곱 번째 단계로 나의 영혼은 시각, 청각 또는 촉각을 매우 예민하게 느끼게 되는데, 육체 안에 갇혀 있어 약하게 정보를 습득하던 상태에서, 영혼이 육체를 벗어나 직접적으로 기(氣)를 통하여 강하게 정보를 습득하고 있기 때문에 생기게 되는 아주 자연스러운 현상이다. 단지, 현세계에서 인식하는 것처럼 시각, 청각과 촉각 등을 개별적으로 구별하여 인식하는 것이 아니라 모두 하나의 기(氣)의 형태로 동시에 인식한다는 점이 다를 뿐이다.

임사체험의 여덟 번째 단계로 나의 영혼은 현세계에 살고 있는 다른 사람 또는 사물과 더 이상 교류할 수가 없게 된다. 그 이유는 영혼 자체에 물질세계를 통제하는 힘인 백(魄)이 없기 때문에, 사람과 사물을 만질 수 있거나 움직일 수 있는 능력을 상실함에서 나오는 자연스러운 현상이다.

임사체험의 아홉 번째 단계로 현세계에서 밝은 빛이 나타나면서 자신이 살아온 인생을 처음부터 회상하는 과정을 겪게 되는데 그 사유는 다음과 같다. 현세계에서 육체를 가진 영은 가시광선 내의 영역만을 인식하고 볼 수 있다가, 죽음을 맞이한 영혼이 되어 갑자기 기(氣)라는 기운들을 인식할 수 있게 되면 가시광선을 훨씬 넘는 영역까지 볼 수 있는 능력이 생기게 된다.

동굴 안에서 시야가 좁아진 상태에 있다가 동굴 밖으로 나가게 되면 갑작스러운 시야 확장으로 인하여 마치 빛을 보는 현상을 경험하듯이, 가시광선만 보고 인식하던 몸 안에 있던 영혼이 갑자기 몸 밖으로 나가 훨씬 넓은 영역을 보고 인식하게 되면 처음에는 빛을 보는 현상을 경험하게 된다.

영혼이 사람의 몸 안으로 들어가려면 기(氣) 에너지 수준을 낮추어야 하며, 낮춘 기(氣) 에너지 수준으로 인하여 현세계에서 살아온 과정을 전부 저장할 수 없기 때문에, 중요한 정보만 영 속에 저장하고 나머지는 잠재의식으로 압축하여 보관하게 된다.

영혼이 사람의 몸 밖으로 나가게 되면 기(氣) 에너지 수준을 높이게

283

되고, 높아진 기(氣) 에너지로 인하여 영 속 저장 공간이 크게 확장됨과 동시에 잠재의식 속에 압축하여 보관되어 있었던 삶의 모든 과정이 압축을 자연스럽게 풀면서 영 안에 저장되는 과정을 거치게 된다.

잠재의식 속에 있었던 현세계 삶의 전 과정의 압축된 저장을 자연스럽게 풀면서 영 안에 저장하는 과정이 바로 나의 영혼이 지난 삶을 살아온 인생을 회고하는 장면으로 인식하게 되는 것이다.

임사체험의 열 번째 단계로 나의 영혼 주변에 다른 존재가 나타나 나를 데려가려고 하는 현상을 겪게 된다.

평소 현세계에서 특정한 종교를 맹신적으로 믿고 있는 사람들은 자신이 믿고 있던 종교 지도자나 자신이 숭고하다고 생각하는 존재들을 만나서 영계로 이동하여 일정 기간을 살게 되고, 특정한 종교를 믿지 않는 사람들은 자신의 가족이나 친지 또는 친구를 만나 영계로 이동하여 일정 기간을 살게 된다.

영능력자와 영적 성장도가 높은 사람들은 우리가 평소 보지 못했던 불가시한 존재인 저승사자 계열의 존재를 만나서 영계로 이동하게 일정 기간을 살게 되지만, 신을 대상으로 자신의 욕심을 채우는 데 사용하거나(사이비 종교가 또는 신을 이용하여 권력과 돈을 탐한 자들을 말함) 혹은 자살자의 경우에는 사후세계나 영계에서 활동하고 있는 신장(神將)들에게 사로잡히게 되면 즉시 영을 정화시키는 장소인 '영적정화소'로 끌려가 신과 영의 정산으로 엄청난 고통을 받고 동물 이하의 존재로 환생하게 된다.임사체험의 열한 번째 단계로 나의 영혼이 임사체험 시간을 길게 하면 할수록 자신의 몸이 나의 현상을 거부하게 되는 현상을 경험하게 된다. 뚜껑을 열어놓은 풀이 잘 붙지 않는 것처럼, 자신의 몸에 남겨 놓았던 물질세계를 통제하는 백(魄)의 힘이 점차 약해지면 몸으로 다시 되돌아가기가 어려워지며, 남겨놓았던 백(魄)의 힘이 완전하게 소멸하게 되면 더 이상 몸으로 돌아갈 수 없는 상태인 죽음을 맞게 된다.나의 영혼은 임사체험 열 단계를 거쳐 사후세계에 도착하였고, 현세계에서 나를 보호하고 지켜주었던 신(神)인 흰색과 검은색이 혼합된 늑대개인 파트라슈와 황갈색의 파라오 하운드인 진돌이의 형상들을 직접 만나보게 되었다. 파트라슈와 진돌이는 나의 영혼을 붙잡고 사후세계를 떠나 영계의 세계로 빠른 속도로 다시 인도하였고, 나는 마침내 영계에 도착하게 되었다.

신과의 만남 (中)

전쟁의 서막

초판 1쇄 2017년 10월 10일

지은이 진상현
그림 경도은
발행인 김재홍
교정·교열 김진섭
마케팅 이연실

발행처 도서출판 지식공감
등록번호 제396-2012-000018호
주소 경기도 고양시 일산동구 견달산로225번길 112
전화 02-3141-2700
팩스 02-322-3089
홈페이지 www.bookdaum.com

가격 20,000원
ISBN 979-11-5622-313-9 04100
SET ISBN 979-11-5622-311-5 04100

CIP제어번호 CIP2017023748
이 도서의 국립중앙도서관 출판예정도서목록(CIP)은 서지정보유통지원시스템 홈페이지(http://seoji.nl.go.kr)
와 국가자료공동목록시스템(http://www.nl.go.kr/kolisnet)에서 이용하실 수 있습니다.

전쟁의 서막

신과의
만남